Robert Schwartz

Jede Seele plant ihren Weg

Robert Schwartz

Jede Seele plant ihren Weg

Warum leidvolle Erfahrungen nicht sinnlos sind

Aus dem amerikanischen Englisch übersetzt
von Manfred Miethe

Ansata

Die amerikanische Originalausgabe erschien 2012 unter dem Titel
»Your Soul's Gift« bei Whispering Winds Press, USA.

MIX
Papier aus verantwortungsvollen Quellen
FSC® C014496

Verlagsgruppe Random House FSC-DEU-0100
Das für dieses Buch verwendete
FSC®-zertifizierte Papier *EOS*
liefert Salzer Papier, St. Pölten, Austria.

Ansata Verlag
Ansata ist ein Verlag der Verlagsgruppe Random House GmbH.

ISBN 978-3-7787-7463-2

Erste Auflage 2012

Redaktion: Cornelia Meier-Scupin
Einbandgestaltung: Guter Punkt, München,
unter Verwendung einer Abbildung
von © Comstock Images/Getty images
Satz: Leingärtner, Nabburg
Druck und Bindung: GGP Media GmbH, Pößneck

Ich widme dieses Buch

meinem Vater und meiner Mutter:
Ich liebe euch.

Und ich widme es

Rebecca und Calvin
Bob und Kathryn
Kathryn
Mikæla

und ihren Lieben.

Eine Bitte an die Leser

Es gibt viele Menschen, die es sich wirklich nicht leisten können, Bücher zu kaufen. Mein Wunsch ist es, die in diesem Buch enthaltenen heilsamen Informationen so vielen Menschen wie möglich zugänglich zu machen – auch denen, die sich dessen Erwerb nicht leisten können. Bitten Sie Ihre örtliche Bücherei, dieses Buch in ihren Bestand aufzunehmen, oder spenden Sie das Buch der Bücherei, nachdem Sie es gelesen haben. Dieser einfache Akt der Güte wird viele Leben berühren.

Ich danke Ihnen, dass Sie mir helfen, der Welt ein heilsames Bewusstsein davon zu bringen, dass wir unser Leben vor der Geburt planen.

Ihr dankbarer
Robert Schwartz
rob.schwartz@yoursoulsplan.com

Wir wissen nicht, wie groß wir sind,
bis man von uns fordert, uns zu erheben,
und dann, wenn es dem Plan entspricht,
berührt unsere Gestalt den Himmel.

Emily Dickinson

Inhalt

Prolog

Ich war vier oder fünf, als die Albträume anfingen. In manchen Nächten ließ sich eine riesige schwarze Spinne von der Decke herab. Ihr Unterleib öffnete sich, um mich zu verschlingen, während sich ihre Krallen in mein Gesicht schlugen. In anderen Nächten schoss ein gewaltiger Hai von unten herauf. Die Reihen der rasiermesserscharfen Zähne blitzten in einem Maul, das schon bald zu einem riesigen Schlund wurde, der mich verschlingen wollte. Ein anderes Mal stieß ein urzeitlicher Raubvogel von der Decke herunter, um mir mit seinem messerscharfen Schnabel das Herz aus der Brust zu reißen. Aber nicht immer verdichteten sich die Albträume zu solchen Geschöpfen. Manchmal krochen die Wände meines Zimmer auf mich zu oder nebelhafte Fänge tauchten aus der nächtlichen Luft auf. Immer aber spürte ich mit Gewissheit, sterben zu müssen.

Der Schrecken war mir durch Mark und Bein gefahren, wenn ich in diesen Nächten aufwachte. Ich wusste, dass ich mich in meinem Zimmer befand, aber die Kreaturen waren noch da. Ich sah sie, ich hörte sie und wusste, dass sie mich töten würden, obwohl dies unmöglich war. Schreiend wickelte ich mich in die Laken, warf mich wie wild im Bett hin und her, bis ich mich schließlich mit rasendem Herzen und nach Luft schnappend auf dem Boden in einem dunklen, leeren Raum wiederfand.

In der Welt des Harry Potter taucht eine Kreatur, Irrwicht genannt, aus seinem Versteck auf, um die Form unserer größten Angst anzunehmen. Um sie zu besiegen, muss man sich das Objekt seines Schreckens in einer Erscheinung vorstellen, die einem albern oder lächerlich anmutet. Meine jahrzehntelangen Albträume, begleitet von niederschmetternden Depressionen und unentrinnbaren Obsessionen, scheinen jetzt genau das für mich zu sein: ein schlechter Horrorfilm, einfach lächerlich. Ich wünschte mir, Harry Potters Methoden hätte es schon gegeben, als ich ein verängstigtes kleines Mädchen war.

Viele Menschen haben die Vorstellung, dass das Ziel und der Lohn wahrer Heilung in den Gipfelerlebnissen göttlicher Ekstase zu finden sind, im Eingehen in die Ewigkeit, während das Universum uns in seinen galaktischen Strudel hineinzieht, oder in einer tiefen Stille, die mit dem Atem einströmt und uns Gott erkennen lässt. Aber so ist es nicht. Derartige Augenblicke tauchen aus dem Nichts auf und verschwinden auf ebenso geheimnisvolle Weise, wie sie gekommen sind. Das Erwachen wird durch derartige Erlebnisse inspiriert, und wir alle bemühen uns, sie zu verlängern. Aber nach meiner Erfahrung können uns keine Therapie, keine Meditation, kein Wissen und keine Methode mit Sicherheit auf den Gipfel bringen und noch weniger können sie garantieren, dass wir auch dort bleiben.

Das wirkliche Ziel und der wirkliche Lohn bestehen darin, sich so weit zu entwickeln, um an jedem Tag – oder so ziemlich jedem Tag – gelassen, freudig und begeistert am täglichen Leben teilzunehmen. Der Tag, an dem ich wusste, ich habe es »geschafft«, war der Tag, an dem ich realisierte, seit langer Zeit keine Albträume mehr gehabt zu haben. Was noch wichtiger war: Ich erkannte, dass ich seit Jahren nicht mehr deprimiert, besessen oder außer Kontrolle gewesen war und niemand meine Grenzen überschritten hatte. Es dämmerte mir, keine Suchende mehr zu sein. Ich hatte gefunden, wonach ich gesucht hatte, und ich führte ein Leben, in dem ich fast immer glücklich war – und dies häufig ohne erkennbaren Grund.

Mein heutiges Leben erfordert viel weniger Anstrengung. Ich schätze Menschen, Orte und Dinge, die Farbe und Fülle in meine Welt bringen, und ich sehe, dass sie alle genau dies tun. Ich bin oft von Freude erfüllt und fühle mich frei. Das ist die Art von Heilung, die sich einstellt, wenn wir unserem Seelenplan folgen. Das ist die Art von Heilung, die nicht nur für mich, sondern für alle Menschen möglich ist.

Das ist die Art von Heilung, die für mich den Himmel auf Erden erschaffen hat.

Mikæla Christi[1]

[1] Siehe Kapitel 6: Psychische Erkrankungen

Vorwort

Als Kind wurde mir von meiner Mutter schwere emotionale Gewalt angetan. Ich plante dies, bevor ich geboren wurde.

Wenn ich sage, ich plante diese Erfahrung, dann meine ich in Wirklichkeit, dass meine Seele sie geplant hat. Ich bin nicht von meiner Seele getrennt, denn meine Seele beinhaltet meinen Körper, meine Energie – ja, sie beinhaltet die Gesamtheit meines Bewusstseins. Und doch ist meine Seele mehr als ich – so wie die Sonne mehr ist als alle Lichtstrahlen, die sie aussendet. Meine Seele ist wie die Ihre unermesslich und unbegrenzt und sich ständig ihrer Einheit mit allen Wesen bewusst. Währenddessen ich lerne und wachse, nähert sich meine Schwingungsfrequenz immer mehr derjenigen meiner Seele an und macht es ihr möglich, mehr von ihrer Weisheit, Liebe und Freude durch mich auszudrücken. Meine Seele, Ihre Seele – ja, alle Seelen – sind wortwörtlich aus der Energie der bedingungslosen Liebe geschaffen. Ich *weiß*, dass dies wahr ist, denn wie Sie gleich im ersten Kapitel lesen werden, habe ich es selbst erlebt.

Meine größten Herausforderungen – darunter auch der emotionale Missbrauch, dem ich als Kind ausgesetzt war – wurden vor der Geburt auf der Seelenebene geplant, um meine Entwicklung zu fördern. Wenn aber meine Seele Liebe ist, warum sollte sie dann planen, dass ich missbraucht werden würde? Dies ist eine berechtigte Frage, und ich habe sie mir im Laufe meines Lebens immer wieder gestellt. Die Suche nach einer Antwort ist in vielerlei Hinsicht die treibende Kraft hinter diesem Buch.

Der Missbrauch war intensiv und extrem, und obwohl er in Wirklichkeit nicht tagtäglich stattfand, schien er mir doch Teil des Alltags zu sein. Die Einzelheiten sind hier nicht wichtig. Wichtig ist, dass wir verstehen, wie und warum derartige Dinge geschehen. Seit Jahrtausenden hat die Menschheit durch Leiden gelernt. Wenn wir über das gegenwärtige Paradigma des Lernens durch Leiden hinausgehen wollen, dann müssen wir es unbedingt verstehen.

Die Absprachen zwischen meiner Seele und der meiner Mutter beruhen auf einem früheren Leben, in dem ich eine Frau war und meine gegenwärtige Mutter mein Sohn. In jenem Leben befand ich mich in einer sehr schwierigen Ehe. Schließlich gelang es mir, mich daraus zu befreien und meinen Sohn mitzunehmen. Die Entscheidung, meinen damaligen Mann zu verlassen, hatte aber zur Folge, dass wir in großer Armut leben mussten. Mein Sohn gab mir die Schuld an unseren kärglichen Lebensumständen und verachtete mich dafür. Ich starb relativ früh und ließ ihn, mittlerweile erwachsen, verarmt und vereinsamt zurück. Er fühlte sich von mir im Stich gelassen.

Mein damaliger Sohn (meine jetzige Mutter) konnte seine Wut auf mich vor seinem Tod nicht auflösen. Und so wurde die Wut zu einem Teil seiner Seele, zu einer Energie, die seine Seele zu heilen wünschte. Aus Liebe entschied sich meine Seele dafür, ihm die Möglichkeit zu geben, diese Wut in einer Beziehung zu heilen, in der wir unsere Rollen tauschen würden.

Symbolisch gesehen repräsentiert dieser Rollentausch die Absicht der Seele, die Wut »umzukehren«, sie also zu heilen.

Eine solche Heilung konnte am besten in Umständen erfolgen, in denen mein früherer Sohn die Möglichkeit hätte, seine Wut auszuleben. Warum? Weil tiefe Heilung in dem Augenblick eintritt, in dem das negative Gefühl gespürt, jedoch nicht ausgelebt wird. Das bedeutet aber nicht das Unterdrücken des Gefühls, das sonst nur aus dem Bewusstsein verdrängt werden würde. Wäre mein damaliger Sohn mir gegenüber nicht in einer Machtposition gewesen, hätte er womöglich kaum die Chance gehabt, sich zu entscheiden, seiner Wut Ausdruck zu verleihen oder nicht. So sah unser Seelenplan aus, dem ich vor meiner Geburt zugestimmt hatte.

Meine Seele hatte aber noch andere Gründe, einen derartigen Plan zu schmieden. In mindestens einem meiner früheren Leben war ich unfähig, mich selbst zu lieben. Weil wir als Seelen anhand von Gegensätze lernen, entschied sich meine Seele dafür, Selbstliebe zu lernen, indem sie sich eine Mutter aussuchte, die mich missbrauchen würde. (Unsere beiden Seelen wussten, dass es vermutlich zu diesem Missbrauch kommen würde, aber sie hofften auch auf Heilung.)

Aus Sicht der Persönlichkeit mag diese Entscheidung kontraproduktiv oder gar unsinnig erscheinen, aber sie ist es gewiss nicht. Häufig schmieden unsere Seelen Pläne, um unsere Aufmerksamkeit auf etwas Bestimmtes zu lenken, sodass unsere »Themen« offensichtlich werden und wir sie nicht mehr ignorieren können. Der *scheinbare* Mangel an Liebe vonseiten meiner Mutter sollte mir meine eigene mangelnde Selbstliebe widerspiegeln. Gleichwohl weiß ich, dass meine Mutter mich sehr liebt, so wie ich auch sie sehr liebe. Meine Seele wollte mich motivieren – ja, zwingen – mich selbst im Angesicht der fehlenden Liebe meiner Mutter zu lieben. Als meine Seele sich entschloss, meinen damaligen Sohn zur Mutter zu nehmen, wollte sie mir sozusagen ein riesiges Plakat vor die

Nase halten mit der Aufschrift: »Du bist hier, um dich selbst lieben zu lernen!«

Mein Vater, der während der Arbeit an diesem Buch verstarb, war ebenfalls Teil meines Seelenplans. Obwohl er mich innig liebte (und immer noch liebt) und obwohl er mich nie schlecht behandelte, war er während meiner Kindheit nicht in der Lage, mir seine Liebe und Zuneigung auf eine Weise zu zeigen, die ich als Liebesbezeugung erkennen konnte. Außerdem hatte er sich auf Wunsch meiner Seele einverstanden erklärt, mich im Laufe meines Lebens immer wieder heftig zu kritisieren. Seine Kritik und mangelnde Zuneigung sollten auf mich dieselbe Wirkung haben, wie der Missbrauch durch meine Mutter. Sie sollten mich zwingen, nach innen zu schauen, um die Flamme der Selbstliebe zu entdecken, die ich ein Leben lang zu nähren habe. Diese Flamme, die damals bloß ein Fünkchen war, ist seither beträchtlich gewachsen. Je mehr ich über meinen Lebensplan herausfinde, desto deutlicher sehe ich, wie viel Mut es gebraucht hat, mich darauf einzulassen und damit zu leben. Und so nimmt der Respekt für mich selbst immer weiter zu und die Liebe zu mir selbst wird immer stärker.

Bemerkenswert ist auch, dass mein Vater mit dem Gedanken einer vorgeburtlichen Planung überhaupt nichts anfangen konnte. (Ich bin überzeugt, auch dies war vorher so abgesprochen.) Dennoch unterstützte er in seinen letzten Lebensjahren, als er den Tod nahen spürte, meinen Lebensweg und die Arbeit an meinen Büchern. Oft sagte er mir, dass er mich liebe, und dass ich ihn liebte, sagt ich ihm auch. In den Wochen vor seiner Rückkehr in die geistige Welt las ich ihm Teile dieses Buches vor. Er hörte mir jedes Mal aufmerksam zu, sah mich dann an und sprach: »Ich verstehe kein Wort von dem, was du sagst, aber du schreibst einfach genial.« Und er meinte beides tatsächlich. Ich musste einfach lachen und war von seiner Unterstützung sehr bewegt. Nach seinem Tod schloss er sich einer Gruppe nicht körperlicher Wesen an, die mir halfen, dieses Buch zu vollenden. Diese Geste berührte mich tief, obwohl sie ja auch etwas absurd ist, denn es könnte gut sein, dass alle Worte eigentlich die seinen sind.

In anderen Inkarnationen war ich nicht fähig, emotional unabhängig zu sein. All diese Leben beeinflussten die Entscheidung meiner Seele, sich diese Mutter auszusuchen. Was »emotionale Unabhängigkeit« ist? Als ich der geistigen Welt diese Frage stellte, erhielt ich zur Antwort, wir selbst sollen uns als die Hauptquelle unseres Wohlergehens betrachten. Indem sie mein Leben auf bestimmte Weise geplant hatte, schuf meine Seele Umstände, die mich motivieren würden, mich selbst als die Hauptquelle meines Wohlergehens zu erkennen. Noch immer bin ich dabei, emotionale Unabhängigkeit und Selbstliebe zu lernen.

In anderen Leben glaubte ich, machtlos zu sein. Unsere Seelen streben danach, falsche Glaubenssätze aufzulösen, vor allem jene Glaubenssätze, die im Widerspruch zur Wahrheit der Seele stehen. So weiß die Seele zum Beispiel, dass sie über alle Maßen mächtig ist. Meine Seele plante für mich eine Familie, die mir den Glauben an meine eigene Machtlosigkeit widerspiegeln würde – und ich stimmte dem zu. Wieder hatte mir meine Seele ein Thema, das geheilt werden musste, direkt vor die Nase gesetzt.

Es gab andere Leben, in denen ich mich wertlos fühlte. Unsere Seelen sind Funken des Göttlichen, und weil wir Funken unserer Seele sind, sind auch wir göttlich. Wie ich später noch schildern werde, sind Gefühle oder Glaubenssätze der Machtlosigkeit und Wertlosigkeit Hauptgründe für die Entscheidung der Seele, bestimmte Erfahrungen zu planen, um uns diese Aspekte unseres Selbst widerzuspiegeln. Derartige Gefühle und Überzeugungen sind meist unbewusst, aber wenn das Leben uns wiederholt mit ihnen konfrontiert, dringen sie allmählich in unser Bewusstsein und können sodann geheilt werden. Lebenspläne, die dazu dienen, Licht auf Themen wie Machtlosigkeit oder Wertlosigkeit zu werfen, gehören häufig zu den Plänen, wo es darum geht, durch Gegensätze zu lernen. Erlebnisse wie Kindesmissbrauch, Inzest und Vergewaltigung gehören dazu.

Dieses Buch ist das zweite, das ich über das Thema der vorgeburtlichen Lebensplanung geschrieben habe. Es unterscheidet sich von meinem ersten Buch *Mutige Seelen*[2] in zweierlei Hinsicht. In *Mutige Seelen* habe ich die Planung der Herausforderungen des Lebens untersucht; das vorliegende Buch hingegen befasst sich zudem mit dem Thema des spirituellen Erwachens, welches nicht unbedingt in die Kategorie »Herausforderungen« fällt. Da wir in einer Zeit allgemeinen spirituellen Erwachens leben, sollte dieser Aspekt ebenfalls seinen Platz finden.

Der zweite Unterschied ist, dieses Buch konzentriert sich mehr auf Heilung. Unsere Seelen wollen nicht, dass wir ewig in unseren Traumata feststecken. Wenn ein traumatisches Ereignis stattfindet – gleichgültig, ob es vor der Geburt geplant wurde oder nicht –, werden sich unsere Seelen bemühen, uns auf den Weg der Heilung zu bringen. Ob die Heilung wirklich stattfindet, hängt allerdings von verschiedenen Faktoren ab, vor allem von unserem Durchhaltevermögen und Einfallsreichtum. Unsere Seelen sind aber immer da, sie stupsen uns

[2] Robert Schwartz: *Mutige Seelen. Planen wir unsere Lebensaufgabe bereits vor der Geburt?* Ansata Verlag, München 2008

an und drängen uns sanft in die richtige Richtung. Allein schon die Tatsache, dass Sie dieses Buch in den Händen halten, zeigt, dass Sie sich für die Hinweise Ihrer Seele geöffnet haben.

Als jemand, der als Kind missbraucht wurde, weiß ich, wie es sich anfühlt, ein hilfloses Opfer zu sein. Daher bin ich äußerst motiviert, zu lernen und mich zu heilen. Meine Kindheitserlebnisse haben mich dazu gebracht, mich auf das zu konzentrieren, was dafür nötig ist, und von dem meine Seele möchte, dass ich es während meiner Zeit auf Erden tue. Zusätzlich zu dieser Motivation und diesem Fokus hat die Einsicht in meine vorgeburtliche Lebensplanung den Erfahrungen meiner Kindheit einen tieferen Sinn und eine größere Bedeutung verliehen. Ich weiß in meinem Innersten, dass nichts davon zufällig geschehen ist. Ich weiß, dass ich nicht von einem zornigen Gott oder einem grausamen Universum bestraft worden bin. Ich weiß, dass alles, was geschehen ist, letztlich meinem höchsten Wohl gedient hat.

Im Prolog haben Sie die Geschichte Mikælas gelesen. Ihr Leiden war größer, als ich es mir je vorstellen könnte, aber es hat sie dazu gebracht, sich selbst als Seele zu erkennen. Auf meine Frage, wie sie das Erlittene heute sehen würde, antwortete sie mir: »Um hierher zu gelangen, war es das wert.«

So sehe ich auch meine Kindheitserlebnisse. Mögen sie ein Weg der Heilung und des Erwachens sein, so wie es Mikælas Erfahrungen mit der Geisteskrankheit für sie waren. Möge es uns gelingen, alle Herausforderungen vom Standpunkt unserer Seele aus zu betrachten – statt sie als sinnloses Leiden zu empfinden – und alle unsere Wunden zu heilen. Mögen alle Erlebnisse, die ich auf den folgenden Seiten schildern werde und die uns das Leben geschenkt hat, für jeden Einzelnen von uns Instrumente der Heilung, des Erwachens und der Erleuchtung sein.

Einleitung

In diesem Buch schildere ich Ihnen Einsichten, die für mich unermesslich nützlich und heilend waren. Ich hoffe, dass sie es auch für Sie sein können. Sie werden wissen, ob diese Erkenntnisse Teil Ihres spirituellen Weges sind, wenn sie in Ihnen irgendeinen Widerhall erzeugen. Dieser Widerhall kann als ein Gefühl intuitiver Zustimmung erlebt werden. Aber was ist dieses Gefühl und woher kommt es?

Es entspringt Ihrer Seele. Ihre Seele ist sich jedes Gedankens, den Sie denken, jedes Wortes, das Sie sprechen, und jeder Handlung, die Sie ausführen, bewusst. Bestimmte Gedanken, Worte und Handlungen fühlen sich einfach gut an, andere dagegen tun es nicht. Diese Gefühle, diese intuitiven Hinweise, sind Mitteilungen Ihrer Seele. Sie ist ja immer bei Ihnen, schaut Ihnen quasi über die Schulter und sagt »Ja, hier geht's lang« oder »Nein, dies ist nicht der richtige Weg.«

Vertrauen Sie Ihren Gefühlen. Achten Sie darauf, wann Sie ein Echo in sich spüren und wann nicht. Wenn Sie beim Lesen dieses Buches keine Resonanz verspüren, legen Sie es beiseite. Aber wenn es in Ihnen eine Resonanz findet, dann seien Sie bitte offen für die Möglichkeit, dass Ihre Seele Sie zu diesem Buch geführt hat. Und ich bitte Sie auch dann weiterzulesen, wenn es Ihrem Verstand schwerfällt zu glauben, dass bestimmte Erfahrungen oder möglicherweise alle Erfahrungen bereits vor der Geburt geplant wurden.

Helen Shucmans Buch *Ein Kurs in Wundern*[3] lehrt, Wahrnehmung erfordert das richtige Instrument. Das vorliegende Buch mit dem Verstand zu lesen – also wahrzunehmen –, wäre so, als würde man sein Gewicht mit einem Thermometer messen oder die Temperatur mit einer Badezimmerwaage. Und was ist das richtige Instrument? Ganz einfach: das Herz. Das Herz besitzt eine höhere Form der Weisheit als der Verstand. Etwas logisch zu betrachten, ergibt häufig keinen Sinn und trotzdem fühlt es sich richtig an. Vertrauen Sie diesem Gefühl.

Sie werden Geschichten von Menschen lesen, die genau wie Sie ihr Leben vor der Geburt geplant haben. Ich habe ausführlich mit diesen Personen über bestimmte Lebenserfahrungen gesprochen und dann ihre vorgeburtliche Lebensplanung mithilfe von vier außergewöhnlich begabten Medien erforscht. In den meisten Fällen wurde den Medien der vollständige Name des Betreffenden sowie das Geburtsdatum, die Namen von Familienmitgliedern und anderen Personen, über die wir etwas wissen wollten, genannt und das Erlebnis kurz beschrieben, auf das wir uns konzentrieren wollten. Diese Informationen waren nötig, damit das Medium (und das empfangene Bewusstsein) Zugang zu dem entsprechenden Teil der Akasha-Chronik finden konnte.

Die Akasha-Chronik ist eine vollständige, immaterielle Aufzeichnung all dessen, was auf Erden geschieht oder irgendwie mit dem irdischen Leben zu tun hat. Dazu gehören auch die Aufzeichnungen unserer vorgeburtlichen Lebensplanungssitzungen.

[3] Helen Shucman: *Ein Kurs in Wundern: Textbuch/Übungsbuch/Handbuch für Lehrer.* Greuthof, Freiburg i. Br. [9]2010

Man darf sich die Akasha-Chronik nicht so statisch wie eine irdische Bibliothek vorstellen. Sie gleicht eher einem lebenden, dynamischen Gewebe, und richtet man Fragen an sie, reagiert das »Gewebe« auf die speziellen Bedürfnisse und Absichten des Fragestellers und auf die Umstände, unter denen die Fragen gestellt wurden. Da Medien und Channels einzigartige Gaben besitzen und unterschiedlichen Zugang zur geistigen Welt haben, werden verschiedene Medien Zugang zu unterschiedlichen Elementen desselben Lebensplanes erlangen. Deshalb hatten die meisten der interviewten Personen Sitzungen mit mehr als einem Medium oder Channel. Auf diese Weise waren wir in der Lage, ein vollständigeres Bild davon zu erlangen, warum eine bestimmte Erfahrung vor der Geburt geplant worden war.

Ich begann die Sitzungen mit den Medien normalerweise mit der zentralen Frage an die geistige Welt: »Wurde dieses Erlebnis vor der Geburt geplant und, wenn ja, warum?« Aus der Antwort ergaben sich wie von selbst die weiteren Fragen. Während der Sitzungen gestatteten mir die Befragten, alle oder zumindest die meisten Fragen zu stellen.

Sowohl in den Gesprächen mit der geistigen Welt, aber auch in anderen Teilen dieses Buches gebrauche ich Ausdrücke wie »höher« und »niederer«, »gut« und »schlecht«, »positiv« und »negativ«. Ich verwende sie, um unsere menschliche Sichtweise zu schildern, behaupte aber nicht, dass die Seelen sie wertend einsetzen. Unsere Seelen sehen das Universum nicht als ein hierarchisch geordnetes, weder urteilen sie noch stufen sie ein, weil sie sich stets bewusst sind, dass alles eins ist.

Vom Augenblick der Geburt an besitzen wir einen freien Willen und sind daher in der Lage, von unserem vorgeburtlichen Plan abzuweichen, wenn wir dies wünschen. Wir alle tun das, und indem wir dies tun, erschaffen wir Erfahrungen, das heißt, wir ziehen auf der Schwingungsebene Erfahrungen an, die uns vor unserer Geburt als sehr unwahrscheinlich erschienen wären.

Wenn Sie diese Geschichten lesen, werden Sie sich vielleicht fragen, ob nicht auch Sie ein ähnliches Erlebnis in Ihrem Leben geplant haben könnten. Die nützlichere Frage würde lauten: »Falls ich eine solche Erfahrung vor meiner Geburt geplant habe, warum tat ich das wohl?« Diese Frage ermöglicht es Ihnen, aus der betreffenden Erfahrung etwas zu lernen und Ihr Bewusstsein zu erweitern – also genau das, was Sie mit der Planung dieses Erlebnisses bezweckten. Wachstum ist wichtiger als das Wissen, ob ein Erlebnis nun tatsächlich geplant war oder nicht.

Um die folgenden Geschichten – oder das Leben allgemein – verstehen zu können, muss man sich klarmachen, dass alles im Universum eine bestimmte Schwingungsfrequenz hat. Jeder Mensch, jedes Tier, jeder Gegenstand, jedes Wort, jeder Gedanke, jedes Gefühl, jede Überzeugung (bewusst oder unbewusst) und jede Handlung hat seine einzigartige Schwingung. Die Nahrung, die Sie essen, und die Kleidung, die Sie tragen, haben eine bestimmte Schwingung in einem bestimmten Frequenzbereich. Das Auto, das Sie fahren, hat eine bestimmte Schwingung. Wenn Sie Ihr Auto anders anmalen würden, bekäme es eine andere Schwingung. In einem Universum, das aus Schwingungen besteht, zieht Gleiches Gleiches an. Das bedeutet: Die Schwingung Ihrer Worte, Gedanken, Gefühle, Überzeugungen und Handlungen ziehen Erfahrungen an, welche dieselbe Schwingung aufweisen.

Sprichwörter wie »Wer hat, dem wird gegeben« oder »Ein Unglück kommt selten allein« spiegeln ein intuitives Verständnis dieses Prinzips wider. Wenn Sie glücklich oder unglücklich sind, ziehen Sie genau die Erfahrungen an, deren Schwingung auch in Ihrem Glück oder Unglück zu finden ist. Schwingungen spielen eine wichtige Rolle sowohl bei der vorgeburtlichen Planung als auch bei der Heilung. Wir werden dieses Prinzip auf den folgenden Seiten weiter erforschen.

Vielleicht sind Sie versucht, direkt zu jenen Kapiteln zu gehen, die scheinbar etwas mit Ihrem Leben zu tun haben. Da aber die Geschichten aufeinander aufbauen, profitieren Sie am meisten von ihnen, wenn Sie sie in der richtigen Reihenfolge lesen. Und weil unterschiedliche Lebenserfahrungen aus denselben oder ähnlichen Gründen geplant werden, gewinnen Sie tiefere Einsichten in die Bedeutung Ihrer eigenen Erfahrungen, wenn Sie die Geschichten von Menschen lesen, deren Leben sich oberflächlich betrachtet von dem Ihren völlig unterscheidet.

Einige der in diesem Buch geschilderten Erlebnisse sind äußerst traumatisch. Haben Sie selbst eine ähnliche Erfahrung gemacht, sollten Sie die betreffenden Abschnitte nur lesen, wenn Freunde bei Ihnen sind, die Sie unterstützen können. Die Geschichten sollen die Reise Ihrer Seele liebevoll unterstützen, aber für einen Menschen, der Sie liebevoll unterstützt, gibt es keinen Ersatz. Vor unserer Geburt suchen wir uns sehr sorgfältig aus, wen wir lieben und von wem wir geliebt werden. Schließlich soll das Leben miteinander eine gemeinsame Reise sein. Ich bitte Sie, reichen Sie einem Menschen, der Ihnen lieb und teuer ist, die Hand und gehen Sie gemeinsam mit ihm diesen Weg.

Auch das ist möglicherweise ein Teil Ihres vorgeburtlichen Plans.

Ihre Führer

Mit dem Entschluss, dieses Buch zu lesen, haben Sie eine Reise angetreten, die Licht auf Ihr Leben werfen und ihm dadurch eine tiefere Bedeutung verleihen wird. Am Anfang der Reise werden Sie sich natürlich fragen, wer wohl Ihre Führer dabei sind. Im Folgenden stelle ich die weisen, liebevollen Medien, Channels und Geistwesen vor, mit denen ich die Ehre hatte zusammenzuarbeiten und von denen ich so viel gelernt habe. Da es in diesem Buch vor allem um die vorgeburtliche Planung unserer Herausforderungen in diesem Leben geht, werden sie Ihnen offen und ehrlich von ihren eigenen Herausforderungen berichten.

Barbara Brodsky und Aaron

»1972 verlor ich plötzlich mein Gehör, als das Erste meiner drei Kinder geboren wurde. Dieser Hörverlust war für mich eine sehr traumatische Erfahrung. Und auch für meinen Mann, der jetzt nicht mehr einfach so mit mir reden konnte. Und stellen Sie sich vor, Sie wären nicht mehr in der Lage, das Lachen und Weinen Ihres neugeborenen Babys zu hören! Es blieb mir die Liebe meines Mannes und die einiger guter Freunde. Auch unterrichtete ich weiterhin Bildhauerei an der örtlichen Universität. Mein Leben war in vielerlei Hinsicht erfüllt und voller Freude. Aber ich fühlte mich von der Welt abgeschnitten. Gefangen in einem Albtraum der Isolation. ›Warum gerade ich?‹ fragte ich immer wieder. ›Werde ich für irgendetwas bestraft? Hat Gott mich verlassen?‹ Angesichts meiner tiefen Verzweiflung und meiner unbändigen Wut begann ich schließlich zu beten.

Als ich am nächsten Morgen im Wohnzimmer meditierte,

was ich seit mehr als zwei Jahrzehnten täglich tat, wurde ich plötzlich einer starken energetischen Präsenz gewahr. Ich konnte tatsächlich ein männliches Gesicht erkennen. Halluzinierte ich oder erlebte ich dies wirklich? Ich wusste nicht, was mir mehr Angst machte. Die Präsenz dieses Wesens strahlte ein weißes Licht aus, so hell, dass ich zunächst die Augen abwenden musste. Schwer zu sagen, ob es aus dem Licht kommend strahlte oder das Licht von ihm selbst ausging. Seine Gesichtszüge waren deutlich zu erkennen: durchdringende blaue Augen, hohe Wangenknochen und eine hohe Stirn, weißes Haar und ein langer Bart, der ihm bis zur Brust reichte. Ich erzitterte angesichts seiner Gegenwart, obgleich ich die große Liebe spürte, die es verströmte. Diese Liebe war mir vollkommen vertraut und dennoch anders, als irgendetwas, was ich in diesem Leben erfahren hatte. Seine Gegenwart brachte mir einen solchen Trost und eine so große Freude, dass sich alle Ängste auflösten.

Ich will nicht behaupten, die ganze Sache so locker genommen zu haben. Ich ging in die Küche, holte mir eine Tasse Tee, und als ich zurückkam, war das Wesen immer noch da. Wieder fragte ich mich, ob ich wohl halluzinierte. Aber jedes Mal, wenn ich zu ihm hinüberschaute, sah ich, wie es geduldig darauf wartete, um mit mir den nächsten Schritt zu machen. Seine Gegenwart strahlte sowohl Macht als auch Gelassenheit aus. Ich hatte keine Angst, denn ich spürte seine große Liebe und seinen Sanftmut und konnte mich dunkel daran erinnern, mit ihm in ferner Vergangenheit verbunden gewesen zu sein. Auch das weiße Licht beruhigte mich. Es schien wie eine helle Fackel in der Finsternis.

Ich meditierte mit diesem Wesen zwei volle Tage lang, bevor ich es anzusprechen wagte. Auf meine Frage, wer es sei, kam seine schlichte Antwort: ›Ich bin dein Lehrer.‹«

Barbara: Warum bist du hier?

Aaron: Weil du so weit bist. Du bist dabei, zu begreifen und zu erkennen, welche Reaktionen neues Karma erzeugen. Du kannst diese Worte hören, ohne dass dein Ego neues Karma erschafft. Achte auf dein Ego. Lass deine Offenheit nicht von ihm blockieren.

Barbara: Wo fangen wir an?

Aaron: Du leidest. Lass uns damit beginnen, gemeinsam die Ursachen dieses Leidens zu untersuchen und herauszufinden, wie wir es beenden können.

Barbara: Hört es denn jemals auf?

Aaron: Das tut es. Das tut es ganz gewiss.

Barbara: Mit dem Tod?

Aaron: Glaubst du wirklich, deine Erfahrung verändert sich, wenn du durch eine Tür gehst? Nein, das Leiden hört auf, wenn du weißt, wer du bist und dein Wesen in seiner Gesamtheit erfasst hast. Dann wirst du nicht mehr an diese begrenzte Identität, an dieses Selbst als das Einzige, was du bist, glauben. Ich leugne nicht die Existenz dieses Selbst, das wir Barbara nennen, aber Barbara ist nicht, was sie zu sein glaubt. Die Menschen kennen das Selbst als eine Ansammlung von Formen, Gefühlen, Gedanken, Wahrnehmungen und Bewusstsein. Aber das sind alles nur oberflächliche Aspekte. Wenn du überzeugt bist, dass sie deine ganze Identität ausmachen, dann besteht das Verlangen nach Veränderung dieses Körpers, dieser Gedanken und dieses

Bewusstseins – dann existiert Leiden. Aber wir wollen nicht vorgreifen. Wir haben alle Zeit, die notwendig ist, um dieses Werk gemeinsam anzugehen. Wir sollten besser ein Fundament legen, bevor wir anfangen, die oberen Stockwerke zu bauen.

»Aaron gab mir weitere Informationen darüber, an was ich arbeiten sollte. Dann trat er zurück und ich sah wieder das strahlende, allumfassende Licht. Ich weinte.«

Aaron: Sei nicht so ernst. Sei fröhlich.

»Seit dieser ersten Begegnung war Aaron jedes Mal da, wenn ich mich zum Meditieren hinsetzte. Geduldig wartete er darauf, dass ich mich meinen Ängsten stellte. Ich konnte ihn immer vor mir sitzen sehen und die energetische Schwingung seiner Gegenwart spüren. Mir war klar, dass es mir ernst sein musste, wenn ich von ihm lernen wollte. Ich würde immer ehrlicher mit mir sein und mehr Verantwortung übernehmen müssen.

Ich wollte lernen und ich wollte mich über mein Leiden erheben, aber ich hatte Angst. Ich hatte keine Angst vor Aaron, sondern vor den Veränderungen, die sich in meinem Leben einstellen würden, wenn ich ihn als wirklich anerkennen und seine Lehren annehmen würde. Ich wusste nicht, ob ich wirklich bereit war, all die alten Krücken aus Schuldzuweisungen, Wut und Angst aufzugeben, an die ich mich bisher geklammert hatte. Ich war wie ein verschüchtertes und verängstigtes kleines Kind, das aber unbedingt den großen Hund streicheln wollte.

Es gab niemals Druck vonseiten Aarons, ihn zu akzeptieren. Er gab mir den Raum und die Zeit, die ich brauchte. Langsam gewann ich Vertrauen zu ihm, weil ich wusste, dass er mich niemals zu etwas zwingen würde. Jeder Schritt war meine Entscheidung, und ich musste ihn erst gehen, wenn ich dazu bereit war.

Aaron versicherte mir, ich müsste nichts aufgeben – was ich damals nicht verstand. ›Öffne dich einfach‹, sagte er zu mir, ›öffne dich der Wahrheit der dir innewohnenden Güte und des Mitgefühls, dann werden diese alten Formen (Gefühle) von dir abfallen. Es wird nämlich nichts mehr geben, was sie unterstützt.‹ Ich spürte ein so starkes Gefühl liebevoller Akzeptanz von ihm. Alles, was er sagte, schien so weise zu sein und mich zu neuen Einsichten zu führen. Ich hatte nichts zu verlieren, brauchte nur vertrauen und schauen, wohin mich diese Reise mit ihm führen würde.

So begegnete ich Aaron und eine Reise der Erforschung und der Heilung begann, die mein ganzes Leben verändern sollte. Sie war auch für meinen Mann und unsere Beziehung sehr wichtig. Heute, nach 44 Jahren Ehe, können wir zurückblicken, über die damaligen Schwierigkeiten lachen und die Zeit in freundlicher Erinnerung behalten, aber in den ersten Jahren waren sowohl die Taubheit als auch unsere Wut und Verunsicherung sehr schmerzhaft.

Schon bald fragten mich die ersten Freunde, ob sie mit Aaron sprechen dürften. Ich sagte Ja, wusste jedoch nicht, wie das gehen sollte. Aaron trug mir auf, einfach laut zu wiederholen, was er mir sagte. Jemand wies mich darauf hin, dass ich Aaron channelte. ›Was ist Channeling?‹, fragte ich ihn. Das Channeling war zunächst schwierig, da ich mir sicher sein musste, dass mein Ego und meine Vorlieben Aarons Botschaften nicht verfälschten. Mit der Zeit erlangte ich aber ein größeres Selbstvertrauen und immer mehr Menschen suchten Aarons Rat. Ich hatte das Gefühl, genau das Richtige zu tun.

Viele Leute baten mich auch, ihnen die Meditationsübungen zu zeigen, die Aaron mich lehrte. Ich hatte 20 Jahre lang die Vipassana-Meditation praktiziert, bei der die eigenen Gedanken, Gefühle und Empfindungen beobachtet werden. Nun gab Aaron mir eine Möglichkeit, meine Praxis zu vertiefen und zu verfeinern. Diese Form der Meditation ist zentraler Bestandteil seiner Lehre, und sie befähigt uns, die Präsenz zu intensivieren und das Leben als Zeuge zu beobachten, statt von ihm hin und her geworfen zu werden. Nach all den Jahren als Bildhauerin fühlte ich, dass es nun an der Zeit war, die Bildhauerei aufzugeben und mich der neuen Richtung, die mein Leben eingeschlagen hatte, vollkommen hinzugeben.

Schon bald darauf, und weil so viele Menschen an meine Tür klopften, um an Meditationsklassen teilzunehmen und mit Aaron zu arbeiten, schlug jemand vor, eine gemeinnützige Organisation zu gründen, die unsere Arbeit unterstützen sollte. So entstand das *Deep Spring Center for Meditation and Spiritual Inquiry*. Auch heute noch, 20 Jahre später, halten wir Klassen und Retreats ab, arbeiten in Hospizen und Gefängnissen.

Es war für mich eine große Freude zu erleben, wie meine drei Söhne mit Aaron als Mitglied unserer Familie heranwuchsen und wie sie immer vertrauter mit den Realitäten der geistigen Welt wurden. Es bereitet mir zudem enorme Freude, Aarons Lehren weiterzugeben und zu sehen, wie sehr die Leute von ihnen profitieren. Überall stellen mir die Menschen dieselben Fragen: ›Wer bin ich?‹ ›Warum bin ich hier?‹ ›Wie kann ich die Arbeit tun, deretwegen ich gekommen bin?‹ ›Warum gibt es so viel Schmerz auf der Welt?‹ Schließlich verstand ich, dass diese Arbeit Teil meines Seelenplans war.«

Aaron stellt sich vor[4]

»Ich grüße euch alle in Liebe. Ich bin Aaron. Was und wer bin ich? Was und wer seid ihr? Was ist der Unterschied zwischen uns? Oder gibt es gar keinen?

Wir sind alle Lichtwesen. Was bedeutet das? Einige von euch mögen mit der Erfahrung vertraut sein, dass sich in der Meditation das Ego und der Körper auflösen. Diejenigen, die es erfahren haben, bestätigen, dass nichts als Licht übrig bleibt. Das ist alles, einfach Licht, Energie, Bewusstheit. Kein Ego mehr. Kein Gefühl von ich und du. Keine dauerhafte Form, kein individueller Gedanke, kein selbstsüchtiges Wollen, kein persönliches Bewusstsein. Jenseits aller Eigenschaften des getrennten Selbst bleibt nur reine Bewusstheit, reiner Herz-Geist. Die Essenz drückt sich als strahlendes Licht, reiner Klang, als Bewusstheit, Intelligenz und Energie aus. Das ist, was ihr seid. Das ist, was ich bin.

Im Laufe unserer Entwicklung materialisieren wir uns in der Form, die unserem Wachstum und unseren gegenwärtigen Lernbedürfnissen – durch unser Karma bestimmt – am förderlichsten ist. Die Erde gleicht einer Schule. Ihr seid hier in materieller Form, denn an diesem Ort werden euch die nächsten Lektionen präsentiert, die ihr braucht. Ich habe mich über die Notwendigkeit einer materiellen Gestalt hinausentwickelt und deshalb habe ich keine. Dennoch lerne ich noch immer und befinde mich in einer Form, welche für meine jetzt zu lernenden Lektionen am besten geeignet ist.

Ich habe eine andere Sichtweise als die Menschen. Ich kann auf das Wissen und die Weisheit all meiner früheren

[4] Barbara Brodsky/Aaron: *Presence, Kindness and Freedom.* Deep Spring Press, Ann Arbor 2003

Leben zurückgreifen und auf die Weisheit, die ich in den 500 Jahren irdischer Zeitrechnung erlangt habe, seit ich eure Welt verließ. In meiner Welt sind wir über die Illusion einer getrennten, kleinen Ego-Identität hinausgegangen. Wir kommunizieren auf telepathischem Wege, von einem Geist zum anderen oder mit vielen anderen. Da es hier kein Ego gibt, besteht auch keine Notwendigkeit, sich vor Peinlichkeiten zu schützen oder ungeschickte Entscheidungen zu verbergen. Daher ist das, was wir miteinander teilen, vollständig und ehrlich. Jeder Geist teilt den anderen seine Erkenntnisse und Erfahrungen zur Gänze mit, sodass ich aus den Erfahrungen anderer ebenso lernen kann wie aus meinen eigenen.

Ich lerne auch noch, ein tieferes Mitgefühl zu entwickeln, und das ist einer der Gründe, weshalb ich mich entschlossen habe zu lehren. Ihr erinnert mich daran, wie schmerzhaft es ist, Mensch zu sein; ihr erinnert mich daran, nicht über andere zu urteilen, sondern mein Herz stets in Liebe offen zu halten.

Ich habe den Vorteil, dass ich alles aus der Perspektive vieler Leben betrachten kann. In meinem letzten Leben in der menschlichen Welt war ich ein buddhistischer Theravada-Mönch in Thailand, ein Meditationsmeister. Da die in zahlreichen Leben erworbenen Erkenntnisse damals alle zusammenflossen, gelang es mir, mich zu befreien (Freiheit von dem Zwang der Reinkarnation) und auch anderen Wesen auf diesem Weg zu helfen. Aber ich lehre jetzt nicht nur als jener thailändische Meister. Ich war während vieler Leben Mönch. In den meisten praktizierte ich die verschiedenen Schulen des Buddhismus, trotzdem ist alles nur ein kleiner Teil des Ganzen. Ich war in ebenso vielen Leben christlicher Mönch; ich war Priester und hatte noch höhere Positionen in der Kirchenhierarchie inne. Ich bin auch Moslem, Jude, Sufi, Daoist gewesen und noch manches andere.

Ich habe Körper in allen Hautfarben besessen, mich in männlicher und weiblicher Form in vielen verschiedenen Kulturen inkarniert. Ich bin durch Wälder gewandert, habe in Höhlen und in herrlichen Tempeln gelebt und in armseligen Hütten und in Palästen gebetet. Ich bin verhungert. Ich habe im Luxus geschwelgt, während Menschen um mich herum verhungerten. Ich bin Edelmann und Mörder gewesen. Ich habe geliebt und gehasst, getötet und gehegt. Kurz, ich habe so ziemlich alle menschlichen Erfahrungen gemacht. Wie ihr alle auch.

Was bedeutet es, Mitgefühl für einen anderen zu empfinden? Könnt ihr sehen, dass das Potenzial des Negativen auch in euch existiert? Könnt ihr von der Verurteilung des Tyrannen weg und hin zu Mitgefühl und Verständnis für sein Leid und seine Situation kommen? Das bedeutet nicht, dass ihr seine Handlungen gutheißt, jedoch, dass ihr mitfühlt, akzeptiert und bedingungslos liebt.

Bedenkt, es handelt sich hierbei um einen Lernprozess. Wenn ihr den Zustand bedingungsloser Liebe, vollkommenen Mitgefühls und vollkommener Akzeptanz bereits erreicht hättet, müsstet ihr nicht mehr in einem menschlichen Körper stecken und diese Lektionen lernen.

Ich will nun zu meiner gegenwärtigen Sichtweise zurückkehren. Ich lehre als all die Wesen, die ich war – also auch als Mörder, der auf so schmerzhafte Weise lernen musste, und als von allen geliebter Meditationsmeister. Und ich lehre auf der Grundlage meiner jetzigen Sichtweise, welche die Illusion aller Formen erkannt und verstanden hat, dass wir alle nur aus Licht und Energie bestehen und uns langsam hin zu einer strahlenden Klarheit entwickeln, während sich das Selbst und das Ego auflösen.

In diesem Sinne lehre ich keinen Buddhismus oder irgendeinen ›Ismus‹, der von der Wahrheit getrennt ist. Ich kenne nur zwei Wahrheiten, die es wert sind, als solche bezeichnet zu werden: Gott und Liebe. Alle formellen Religionen beschreiben lediglich Wege, die zu einem Verständnis dieser beiden Wahrheiten führen und in Wirklichkeit eins sind.

Wir beginnen als Funken jenes vollkommenen Lichts (Gott) und machen im Laufe der Evolution Erfahrungen in materieller Form. Während wir uns entwickeln, wächst unser Strahlen und unsere Klarheit nimmt immer mehr zu, wir werfen alle Schatten ab und strahlen endlich selbst wie kleine Sonnen. Wenn ihr meine Essenz in dieser Phase meiner Entwicklung vor dieses vollkommene Licht halten könntet, würdet ihr nur den äußerst schwachen Umriss einer Form und einen grauen Schatten vor diesem Strahlen sehen. Wenn ihr die Essenz eines vollkommen entwickelten Wesens vor dieses vollkommene Licht halten könntet, würdet ihr gar nichts sehen. Dazu entwickelt sich jeder von euch: zu vollkommener Unsichtbarkeit und makelloser Leere.

Was ich euch lehre, wird gefiltert durch eure eigenen Erfahrungen. Ich kann euch bloß beratend zur Seite stehen. Das eigentliche Lernen findet durch eure eigenen Erfahrungen statt. Wenn euch hilft, was ich sage, und wenn es euch auf den rechten Weg führt, dann gebraucht es. Wenn es euch nicht hilft, so schiebt es beiseite und folgt eurer eigenen inneren Weisheit.

Ich danke euch, dass ich zu euch sprechen durfte. Ich hoffe, ihr habt nun mehr Fragen als Antworten. Vielleicht werden wir uns eines Tages wieder begegnen. Dann kann ich mit euch über einige dieser Fragen sprechen, aber bitte denkt immer daran, alle Antworten sind bereits in euch, in euren eigenen Herzen. Übt gut und findet sie selbst.

Geht mit meiner Liebe.«

Aaron.[5]

Corbie Mitleid

»Liebe Freunde, ich heiße Corbie Mitleid und fühle mich sehr geehrt, wie im ersten auch in Robs zweitem Buch dabei sein zu dürfen. Rob hat mich gebeten, etwas darüber zu schreiben, wer ich bin und wie ich hierherkam. Diese Geschichte hat zwei Teile: Der erste handelt von der Entwicklung meiner metaphysischen Fähigkeiten, die es mir ermöglichen, mit Klienten zu arbeiten. Der zweite Teil befasst sich mit den Jahrzehnten voller Herausforderungen, der Selbsterforschung und Schattenarbeit. Mögen sich die beiden Teile auch unterscheiden, bleiben sie doch untrennbar miteinander verbunden.

Ich habe mich seit 1973 mit verschiedenen Methoden des Lehrens, Beratens und Heilens beschäftigt. Bei der Erforschung früherer Leben entdeckte ich 1994, dass diese Arbeit die Entwicklung und Ausprägung meiner Fähigkeiten beschleunigte. Ohne irgendeine formelle Unterweisung war ich in der Lage, sowohl durch Handauflegen zu heilen als auch durch energetische Fernheilung. Außerdem wurde mir bewusst, dass ich als Vermittlerin zwischen körperlosen Wesen und jenen von uns dienen konnte, die gegenwärtig einen Körper besitzen. Ich fand heraus, dass ich eine Übergangsheimat für Wesen sein konnte, die im grauen Raum gefangen

[5] Obwohl Aarons Ton in dieser Einführung ziemlich ernst ist, hat er doch einen wunderbaren Humor, den er einsetzt, um seine große Weisheit zu vermitteln. Einmal fragte ich ihn beispielsweise, wie viele Minuten am Tag ich meditieren solle. Er antwortete: »Rob, wie viele Minuten am Tag sollst du essen?«

sind – also für jene Seelen, die zwar gestorben, aber aus irgendeinem Grund unfähig sind, allein ins Licht zu gelangen. Und ich entdeckte, dass ich ein Channel für die Seele (das Höhere Selbst) jener sein kann, die das Wie und Warum ihrer Herausforderungen erkennen möchten. Heute fokussiere ich mich nicht allein darauf, weitere Methoden zu erlernen, sondern vor allem auf das In-mich-Gehen, um Ängste, Vorurteile, Voreingenommenheit und das Ego auszulöschen, also alles, was der bedingungslosen Liebe und dem Mitgefühl im Wege steht.

Und der zweite Teil? Viele von Ihnen kennen ihn bereits, denn in Robs erstem Buch habe ich bereits darüber gesprochen. Meine Geschichte und meine Herausforderungen wurden als die einer Frau namens Doris geschildert. Ich habe mein Leben bis ins letzte Detail erforscht. Es begann in einer zerrütteten Familie. In deren Mittelpunkt stand eine alkoholabhängige Mutter, die sich während der vorgeburtlichen Planungsphase bereit erklärt hatte, der Auslöser für meine wichtigste Lebensentscheidung zu sein: Würde ich lernen, mich selbst zu schätzen, meine eigene Sexualität (und damit die aller Frauen) zu ehren und meinen Körper so zu lieben, wie ich ihn erschaffen hatte, oder nicht?

Hätte ich beschlossen, mich selbst von Anfang an zu lieben, wäre mein Leben sicherlich ruhiger verlaufen. Aber ich entschied mich für den schwierigeren Weg, der mir schon aus vielen anderen Leben vertraut war und nun jahrzehntelange Herausforderungen bescheren würde: zwei schlimme Ehen, drei Runden Brustkrebs inklusive einer doppelten Brustamputation und ein Leben voller sexueller Erfahrungen, die mir meine tief empfundene Wertlosigkeit widerspiegelten. Dennoch war ich nicht bereit, mich selbst aufzugeben. Stattdessen fragte ich immer wieder: ›Wenn Gott ein Gott der Liebe ist und ich mir unserer Verbindung absolut sicher bin, wozu dient mir denn all das? Denn dienen muss es mir!‹

Ich gebrauchte viele Werkzeuge, um die Antwort auf diese zentrale Frage zu finden. Auf meinem Weg entdeckte ich mein Lebensmotto, meinen ›Satz der Leidenschaft‹, nach dem ich heute mein Leben ausrichte und den ich anderen Menschen nahebringe: ›Überquere die Brücke von der Furcht zur Furchtlosigkeit – und fliege!‹ Indem ich mich selbst vollständig annahm, so wie ich war, mit all meinen Fehlern und in all meiner Herrlichkeit zugleich, alles liebte, und indem ich akzeptierte, dass mir jede Erfahrung von einem gütigen Universum geschenkt worden war, das mir zur Heilung verhelfen wollte, habe ich meinen vorgeburtlichen Plan in seiner ganzen Fülle ausgelebt und bin an einem Punkt angekommen, wo das Erreichte auch anderen bei ihren Herausforderungen zu helfen vermag.

Mein Beitrag zu diesem Buch gleicht dem einer Priesterin und Geschichtenerzählerin, denn ich besitze die Gabe, Einzelheiten und Nuancen früherer Leben zu sehen. Wie in einem Film laufen die Inkarnationen anderer Menschen vor mir ab. Ich sehe die Kulissen und Kostüme, ich kenne das Drehbuch und die Dialoge, den Weg und seine Windungen. Außerdem diene ich als Channel für das Höhere Selbst – also die Seele –, um eine umfassendere, detaillierte Sichtweise zu schildern, weshalb ein Leben sich auf eine bestimmte Weise entwickelt hat.

Obwohl es manchen von Ihnen merkwürdig vorkommen mag, so schätze ich mich doch glücklich, das Leben zu führen, das ich mir erschaffen habe. Ich habe auf diese Weise Mitgefühl, Humor, Widerstandskraft, Großzügigkeit und Freude gelernt, und es macht mich froh, Möglichkeiten aufzuzeigen und Hoffnung zu verbreiten.

Seien Sie mir alle tausendfach willkommen.«

Staci Wells

»Seit ich mich erinnern kann, habe ich Geister gesehen und gehört, Auras wahrgenommen, telepathisch mit Tieren kommuniziert und einfach Dinge über andere Menschen gewusst.

Vier Geistführer arbeiten mit mir in meinen Sitzungen und in meiner metaphysischen Arbeit. Derjenige, der mit mir bei allen Readings in *Mutige Seelen* und in diesem Buch zusammengearbeitet hat, ist mein wichtigster Geistführer und schon mein ganzes Leben an meiner Seite. Da er mir nie seinen Namen mitgeteilt hat, nenne ich ihn einfach Geist. Er erscheint mir so, wie man sich einen alten, weisen Zauberer vorstellt. Unter dem Arm trägt er immer ein großes, in braunes Leder gebundenes Buch, darauf stehen in goldenen Lettern die Worte ›Buch der Leben‹. Das Buch der Leben kennen die meisten von uns als Akasha-Chronik. Ihr gab der Geist vor langer Zeit einen anderen Namen, damit mein junger Verstand begreifen konnte, worum es ging. Der Titel des Buches ist geblieben, obwohl ich schon längst kein Kind mehr bin.

Meine Beziehung mit Geist war verantwortlich dafür, dass ich inmitten einer gestörten Familie mein geistiges Gleichgewicht bewahren konnte. Ich ging auf mein Zimmer oder setzte mich draußen ins Gras, und schon erschien mein Geistführer, um mit mir zu sprechen, mich mit auf eine Astralreise zu nehmen oder einfach still neben mir zu sein. Er unterwies mich auch in der Meditation, damals war ich noch ziemlich jung, etwa elf oder zwölf. Nichts Kompliziertes, nur eine einfache Meditation, um mit meinem inneren Wesen in Kontakt zu treten und meine Verbindung zu Allem-Was-Ist zu stärken.

In meiner Schulzeit erschien er mir oft. Dann stand er plötzlich an meiner Seite oder draußen vor dem Fenster und winkte mir, ich solle doch nach draußen kommen und mit ihm meditieren – was ich auch tat. Ich weiß nicht warum, aber ich bekam nie eine Verwarnung, wenn ich den Unterricht deswegen schwänzte.

Ich erinnere mich noch deutlich, als ich Geist zum ersten Mal fragte: ›Aus welchen Gründen geschehen bestimmte Dinge?‹ Ich war 14 und gerade erstmals allein in einem Naturkostladen gewesen. Auf den Bus wartend, der mich zurück nach Hause bringen sollte, wurde ich Zeuge eines Autounfalls. Und in diesem Moment nahm ich die Schockwelle des psychischen Traumas der Autoinsassen und der Zuschauer wahr. Ich fragte Geist: ›Warum geschehen solche Dinge manchen Menschen und anderen nicht?‹ Ich stelle diese Frage seither immer wieder.

Im Alter von 21 Jahren sah ich eines Morgens Geist am Fußende meines Bettes stehen, als wartete er nur darauf, dass ich endlich aufwachte. (Ich kann Ihnen versichern, dies geschah nicht häufig.) Er erschien mir auf eine vollkommen neue Weise: größer, strahlender und weißer denn je. Blendend weiße Lichtstrahlen gingen von ihm aus, was – verschlafen wie ich war – ziemlich verstörend wirkte. ›Nun‹, fragte er, ›bist du bereit, dich an die Arbeit zu machen?‹ In diesem Augenblick wusste ich, vor meiner Geburt ein Leben des Dienens geplant zu haben. Meinen Plan, die nächste große Popdiva, eine Art neue Barbra Streisand zu werden, gab ich auf und fügte mich, von nun an ein professionelles Medium zu sein mit all den persönlichen Verpflichtungen, die daraus folgen würden.

Seit jenem Morgen hatte mein Weg seine Höhen und Tiefen, Irrungen und Wirrungen, Herausforderungen und Belohnungen, die zu zahlreich sind, um sie hier alle aufzuzählen. Aber alles geschah im Interesse der Ziele meiner Seele und der karmischen Lektionen, die ich mir für dieses Leben ausgesucht hatte. Im Laufe meines Lebens erlangte ich dank der Arbeit mit Geist ein weitaus tieferes Mitgefühl als je zuvor, und dieses Mitgefühl hat meine Fähigkeiten, anderen zu dienen, verstärkt. Zudem kann ich deutlich sehen, wie die Erfahrungen meines Lebens mich hierhergebracht haben. Auf dem Weg erfuhr ich viel über die Gründe der Seele, deretwegen wir bestimmte Dinge tun, und viel über das Wesen der Seele und den evolutionären Weg des Menschen.

Eines Tages rief mich Robert Schwartz an und erzählte mir, dass er ein Buch darüber schreiben wolle, wie wir unser Leben vor unserer Geburt planen, und ob ich eine mediale Sitzung machen könnte, die Teil des Buches werden würde. Ich spürte sofort die Aufrichtigkeit hinter Robs Absichten. Mein Herz und mein Geistführer hüpften vor Freude und aus meinem Mund kam ein spontanes Ja.

Wir verabredeten uns für die erste Sitzung. Rob stellte mir Fragen, die mir noch nie jemand gestellt hatte – und er stellte viele Fragen. Die häufigste war, ob ich die vorgeburtliche Planungssitzung hören oder in irgendeiner Weise beschreiben könnte. Natürlich kann ich das, dachte ich. Schon früher bekam ich kurze Einblicke in vorgeburtliche Planungssitzungen, aber bisher bat mich niemand, mich darauf zu konzentrieren.

Ich bin felsenfest davon überzeugt, Robert Schwartz und ich haben vor der Geburt beschlossen, an diesen Büchern zusammenzuarbeiten. Als ich *Mutige Seelen* zum ersten Mal las, durchdrang mich die Erkenntnis, dass im Zentrum des metaphysischen Gewahrseins, welches ich in diesem Leben kommunizieren sollte, die vorgeburtliche Lebensplanung steht, und angesichts dieser Erkenntnis weitete sich mein Herz-Chakra vor Dankbarkeit und Freude.

Ich danke Ihnen, liebe Leser, dass Sie mir die Möglichkeit geben, mein Dharma des Dienens zu erfüllen und die Botschaft der vorgeburtlichen Lebensplanung zu verbreiten.«

Stacis Geistführer stellt sich vor

»Ich bin es, der mit Staci spricht. Ich bin es, der vor langer Zeit im Raum zwischen den Leben vor ihr stand und fragte: ›Möchtest du auf diese Weise arbeiten?‹ Und sie stimmte bereitwillig zu. Staci ist wie ich auf der Suche nach Wissen und bemüht sich, dieses Wissen weiterzugeben. Wir sind vor langer Zeit eine Bindung eingegangen. Wir waren in der Bibliothek des Wissens (auf der anderen Seite, wie ihr sagt), weil uns unser Wissensdurst in denselben kleinen Bereich dieser außerordentlich großen Bibliothek geführt hatte. Sie erkannte mich, weil unsere Seelengruppen gelegentlich zusammengearbeitet hatten. Da die Leidenschaft ihrer Seele sie immer weiter drängte, höheres Wissen, universelle Weisheit und Heilung durch universelles Mitgefühl zu erlangen, näherten sich die Energie und der Weg ihrer Seele stetig den meinen an. Seither sind wir viele Male den Weg gemeinsam gegangen – in der Zeit zwischen den Leben, aber auch in einer Lebensform (einem Körper). Wir gehen auch jetzt gemeinsam in Harmonie, obwohl nur einer von uns dieses Mal eine menschliche Form bewohnt und ein menschliches Bewusstsein hat.

Ich bin nicht vorwiegend menschlicher Herkunft, trotzdem ich im Reich der Menschen mehr als einmal gespielt (mich verkörpert) habe. Statt den menschlichen Entwicklungsweg zu wählen, wie es die meisten von euch getan haben, die dieses Buch lesen, entschied ich mich zunächst dafür, in Planetensysteme einzutauchen. In der physischen Form, in der man sich hier befindet, sind Wissenschaft und Technik die hauptsächlichen Motive für das Wachstum.

Je mehr ich in diesen physischen Formen verweilend lernte, desto besser verstand ich, dass alles miteinander verbunden ist und wir alle miteinander verwandt sind. Einmal, in der Zeit zwischen den Leben, wollte ich diese Erkenntnis weiter vertiefen und die Verbundenheit emotional erfahren. Sofort wurde ich von der Erde angezogen. So kam es zu meinem Eintritt in das menschliche Bewusstseinsfeld.

Ich lebte auf der Erde vier Leben, mein erstes im 6. Jahrhundert. Ich war ein stiller, neugieriger Junge, der schon früh lesen lernte und mit Heiltränken experimentierte, Mixturen hergestellt aus Dingen, die aus der Erde stammten oder auf ihr lebten. Als Erwachsener führte ich ein Nomadendasein, wanderte von Dorf zu Dorf und versuchte, wo immer ich konnte, zu heilen und zu helfen. Mein Pflanzenwissen half mir zu überleben, aber manchmal war es auch die Güte anderer Menschen, sie gaben mir Nahrung und ein Dach über dem Kopf. Ich lernte in jenem Leben viel über die Menschen und das menschliche Leid.

In einem anderen Leben, im 10. Jahrhundert, war ich Priester eines Ordens, aus dem die Benediktiner hervorgehen sollten. Ich hatte die Freiheit zu lesen und umherzuwandern und tat beides.

In meiner dritten irdischen Erfahrung lebte ich absichtlich nur sehr kurz und starb im neunten Jahr der körperlichen Form. Sinn dieses Lebens war es, die rohe Kraft grundlegender Gefühle zu erfahren, um die Basis des menschlichen Lebens und des menschlichen Bewusstsein besser begreifen zu können. Jener Körper enthielt eine solche emotionale Komplexität, dass er in kurzer Zeit ausbrannte und der Tod aufgrund einer berstenden Hauptschlagader eintrat. Die Erkenntnisse, die ich in jenem kurzen Leben erlangte, verblieben jedoch in meinem Bewusstsein und in meiner Seele und ich trage sie seither immer in mir.

Meine letzte Inkarnation auf Erden fand im 18. Jahrhundert statt, in der Zeit der großen Komponisten. Dies ist das einzige Leben, in der ich in physischer Form zur selben Zeit am selben Ort präsent war wie diejenige, die heute Staci ist. Im damaligen Leben war die Musik ihre Leidenschaft – wie heute auch –, und sie gehörte zu einer kleinen Gruppe von Sängern, die bei Komponisten beliebt war und häufig an den europäischen Königshöfen auftrat.

Ich hatte etwas für den König (König Georg III.) zu erledigen, als ich an einem Raum vorbeikam, in dem ein Konzert gegeben wurde. Die Reinheit und Vielschichtigkeit sowohl der Musik als auch der Stimme brachten mich dazu, im Türrahmen stehen zu bleiben und aufmerksam zuzuhören. An jenem Tag begann eine Freundschaft, die der ähnelt, die wir heute haben. In zahlreichen langen Gesprächen teilte ich ihr mein Wissen mit und gab ihr viele Informationen. Ich war ein hoher Beamter am englischen Hof, ein Schreiber, Bote und untertäniger Diener des Königs, vergleichbar einem heutigen Sekretär. Das ermöglichte mir einen gewissen Lebensstil. Ich konnte reisen, hatte Zugang zu persönlichen Bibliotheken und anderen Fundgruben des geschriebenen Wissens und verfolgte mit, wie Entscheidungen getroffen wurden, die das Leben zahlreicher Menschen beeinflussten. Das Vertrauen des Königs besaß ich und stellte meine Loyalität häufig unter Beweis. Vieles gab es zu beobachten und erneut vieles zu lernen.

Wenn ich in der Zeit zwischen den Leben in meiner wahren Heimat verweile (die ihr die geistige Welt oder den Himmel nennt), tue ich viele Dinge und kommuniziere mit vielen verkörperten wie unverkörperten Seelen. Vor allem studiere und lerne ich weiter und lehre und heile. Als Staci in der Zeit vor ihrem gegenwärtigen Leben und ihrer jetzigen Form zu mir kam, drückte sie den Wunsch aus, mit mir zusammenzuarbeiten, um sich weiteres Wissen anzueignen und das Konzept der Selbsterkenntnis mittels spiritueller Philosophie lehren zu können.

Während wir miteinander sprachen, wurden ihr ihre Absichten klarer und ihr Entschluss nahm Form an: Sie wollte ein Channel sein, ein Kanal, um das Bewusstsein zu heilen, um die Verletzungen der Seele und der Psyche durch das Wissen um das Selbst und die Seele zu heilen. Ihr Ziel war es, die große Verbindung zwischen ihrer physischen Gestalt und der ihr innewohnenden Seele zu erkennen und die Ideen zu verbreiten, die zum Wachstum führen würden. Sie nahm sich zudem vor, sich ›der anderen Seite des Lebens‹, die immer da ist, gewahr zu sein. Aufbauend auf den vielen Leben ihrer Seele – Leben der Liebe, des Dienens, des spirituellen Bemühens und Wachsens – sammelte sie ihren eigenen Wissensschatz, konzentrierte ihr Bewusstsein und brachte dies mit in ihre jetzige Lebensform. Vieles davon schlummert noch in ihrem Unterbewusstsein und wartet darauf, durch die Erfahrungen ihres Lebens erweckt zu werden. Den Rest lernt sie von mir.

Die menschliche Gestalt und das menschliche Bewusstseinsfeld faszinieren mich: so umfangreich, so überaus reich und gewaltig mit einer so großen emotionalen Tiefe und Komplexität. So viel kann in dieser menschlichen Verpackung gelernt werden. Wenn ich nicht aktiv daran teilnehme, beobachte ich normalerweise oder nehme von dem Ort in der ›unsichtbaren Welt‹ aus teil, an dem ich mich gerade befinde. Von diesem Ort aus kommuniziere ich mit Staci und durch Staci gerade jetzt mit Ihnen.«

Pamela Kribbe und Jeschua

»Ich begegnete Jeschua (der hebräische Geburtsname Jesu), als ich 33 Jahre alt war. Seinem Erscheinen ging eine tiefe persönliche Verwandlung voraus, in deren Verlauf ich meine akademische Laufbahn, meine Ehe und meinen Wohnort aufgab. Ein Astrologe sagte mir einmal, eine der wichtigsten Herausforderungen meines Lebens bestehe darin, ständig Altes loszulassen und Neues anzunehmen. In Beziehungen war dies für mich am schwierigsten. Denn ich neigte dazu, von meinen Partnern emotional abhängig zu sein und mich in einem solchen Maße in der Beziehung zu verlieren, dass ich jedes Gefühl für Grenzen verlor. Mein spirituelles Erwachen begann in dem Augenblick, als mein Herz gebrochen wurde, weil ein Geliebter mich verließ.

Mit 26 hatte ich eine akademische Laufbahn eingeschlagen und wollte meine Doktorarbeit über moderne Wissenschaftsphilosophie schreiben. Mein Denken war rational geprägt und ich war zudem mit einem Wissenschaftler verheiratet. Dann begegnete ich einem Mann, ebenfalls Philosoph wie ich, und wir führten ganz erstaunliche Gespräche über Metaphysik und Spiritualität. Zwar hatte ich mich schon immer für Spiritualität und Esoterik interessiert, dieses Interesse aber vor einiger Zeit beiseitegeschoben. Ich verliebte mich in diesen Mann in dem Glauben, er sei die Liebe meines Lebens. Auch er schien sein Leben mit mir teilen zu wollen, und so konnte das Märchen beginnen. Aber das ›und so lebten sie glücklich bis an ihr Lebensende‹ sollte sich nicht einstellen. Als meine Scheidung lief, beschloss er, zu seiner Freundin zurückzukehren. Ich war zutiefst erschüttert und meine Faszination an der akademischen Philosophie verkümmerte vollkommen. Mit 29 beendigte ich meine Doktorarbeit, schlug jedoch keine akademische Laufbahn ein. Nach Verlassen der Universität nahm ich verschiedene Jobs an und las eine Menge spirituelle und esoterische Literatur. Dann begegnete ich einer spirituellen Lehrerin, die gleichzeitig ein Medium war, und eine tiefe innere Wandlung begann. Sie half mir, einen alten emotionalen Schmerz gewahr zu werden, der sowohl aus meiner frühen Kindheit als auch aus verschiedenen früheren Leben stammte, an die ich mich nun tatsächlich erinnern konnte.

Dieser Schmerz hatte mit der Einsamkeit zu tun, der ich mich stellen musste: dieser Art von Alleinsein, die unvermeidbar ist und selbst dann Teil des Lebens, wenn man sich in einer Beziehung befindet. Mithilfe dieser Frau begann ich zu verstehen, dass man sich nur wirklich auf einen anderen Menschen einlassen kann, wenn man anerkennt, selbst ein eigenständiges und in sich vollständiges Wesen zu sein. Bis dahin hatte ich dazu geneigt, mit der Energie anderer Menschen zu verschmelzen und diese aufzunehmen. Ich musste lernen, Grenzen zu setzen und Nein zu sagen.

Außerdem hatte ich mir zur Gewohnheit gemacht, über meinem Körper zu schweben, statt geerdet und im eigenen Wesen verankert zu sein. Diese Frau lehrte mich, dass es sich bei wahrer Spiritualität nicht darum handelt, den menschlichen Gefühlen zu entfliehen oder sich über sie zu erheben, sondern sich mit ihnen zu verbinden und Mitgefühl mit dem menschlichsten Teil unseres Selbst zu haben. Ich begann zu verstehen – mit meinem Herzen, nicht mit dem Kopf –, was es bedeutet, geerdet und sich selbst treu zu sein. Was für eine Offenbarung! Ich war erlöst und fühlte mich zum ersten Mal in meinem Leben frei.

Kurz nach dieser Katharsis begegnete ich meinem jetzigen Ehemann Gerrit. Ich stolperte zufällig über seine Website über Spiritualität und Reinkarnation und wir begannen eine lebhafte Korrespondenz. Die Verbindung zu ihm war wie ein

Wunder. Zwischen uns bestand eine unerklärliche Verwandtschaft, die sich aber vollkommen vertraut anfühlte. Im Gegensatz zu der früheren katastrophalen Liebesbeziehung gab es kein Drama um unsere Begegnung, stattdessen stille Freude und das Wissen: Wir gehören einfach zusammen. Da sich auch Gerrit schon lange für Esoterik interessierte, war es nur natürlich, dass wir als spirituelle Therapeuten zusammenarbeiten würden. Nach der Geburt unserer Tochter begannen wir unsere Praxis aufzubauen. Endlich konnte ich das tun, wonach sich mein Herz sehnte. Ich konnte als Medium und Lehrerin arbeiten und die philosophischen Fragen nach dem Leben auf sinnvolle, praktische Weise erforschen.

Eines Abends führten Gerrit und ich eine Privatsitzung mit einem Klienten durch, als ich plötzlich eine noch nie wahrgenommene Präsenz neben mir spürte. Ich war es gewohnt, mit meinen persönlichen Geistführern zu sprechen, die ich häufig in meiner Nähe fühlte und die mich mit ihren liebevollen Ratschlägen und ihrem Humor stets zum Strahlen brachten. Als ich jedoch die Gegenwart Jeschuas spürte, war alles anders. Ich empfing eine ernste und vollkommen bewusste Energie, zudem sehr geerdet und fokussiert, was mich zunächst etwas erschreckte. ›Wer bist du?‹, fragte ich die Energie, woraufhin vor meinem geistigen Auge deutlich der Name *Jeschua ben Joseph* erschien. Und sofort spürte ich: Es ist wahr. Im Bruchteil einer Sekunde erkannte meine Seele Jeschua. Mein Verstand wandte ein, es sei extrem unwahrscheinlich und auch überheblich zu glauben, Jesus säße neben mir im Wohnzimmer, aber mein Herz versicherte mir, für Jeschua ist es vollkommen normal, uns so nahe zu sein.

Jeschua ist keine weit über uns stehende und weit von uns entfernte Autoritätsperson. Er möchte unser Freund sein, jemand, dem wir vertrauen und dem wir uns öffnen können, weil er niemals über uns urteilt – auch wenn er sehr direkt und ehrlich ist. Er fordert mich auf, auch mit mir selbst ehrlich zu sein, meinen Ängsten ins Gesicht zu schauen und sie nicht hinter Schutzbehauptungen zu verstecken. In gewisser Weise ist er streng, aber auf eine sehr liebevolle Art. Durch ihn habe ich erkannt, was Liebe überhaupt bedeutet. Liebe ist nicht immer nett und tröstlich, sie fordert uns oft auf, uns aus unserer Kuschelecke herauszuwagen, mutig zu sein und uns unsere Verletzlichkeit einzugestehen.

Bevor ich mich öffentlich als Channel für Jeschua bekennen konnte, tauchten viele Ängste und Unsicherheiten auf, die es erst zu überwinden galt. Lange Zeit folgte ich meinem Instinkt – oder meinem Überlebensmechanismus – und zog mich von der Welt zurück, die ich als sehr bedrohlichen Ort empfand. Jeschua lehrt mich, in dieser Welt mich sicher zu fühlen und zentriert und bewusst zu bleiben, wenn ich den Kontakt zu Menschen aufnehme, statt ängstlich und zerrissen zu sein. Dies umzusetzen, lerne ich immer noch und glaube jedoch, bereits einige Fortschritte gemacht zu haben. Und die Arbeit hat mir so viel gegeben. Indem ich Jeschuas Botschaften empfange, habe ich Verbindungen zu meiner Seelenfamilie überall auf der Welt bekommen. Ich fühle mich auf der Erde in höherem Maße heimisch. Und was am wichtigsten ist: Ich spüre trotz all meiner Ängste eine tiefe Befriedigung, denn ich tue das, was meine Seele jetzt auf der Erde tun möchte.

Mit Jeschuas Hilfe habe ich erkannt, dass wir auf Erden sind, um ganz Mensch zu sein, um die Gefühle wahrzunehmen, vor denen wir zu fliehen versuchen, und um die tiefe Erfüllung zu fühlen, wie es ist, ein vollständig geerdeter menschlicher Engel zu sein.«

Jeschua stellt sich vor

»Ich bin Jeschua. Ich bin der, den ihr als Jesus kennt. Wenn ich durch Pamela spreche, nenne ich mich Jeschua, um den Unterschied zwischen dem wirklichen, lebenden Ich und dem künstlichen Bild zu betonen, das man von mir im Laufe der Geschichte erschaffen hat. Der Geschichte zufolge war ich ein Mann mit übermenschlichen Fähigkeiten, der sich über menschliche Gefühle wie Angst und Zweifel erhob, in Wahrheit jedoch in Vielem ein Mensch wie ihr auch. Ich fand eine Möglichkeit, mich eng mit meiner Seele zu verbinden und in meinem Leben meiner inneren Stimme zu folgen. Dennoch hatte auch ich große innere Kämpfe auszutragen. Eure kulturelle und religiöse Tradition vergöttlichte mich und ignorierte meine menschlichen Aspekte. Und ich sage: Ich war Mensch. Ich bin euer Bruder, der nicht über den menschlichen Problemen des irdischen Lebens schwebt, sondern sehr vertraut ist mit den Herausforderungen, denen ihr euch gegenüberseht. Mein Wunsch ist es, euch zu berühren und zu versichern, dass ihr euch über eure Schwierigkeiten erheben könnt, dass ihr starke, machtvolle Wesen seid und in dieser Phase der Geschichte gebraucht werdet.

Als ich mein menschliches Leben begann, wusste meine Seele, sie würde eine neue Art von Bewusstsein auf die Erde bringen, ein Bewusstsein, für das viele Menschen – vor allem die politischen Herrscher jener Zeit – nicht offen waren. Mein Plan bestand darin, in der Öffentlichkeit aufzutreten und die Herzen gleich gesinnter Seelen zu berühren.

Damals wartete eine ganze Gruppe Menschen darauf, durch mein irdisches Erscheinen erweckt zu werden. Diese Gruppe sollte eine Öffnung für das Christusbewusstsein auf Erden herbeiführen. Ich konnte meine Aufgabe nicht allein erfüllen, ich brauchte gleich gesinnte Menschen, die meine Botschaft

aufnehmen und überall auf der Welt verbreiten würden. Viele von euch, die dieses Buch lesen, sind Teil dieser Seelengruppe. Viele von euch haben damals gelebt, und auf der Seelenebene habt ihr geschworen, ein neues Bewusstsein auf die Erde zu bringen.

Ihr könnt es Christusbewusstsein nennen oder einfach das Gewahrsein, dass wir alle eins sind und durch den Fluss des Lebens verbunden, der das ganze Universum zusammenhält und Alles-was-Ist nährt und erhält. Alle Menschen sind von Grund auf gleich, und diese Gleichheit führt uns zusammen (wenn sie denn erkannt wird) und ermöglicht uns, im Geiste des Mitgefühls und der Kameradschaft aufeinander zuzugehen.

Der Gesellschaft, in der ich vor 2 000 Jahren lebte, war diese Vorstellung von Einheit und Gleichheit vollkommen fremd. Die Menschen unterschieden sich durch die Rasse, die Religion und den gesellschaftlichen Status. Eine meiner größten Herausforderungen bestand darin, mich gegen die herrschende Ungerechtigkeit zu stellen und dabei ruhig und konzentriert zu bleiben. Als junger Mann konnte ich sehr zornig werden auf die Autoritäten. Ich war von großer Leidenschaft und hatte ein feuriges Temperament, das immer dann ausbrach, wenn ich sah, dass Menschen ungerecht behandelt wurden. Ich musste lernen, mit diesem Zorn umzugehen, denn für meine Aufgabe war es entscheidend, die Herzen der Menschen zu erwecken.

Das Herz wird aber nicht durch Zorn erweckt, selbst wenn er einer guten Sache dient. Hinter dem Zorn verbirgt sich immer Angst. Angst ist ein Zeichen, dass man dem natürlichen Fluss des Lebens nicht vertraut und sich daher verwundbar fühlt. Wenn ihr wütend werdet, dann bekämpft ihr eigentlich eure eigene Verletzlichkeit, der ihr euch nicht stellen wollt. Mehr als durch alles andere wird das Herz durch Vergebung und Vertrauen erweckt – dem genauen Gegenteil von Wut und Angst. Um mich über meine Wut und Angst zu erheben, musste ich immer wieder nach innen gehen und den stillen Ort spüren, wo alle Dinge einfach und klar sind.

Eure größten Herausforderungen stehen nie im Zusammenhang damit, was andere Menschen tun. Eure größten Herausforderungen sind eure Reaktionen darauf. Es geht darum, ob ihr akzeptieren und verstehen könnt und euch so über die Gefühle erhebt, die andere in euch auslösen. Spirituelles Wachstum heißt nicht, die Welt zu verändern, es heißt, nach innen zu schauen und sich selbst zu verändern. Das galt für mich und es gilt für euch. Wenn ihr Frieden mit problematischen Gefühlen wie Angst oder Zorn schließt, dann erhebt ihr euch über sie und ihr werdet anderen vertrauen und ihnen vergeben können. Ihr erkennt, dass sie eins mit euch sind, und indem ihr das tut, berührt ihr die Herzen der Menschen, die ebenfalls nach Liebe und Mitgefühl suchen.

Besonders gegen Ende meines Lebens musste ich lernen zu vertrauen und zu vergeben, obwohl ich von Angst und Feindseligkeit umgeben war. Meine Familie und meine Freunde hatten Angst, was mit mir geschehen würde. Manche Menschen waren voller Hass gegen mich und wollten mich umbringen. Ich musste inmitten dieser widerstreitenden Kräfte ruhig und gelassen bleiben und die Schwingung des Friedens in meinem Herzen am Leben erhalten.

Ich musste aber nicht nur lernen, mit meinem Zorn umzugehen, sondern auch mit der Einsamkeit in meinem Leben. Obgleich ich eine liebevolle Familie hatte und viele enge Freunde, musste ich meine größten Herausforderungen doch alleine bestehen. In meiner Todesstunde musste ich meine ganze Kraft sammeln, um mich auf die Energie des Herzens konzentrieren zu können und nicht von dem Hass und der tiefen Trauer der Zuschauer überwältigt zu werden. Ich musste mich über den körperlichen und emotionalen Schmerz erheben und weiter die Wahrheit spüren, dass ich nicht am Kreuz sterben würde (auch wenn mein irdischer Körper genau das tat), dass mein Geist sich für diese Erfahrung entschieden hatte, um an ihr zu wachsen, und dass ich beispielhaft für Menschen wäre, die sich denselben Herausforderungen gegenübersehen.

Ihr seht, ihr geht den gleichen Weg, den auch ich gegangen bin. Ihr seid in dem Sinne gekreuzigt worden, dass ihr mit emotionalen Extremen in diesem und anderen Leben konfrontiert worden seid. Wenn ihr euch zu diesem Buch hingezogen fühlt und von seiner Botschaft inspiriert werdet, dann seid ihr euch bewusst, dass jede Schwierigkeit, der ihr begegnet, einen Sinn hat. Wenn ihr offen seid gegenüber der Tatsache, dass ihr euch eure Herausforderungen selbst ausgesucht habt, und wenn ihr versucht, deren Sinn zu ergründen, dann seid ihr bereits über eure instinktiven Reaktionen wie Angst, Wut und Kummer hinausgegangen. Dann seid ihr dabei, die Mission eurer Seele zu erfüllen.

Die Herausforderungen des Lebens bringen euch zum Kern der Aufgabe eurer Seele, die immer darin besteht, euer Gewahrsein zu vergrößern, das Urteilen aufzugeben und größeres Mitgefühl für euch selbst und andere zu entwickeln. Die Seele eines jeden Menschen erfüllt dies auf unterschiedliche Weise. Jede Seele erschafft den Lebensweg, der ihr die besten Möglichkeiten bietet, die Gefühle zu erfahren, die sie verstehen und mit denen sie Frieden schließen möchte.

Die Herausforderungen des Lebens stehen meistens im Widerspruch zu euren Hoffnungen und Erwartungen. Auch wenn eure Seele sie geplant hat, kommt es euch oft so vor, als sollte genau das nicht geschehen. Sie verblüffen und verwirren euch sogar. Für euren irdischen Teil, der die Kontrolle über das Leben behalten möchte, sind diese Herausforderungen überhaupt nicht so, wie sie sein sollten. Sie scheinen immer unerwartet zu kommen, sie scheinen ungerecht zu sein und zu schwierig, um mit ihnen fertig zu werden. Sie erzeugen meistens Widerstand, Angst, Verwirrung und ein Gefühl der Hilflosigkeit.

Falls ihr euch gerade jetzt in einer besonders herausfordernden Situation befindet und verwirrt und verärgert seid und das Gefühl habt, den Umständen hilflos ausgeliefert zu sein, dann solltet ihr erkennen, es ist der ängstlichste Teil in euch, der jetzt aktiv ist. Die Herausforderung macht euch eine Angst bewusst, die bereits in euch vorhanden war, und mit der ihr euch nun befassen könnt. Die Angst kommt zu euch, damit ihr den Arm um sie legen könnt wie bei einem verängstigten Kind. Der Sinn der Herausforderungen des Lebens besteht in der Heilung des inneren Kindes, also des Teils in euch, der emotional auf jede Herausforderung reagiert und sich schnell betrogen, eingeschüchtert oder alleingelassen fühlt. Wenn ihr euch bewusst werdet, dass diese Gefühle wie Kinder sind, die man trösten und umarmen muss, dann wird die Herausforderung eure wahre Kraft zum Vorschein bringen statt eurer Schwäche. Sie wird in euch die Kraft erwecken, euch selbst zu heilen.

Zwar wurden die Herausforderungen von eurer Seele geplant, was nicht gleichbedeutend ist, alle Ängste und Schmerzen durchmachen zu müssen, die sie verursachen. Ihr besitzt einen freien Willen. Ihr könnt euch dafür entscheiden, eure Ängste zu überwinden. Statt von negativen Gefühlen erdrückt zu werden, könnt ihr eure Herausforderungen heilen und verwandeln. Letztendlich sollen sie euch ja daran erinnern, wie groß ihr seid, nicht wie klein.

So wie ihr nicht euer Körper seid, so seid ihr auch nicht eure Gefühle. Ihr seid die Seele, die diese emotionalen Zustände wahrnimmt. Ihr seid bewusste Träger eurer Gefühle und ihr könnt euer Bewusstsein einsetzen, um euch selbst schwierigsten Gefühlen mit Verständnis und Mitgefühl zu nähern anstelle von Angst und Widerstand.

Wenn ihr die Herausforderungen eures Lebens unter diesem Aspekt betrachtet, dann werdet ihr, wenn etwas Zeit verstrichen ist, vielleicht sogar erkennen, dass sie äußerst wichtige Lehrer für euch waren. Vielleicht dankt ihr eurer Seele sogar dafür, euch diese Hindernisse in den Weg gelegt zu haben. Falls sich Dankbarkeit in eurem Herzen eingenistet hat, zeigt das, ihr habt die Bedeutung einer Herausforderung begriffen. Der Frieden, den ihr nun mit Blick auf die Erfahrung spürt, wird es euch ermöglichen, Menschen zu helfen, die sich ähnlichen Problemen gegenübersehen. Ihr lehrt durch euer Beispiel. Das ist auch die Aufgabe eurer Seele.

Ihr seid nicht nur auf Erden, um euch selbst zu helfen, sondern auch um etwas zur Entwicklung der Menschheit beizutragen. Ihr müsst wissen, dass ihr gebraucht werdet. Ich brauche euch, um meine Aufgabe zu erfüllen. Sinn meines Lebens war es, die Christus-Energie, die größer ist als ich, auf die Erde zu bringen und unter jenen Menschen zu verbreiten, die sie wiederum an andere weitergeben würden. Meine Ankunft sollte die Samen eines neuen Bewusstseins säen. Ihr seid dazu bestimmt, diese Samen zu empfangen und in euren Herzen erblühen zu lassen, damit andere ebenfalls von ihnen berührt werden können. Ihr werdet selbst zu Christus. Die Wiedergeburt Christi ist nichts weiter als die Geburt eines herzzentrierten Bewusstseins in euch. Ihr seid Teil meiner Mission. Ich brauchte euch damals und ich brauche euch jetzt, um unsere gemeinsame Mission zu erfüllen.

Woran könnt ihr euren Beitrag zur Entwicklung der Menschheit erkennen? Woher wisst ihr, was ihr beitragen sollt? Ihr müsst begreifen, dass sich euer Beitrag nicht von euren persönlichen Zielen unterscheidet. Die Herausforderungen, denen ihr euch gegenüberseht, führen euch immer zu bestimmten Themen, aufgrund derer ihr anderen dienen könnt. Wenn jemand von euch zum Beispiel ein Kind verloren und den intensiven Trauerprozess durchlitten hat, der mag sich – falls dies die Aufgabe seiner Seele ist – dazu hingezogen fühlen, anderen Eltern bei der Bewältigung ihrer Trauer zu helfen. Die richtigen Menschen werden euch über den Weg laufen, damit ihr diese Arbeit leisten könnt, und wenn ihr diese Arbeit leistet, werdet ihr Freude und Erfüllung finden, selbst mitten unter Menschen, die mit extremer Trauer, Wut oder Einsamkeit zu kämpfen haben.

Euer Beitrag zur Entwicklung der Menschheit hängt mit dem zusammen, was ihr am liebsten tut und was ihr sogar tun würdet, ohne Geld dafür zu bekommen. Das mag sich natürlich im Laufe des Lebens ändern. Menschen besitzen die natürliche Neigung, ihr Wissen, das sie sich auf der Herzensebene angeeignet haben, an andere weiterzugeben, denn ist das Herz erst einmal erwacht, spüren sie unmittelbarer die Verbindung zwischen sich und anderen und der Menschheit insgesamt. Wenn in euren Herzen die Liebe wohnt, dann werdet ihr euer Wissen mit anderen teilen wollen, weil sich die Liebe und die Freude in euch noch vergrößert.

Häufig wird die Herzenergie durch eine persönliche Krise erweckt. Ihr kennt wohl das Sprichwort: ›Was mich nicht umbringt, macht mich stärker.‹ Die Herausforderungen, um die es in diesem Buch geht, fallen in diese Kategorie. Sie scheinen euch zu brechen, aber tatsächlich sollen sie nur die selbst errichteten Mauern der Angst und des Urteilens durchbrechen. Wenn ihr zulasst, diese Mauern dank der Krisen niederreißen zu lassen, dann ladet ihr ein neues Bewusstsein in euer Leben ein, ein Bewusstsein, das die richtigen Umstände anzieht, damit ihr die Mission eurer Seele erfüllen könnt.

Heute ist es an der Zeit, dass die Menschheit ein neues Bewusstseinsniveau erreicht. Es ist an der Zeit, dass die Menschen ihre Einheit erkennen, selbst wenn sie unterschiedlichen Rassen, Geschlechtern oder Kulturen angehören. Dies ist eine Zeit der Krisen und Chancen. Die ökonomischen und ökologischen Krisen, denen ihr euch gegenüberseht, sind auf den Mangel an herzzentriertem Bewusstsein in diesen Bereichen zurückzuführen. Sowohl die zwischenmenschlichen Beziehungen als auch die Beziehung zur Natur werden ständig unter dem Gesichtspunkt der persönlichen Bereicherung und des Profits gesehen. Das aber ist egozentriertes Bewusstsein. Ich urteile nicht über diese Form des Bewusstseins, da es einmal Sinn gemacht hat, wie alle Formen des Bewusstseins. Heute ist es indes an der Zeit, sich über dieses egozentrierte Bewusstsein zu erheben.

Die Erde ruft die Menschen auf, die natürliche Harmonie allen Lebens auf dem Planeten wiederherzustellen. Der menschliche Geist ist aufgerufen, die Wunden zu heilen, die Jahrhunderte der Angst, des Kampfes und der Trennung geschlagen haben. Die Krise, der sich die Menschheit heute gegenübersieht, muss gelöst werden, und zwar nicht durch Erfindungen des Verstandes in Form neuer Technologien, sondern dadurch, dass ein Herz nach dem anderen erwacht.

Ihr lebt heute, weil eure Seele der Menschheit helfen will, sich zu einem herzzentrierten Bewusstsein emporzuschwingen. Indem ihr eure eigenen Probleme meistert und die Chancen findet, die in ihnen verborgen sind, fördert ihr das Glück der Menschheit am meisten. Euer Beitrag besteht weniger in dem, was ihr tut, sondern mehr in dem, was ihr seid. Eure Bewusstheit macht den Unterschied aus. Wenn viele von euch das herzzentrierte Bewusstsein in ihr Leben einladen, wird es auch für andere leichter, den Übergang zu einer neuen Lebensweise zu schaffen und in Frieden mit sich selbst, der Menschheit und der Natur zu leben.

Ich fordere euch auf, den Glauben nicht zu verlieren. Ich sage euch, ihr seid nicht allein. Ihr könnt euch euren Herausforderungen stellen und sie meistern. Ihr könnt Lehrer eines herzzentrierten Bewusstseins sein und andere Menschen auf eine Weise berühren, die euch Freude und Erfüllung bringt. Euer Leben hat einen Sinn und ihr werdet gebraucht, um euren einzigartigen Beitrag zu dem größeren Ganzen zu leisten, von dem ihr ein Teil seid.

Erkennt in mir euren Bruder und Verwandten. Ich bin hier, um euch zu helfen, aber ich brauche auch eure Hilfe. Schließt euch mir an und lasst uns gemeinsam das alte Versprechen einlösen, eine neue Erde zu erschaffen.«

KAPITEL 1

Das Leben heilen, das Sie vor Ihrer Geburt geplant haben

Die Reise, auf die Sie sich mit der Lektüre dieses Buches begeben werden, ist am sinnvollsten und heilkräftigsten, wenn Sie sie innerhalb eines bestimmten gedanklichen Rahmens antreten. Daher wollen wir mit der grundlegendsten aller Fragen beginnen: Warum planen wir vor unserer Geburt bestimmte Ereignisse, darunter auch große Herausforderungen?

Karma

Manche stellen sich Karma als eine Art »kosmische Schuld« vor. Aufgrund meiner Erforschung der vorgeburtlichen Lebensplanung bin ich jedoch zu der Ansicht gelangt, dass Karma mehr auf einen Mangel an ausgewogenen Erfahrungen hinweist. Wenn beispielsweise Ihr Kind behindert ist und Sie Ihr Leben der Liebe und Fürsorge für dieses Kind widmen, dann werden Sie beide möglicherweise nach diesem Leben das Gefühl haben, es sei unausgewogen gewesen. Folglich werden Sie auf der Seelenebene versuchen, die Erfahrungen dieses Lebens auszugleichen, und eine neue gemeinsame Inkarnation planen – aber mit vertauschten Rollen. Sie entscheiden sich vielleicht dafür, mit einer körperlichen Behinderung auf die Welt zu kommen, und bitten Ihr früheres Kind, die Rolle der Mutter oder des Vaters zu übernehmen. Dank seiner großen Liebe zu Ihnen und angetrieben von dem Wunsch, die Erfahrungen des vergangenen Lebens ins Gleichgewicht zu bringen, wird Ihr früheres Kind dieser Bitte wahrscheinlich entsprechen. Und so wird ein weiteres Leben in Gang gesetzt.

Die Sehnsucht der Seele nach Gleichgewicht entspringt nicht dem, was sie für eine andere Seele getan hat, sondern allem, was sie früher noch nicht erlebt hat. So mag sich die Seele Ihres früheren Kindes ausgeglichen fühlen, wenn sie sich im Gegenzug um Sie oder einen anderen Menschen kümmern konnte. Ihre Seele wird sich ausgeglichen fühlen, wenn sie erleben konnte, wie ein anderer Mensch sich ständig um Sie kümmerte.

Dasselbe gilt, falls Sie Ihr behindertes Kind in einem früheren Leben im Stich gelassen haben. Zwar kann es sein, dass Sie das in einem anderen Leben wiedergutmachen möchten, aber damit würden Sie nicht das Gefühl der Ausgewogenheit erlangen. Eine solche Ausgewogenheit stellt sich nur dann ein, wenn Sie selbst auf der Gefühlsebene erfahren, was es heißt, im Stich gelassen zu werden.

»Hört mir aufmerksam zu«, sagte Jeschua, als er über dieses Thema sprach, »Karma wird nicht dadurch ausgeglichen, dass man einem anderen etwas Gutes tut – wie viele Menschen glauben. Karma wird nicht ausgeglichen, indem man irgendetwas für irgendjemanden tut, es wird ausgeglichen, indem man die gleiche Erfahrung macht.«

Zudem besteht ein Unterschied zwischen dem Ausgleichen und dem Auflösen eines Karmas. Das Karma ist ausgeglichen, sobald die Seele alle Aspekte einer bestimmten Erfahrung selbst erlebt hat. Das Karma löst sich auf, wenn die Ursachen eines ursprünglichen Ungleichgewichts geklärt sind. Der Unterschied ist wichtig, denn solange wir die eigentlichen Ursachen unseres Karmas nicht heilen, werden wir neues Karma erschaffen, selbst wenn das ursprüngliche Karma ausgeglichen worden ist.

Nehmen wir an, Sie wären in einem früheren Leben fälschlicherweise davon ausgegangen, dass die Ressourcen des Universums begrenzt sind und nicht genug für alle da ist. Nehmen wir weiter an, dass Ihnen diese falsche Annahme große Angst gemacht hat und Sie deshalb Nahrung von Ihrem Nachbarn gestohlen haben. Kehren Sie nach dem betreffenden Leben in die nicht physische Welt zurück und lassen Ihr Leben Revue passieren, entsteht in Ihnen wahrscheinlich das Bedürfnis, diese Erfahrung auszugleichen. Daher planen Sie, im nächsten Leben irgendeinen materiellen Verlust zu erleiden. Sie entscheiden sich, sowohl die Energie der Angst als auch den falschen Glauben an den Mangel mit in den neuen Körper zu übernehmen, um sie zu heilen.

Die Erlebnisse, die Sie für das nächste Leben geplant haben, würden tatsächlich das Karma ausgleichen, aber nicht notwendigerweise die Angst oder den falschen Glauben heilen. Werden die Angst und der falsche Glaube jedoch nicht geheilt, führt dies wahrscheinlich dazu, dass Sie andere Taten begehen, die weiteres Karma erzeugen. Das ursprüngliche Karma wird nur dann aufgelöst, wenn die ihm zugrunde liegende Angst und der falsche Glaube geheilt werden.

Da Sie sich auf der Seelenebene dieser Tatsache bewusst sind, würden Sie beispielsweise im nächsten Leben planen, Armut oder finanzielle Rückschläge zu erfahren. Nicht im Sinne einer Selbstbestrafung für den Diebstahl in einem früheren

Leben, sondern als Möglichkeit, die Aspekte Ihres Bewusstseins (die Angst und der Glaube an den Mangel) widergespiegelt zu bekommen, die geheilt werden müssen.

Obwohl wir Leiden nicht mögen und versuchen es zu vermeiden, ist Leid doch ein machtvoller Heilungsmechanismus, selbst dann, wenn wir nicht verstehen, wann und wie wir geheilt werden. Den Sinn des Leidens bewusst zu erkennen, ermöglicht uns, die im Leid versteckten Lektionen zu lernen und die erwünschte Heilung auf eine weniger anstrengende Weise zu erlangen.

In einem unserer Gespräche beschrieb Jeschua Karma als »ein falsches Glaubenssystem in Bezug auf sich selbst und die Welt … als Glauben an Angst und Trennung«. Ich glaube, dass wir in dieser kritischen Phase der Menschheitsentwicklung zu einem Bewusstsein der Einheit zurückkehren und unsere Ängste und unser Glaube an Trennung geheilt werden. Eine solche Heilung kann sich entgegen der weitverbreiteten Annahme ziemlich rasch, ja sogar augenblicklich ereignen. Jeschua sagte:

> Karma kann augenblicklich aufgelöst werden, sobald die Seele die wahre Natur ihres Wesens erkennt: reine Göttlichkeit, eins mit dem Geist. Aus dieser Erkenntnis entspringt ein tiefer Friede. Wenn die Seele diese Erkenntnis aufrechterhalten kann, wird sie sich mit Leichtigkeit von den Fesseln des Karmas befreien.
>
> In der Bibel gibt es die Geschichte von dem Verbrecher, der neben mir an einem Kreuz hing. Er wurde von der Energie des Mitgefühls, die ich ausstrahlte, tief berührt, und wegen seiner tief empfundenen Hingabe im Angesicht des Todes, konnte ich ihm sagen: »Heute noch wirst du mit mir im Paradiese sein.« In diesem Augenblick fand die

völlige Auflösung seines Karmas statt und ein Erwachen, an das er sich in den folgenden Leben erinnern wird.

Hier wirkt ein Paradoxon, das dem dreidimensionalen Leben der Dualität eigen ist. Schweres Karma kann zu großer Erleuchtung führen, denn Seelen, die ihre dunkle Seite gründlich erforscht haben und die schwere Last des Karmas tragen, können zu den größten und mitfühlendsten Lehrern anderer Menschen werden. Es mag lange Zeit gedauert haben, bis sie frei wurden. Aber sie alle werden euch sagen, dass die wahre Schwierigkeit nicht im Ausmaß des Kämpfens und Leidens lag, welches sie durchmachen mussten, sondern in der Erkenntnis, dass der Kampf nicht real, vielmehr Folge ihres Glaubens an Angst und Trennung war, und dass sie in Wirklichkeit immer frei waren.

Die Auflösung des Karmas ist nicht in dem Sinne schwierig, dafür großes Leid erleben zu müssen. Es ist schwierig, weil es den tief verwurzelten Illusionen widerspricht, die das Bewusstsein der Menschheit seit langer Zeit verdunkeln. Sein Schlüssel ist, sich bewusst zu werden, wer man wirklich ist (eine Seele), sich daran zu erinnern, dass man vom Geist bedingungslos geliebt wird und jetzt sicher und frei ist. Ist es schwierig, das zu erkennen? Ihr *glaubt* sicher, dass es so sei.

Dieses Buch soll Sie daran erinnern, wer Sie in Wirklichkeit sind: ein gewaltiges, weises, liebevolles, unbegrenztes, unsterbliches und heiliges Wesen, das dieses Leben, das Sie jetzt führen, geplant hat. Wenn Sie sich stärker daran erinnern, erkennen Sie immer deutlicher, dass Sie Ihr Karma ausgleichen und auflösen und sich und Ihr Leben in der Art und Weise heilen können, wie Sie es heilen müssen. Sie selbst sind der machtvolle Schöpfer all Ihrer Erfahrungen, sowohl der Herausforderungen, die Sie vor Ihrer Geburt geplant haben, als auch der Heilung, die Sie in diesem und in jedem Augenblick erzeugen.

Heilung

Wir planen auch Herausforderungen und andere Erlebnisse, um verschiedene Energien und Aspekte unseres Bewusstseins zu heilen, die nichts mit unserem Karma zu tun haben müssen. In *Mutige Seelen* schildere ich beispielsweise die Geschichte von Penelope, einer jungen Frau, die geplant hatte, taub geboren zu werden. Als das Medium Staci Wells und ich einen Blick auf Penelopes vorgeburtliche Planungssitzung werfen konnten, fanden wir heraus, dass sie im letzten Leben dieselbe Mutter wie jetzt hatte. In jenem früheren Leben musste Penelope mit anhören, wie ihre Mutter von deren Freund erschossen wurde. Penelope war durch dieses Ereignis schwer traumatisiert und beging in dem damaligen Leben Selbstmord.

Sie kehrte mit etwas in die geistige Welt zurück, das man wohl als »Energie eines ungelösten Traumas« bezeichnen könnte, und nun geheilt werden muss. Während ihrer vorgeburtlichen Planungssitzung fragte ihr Geistführer sie, ob sie taub geboren werden wolle, damit sich ein derartiges Trauma nicht wiederholen und sie die Heilung, die sie in früheren Leben begonnen hatte, zum Abschluss bringen könne. Penelope antwortete: »Ja, das will ich und das werde ich tun.« Und so begann die Planung eines Lebens in vollständiger Taubheit.

In *Mutige Seelen* gab ich außerdem die Geschichte von Pat wider. Pat ist ein Mann, der vor seiner Geburt plante, mehrere

Jahrzehnte seines neuen Lebens als Alkoholiker zu verbringen. Er hatte diesen Entschluss aufgrund der Umstände seines Todes in einem früheren Leben gefasst. In einer Schlacht war Pat zunächst der einzige Überlebende. Als er auf dem Schlachtfeld umherstreifte und seine gefallenen Kameraden sah, überfiel ihn eine furchtbare Angst. In diesem Zustand extremer Angst wurde er angeschossen und getötet. Die Angstenergie verblieb in seinem Bewusstsein und musste dringend geheilt werden.

Vor seiner Geburt war sich Pat im Klaren, dass ein langes Leben als Alkoholiker emotional schmerzhaft wäre und ihn antreiben würde, Gott zu suchen. Dadurch könnte er ein spirituelles Erwachen erleben, das die Angst heilen würde, die er in seinem Körper gespeichert hatte. Pats Heilung begann eines Tages, als er von der Arbeit nach Hause kam, den vorhandenen Alkoholvorrat bis auf den letzten Tropfen leerte, auf die Knie fiel und Gott um Hilfe anflehte. In diesem Augenblick spürte er die Gegenwart Gottes. Einige Wochen später wies er sich selbst in eine Suchtklinik ein und hat seither nie wieder getrunken. Pat hatte eine umfassende Heilung geplant und den Plan brillant ausgeführt: Sein Plan sah vor, dass sich die in seinem Körper gespeicherte Angst als Alkoholismus ausdrücken sollte, dass der Alkoholismus emotionalen Schmerz erzeugen sollte, dass der emotionale Schmerz ihn dazu bringen sollte, seine Spiritualität zu entdecken, und dass seine Spiritualität die Angst heilen sollte, die in seinem Körper gespeichert war.

Unsere Lebenspläne sind so gestaltet, bestimmte Energien zu heilen, die aus früheren Leben übrig geblieben sind. Dazu gehören Beurteilungen und Verurteilung (anderer Menschen und von sich selbst), Schuldzuweisung (gegenüber anderen und sich selbst), Wut, Schuldgefühle und viele weitere negative Gefühle. Wenn wir ein Leben mit derartigen Gefühlen im Bewusstsein beschließen, werden diese in unserer Seele zu einer Art Giftmüll. Unsere Seelen streben dann danach, diese Gefühle umzuwandeln und ein Leben zu planen (in einigen Fällen werden sie beinahe reflexartig in ein solches hineingezogen), das ihnen die Gefühle widerspiegelt, damit wir uns mit ihnen befassen. Was in einem Leben ungeheilt zurückbleibt, muss in einem anderen geheilt werden.

Dienst am Nächsten

Auf der Seelenebene stellt der Wunsch, anderen zu dienen, eines der Hauptmotive bei der Planung bestimmter Lebensumstände dar. Dieser Wunsch ist ein organischer Ausdruck des Einheitsbewusstseins, das in unserer nicht körperlichen Heimat unser natürlicher Zustand ist. Mit Einheit meine ich, dass es in Wahrheit nur ein einziges Wesen im Universum gibt. Sie, ich und jeder andere Mensch sind nur individuelle Ausdrucksformen dieses Einen. Aus diesem Grund bedeutet, anderen Menschen zu dienen, tatsächlich, nur *scheinbar* anderen zu dienen.

Nehmen wir einmal an, Sie und ich würden ein gemeinsames Leben planen. Wenn ich mich im Zustand des Einheitsbewusstseins befinde, weiß ich, dass ich im wahrsten Sinne des Wortes Sie bin. Dieses Wissen ist mehr als eine gedankliche Vorstellung (wie es für die meisten von uns ist, die sich in einem Körper befinden), da Sie tatsächlich wahrnehmen, dass ich Sie bin und Sie sind ich. So ist es ganz natürlich, wenn »Sie« »mir« dienen möchten. Und umgekehrt möchte ich natürlich Ihnen dienen, denn Sie sind nach meiner Erfahrung ja ich selbst.

Anderen zu dienen beschleunigt die spirituelle Entwicklung ungeheuer. Was Sie geben, das empfangen Sie. Was Sie lehren, das lernen Sie. Ein weitverbreiteter Fehler (in Wahrheit gibt es keine Fehler, da alle Erfahrungen bewirken, dass wir etwas lernen) unter spirituellen Suchern ist, sich zu sehr auf das eigene Wachstum zu konzentrieren und zu glauben, Wachstum wäre losgelöst vom Dienst am Nächsten. In der Tat verlangsamt die übermäßige Konzentration auf sich selbst die Entwicklung und sogar dann, wenn die Konzentration auf spiritueller Entwicklung liegt. Wir vergessen diese Wahrheit, nachdem wir uns inkarniert haben, aber auf der Seelenebene sind wir uns ihrer vollkommen bewusst. Daher planen wir, anderen zu dienen, um die Ausdehnung und Entwicklung des Einen zu fördern, von dem wir alle integrale Bestandteile sind.

Was bedeutet *Dienen* eigentlich? Mit Sicherheit bezieht sich das Wort Dienen auf Handlungen, die wir aus reiner Herzensgüte[6] ausführen. Eine der üblichsten Rollen, in denen wir anderen aus reiner Herzensgüte dienen, ist die von Eltern, die ihre Kinder großziehen. Aber es stimmt auch, dass manchmal negative Rollen vor der Geburt geplant werden. Tatsächlich mögen jene Menschen, die uns das Leben am schwersten machen, dies genau auf unseren Wunsch hin tun.

So wussten Pats Kinder beispielsweise vor ihrer Geburt, dass der Alkoholismus ihres Vaters ihn daran hindern würde, so präsent und liebevoll zu sein, wie er es sonst wohl gewesen wäre. Sie entschieden sich nicht *trotz* seines Alkoholismus für ihn als Vater, sondern *wegen* seines Alkoholismus, weil sie der Meinung waren, dass die Erfahrung, Kinder eines alkohol-

[6] Der Begriff beschreibt gütige Handlungen, die durch Liebe angeregt sind. Herzensgüte entspricht in etwa dem buddhistischen Begriff *Metta*.

abhängigen Vaters zu sein, ihrer Entwicklung förderlich sein würde.

Aber nicht alle Menschen, die eine besonders negative Rolle in unserem Leben spielen, tun dies auf unseren eigenen Wunsch hin. Jeder Mensch besitzt einen freien Willen. Häufig entscheiden sich Menschen aus freiem Willen dafür, sich auf lieblose oder sogar grausame Art und Weise zu verhalten. Die wichtigste Frage, die Sie sich stellen können, lautet nicht: »Handelt diese Person aufgrund meines vorgeburtlichen Plans?« Die wichtigste Frage, die Sie sich stellen können, lautet eher: »Wenn ich das geplant habe, warum?« Wenn Sie so fragen, werden Sie die Segnungen entdecken, die in jeder Situation zu finden sind.

Die drei Schichten der Seele

Bei der Recherche zu diesem Buch entdeckte ich Folgendes: Wenn jemand als Teil seines vorgeburtlichen Plans auf lieblose oder grausame Weise handelt, dann nur deshalb, weil ein höherer Teil der Seele sich vor der Geburt entschieden hat, einem niederen Teil dies zu gestatten. Das habe ich während der Arbeit an meinem ersten Buch noch nicht gewusst – zumindest habe ich damals derartige Begriffe nicht gebraucht. Als ich es bei den anschließenden Untersuchungen entdeckte, war ich zuerst vollkommen verblüfft, denn nach meinem Verständnis sind wir als Seelen reine Liebe.

Jeschua erklärte es uns folgendermaßen: »Die Seele ist sowohl Liebe als auch Nicht-Liebe. Da die Seele wächst und sich entwickelt, ist sie auch nicht allwissend und allliebend. Die Seele ist der Teil von euch, der Erfahrungen macht, und aufgrund dieser Erfahrungen entwickelt sie sich von Nicht-Liebe zu Liebe.«

Die drei Schichten der Seele sind: das Geist-Selbst, das Seelen-Selbst und die irdische Persönlichkeit. Kern unseres Wesens ist das Geist-Selbst, das viele als Geist, Gott oder ICH-BIN-Gegenwart bezeichnen. Dieser Teil der Seele ist allwissend und allliebend. Er ist Teil der Welt des Seins: allgegenwärtig, unveränderlich, eins mit allen anderen Wesen und mit Allem-Was-Ist.

Das Seelen-Selbst ist Teil der Welt des Werdens. Es ist der Aspekt von uns, der am Spiel der Dualität teilnimmt. Das Seelen-Selbst entwickelt sich, indem es Erfahrungen macht. Es kann – nach unserer Definition – Fehler machen. Es kann seine ewige Verbindung zum Geist vergessen und sich von der Liebe abgeschnitten fühlen, aus der es erschaffen wurde und zu der es sich hin entwickelt.

Die irdische Persönlichkeit ist in jedem Leben eine Ausdrucksform der weitaus größeren Energie des Seelen-Selbst. Die Persönlichkeit wird durch das Seelen-Selbst inspiriert und dieses wiederum lernt von den Erfahrungen der Persönlichkeit, besonders den Gefühlen, welche die Persönlichkeit wahrnimmt. Ein Großteil der Heilung findet in unserer nicht physischen Heimat statt, in die wir zwischen den Inkarnationen zurückkehren, aber ein Teil kann nur geschehen, wenn wir während der Körperzeit Herausforderungen durchleben und sie meistern. In der nicht physischen Welt besitzen wir ein umfangreicheres Wissen, andererseits gibt uns das Leben auf der Erde die wunderbare Möglichkeit, dieses Wissen in *gefühlte Erfahrung* umzuwandeln. Das macht den Unterschied zwischen *Wissen besitzen* und *weise sein* aus.

Das Seelen-Selbst weiß mehr als die irdische Persönlichkeit, befindet sich freilich nicht zwingend in vollständiger Harmonie mit dem Geist. Das Seelen-Selbst ist mehrdimensional und kann sich gleichzeitig in verschiedenen Dimensionen oder Inkarnationen ausdrücken. Die Heilung, die jeder von uns in seinem gegenwärtigen Leben erlangt, heilt auch die vom Seelen-Selbst erschaffenen anderen Persönlichkeiten, und deren Heilung heilt auch uns.

In dem späteren Kapitel über psychische Erkrankungen werden Sie lesen, dass Mikæla sich vor ihrer Geburt einverstanden erklärt hatte, mehrere Formen extremer psychischer Störungen zu erleben, um sich selbst zu heilen und dadurch auch anderen Inkarnationen ihres Seelen-Selbst Heilung zu bringen.

Hier stellt sich die Frage, warum der Geist oder Gott es überhaupt zulässt, dass es psychische Erkrankungen oder andere Leidensarten gibt. Eine Antwort lautet: Der Geist ist seinem Wesen nach unbegrenzt. Würde der Geist das Seelen-Selbst daran hindern, eine Inkarnation zu planen und bestimmte Erfahrungen zu machen, dann wäre es eine Selbstbeschränkung des Geistes und stünde im Widerspruch zu seinem Wesen. Daher gestattet der Geist der Seele alle Formen der Unwissenheit, der Angst und sogar der Finsternis zu erfahren.

Wenn die Seele eine Inkarnation auf Erden plant, so tut sie dies sowohl aufgrund von Wissen als auch aus Unwissenheit, aus Liebe ebenso wie aus Angst. Zur Unwissenheit zählen falsche Glaubenssätze, gängig zum Beispiel: »Ich bin wertlos«, »Ich bin machtlos«, »Ich bin allein«, »Liebe ist leidvoll«, »Dem Leben kann man nicht trauen« oder »Leben ist Leiden.« Die Seele wird wegen dieser Glaubenssätze bestimmte Lebensumstände an sich ziehen. Wenn die Welt der Persönlichkeit diese Glaubenssätze widerspiegelt, rücken sie allmählich ins Licht der bewussten Wahrnehmung. Eine Persönlichkeit, welche die schöpferische Macht des Glaubens realisiert und die Tatsache anerkennt, dass die äußere Welt nur eine Widerspiegelung der inneren Welt ist, kann sich daran machen, diese falschen Glaubenssätze aufzulösen.

Dazu ist aber mehr als nur Absicht und Bewusstheit notwendig, erforderlich sind auch Erfahrungen, die den falschen Glaubenssatz widerlegen. Wir können derartige Erfahrungen besser erschaffen, wenn wir so tun als ob: wenn wir so fühlen, als ob wir wertvoll und machtvoll sind, als ob die Liebe sicher und das Leben voller Freude wäre. Im Laufe der Zeit und mit wiederholt positiven Erfahrungen werden unsere falschen Glaubenssätze umgewandelt.

Aber entscheidend ist wohl, dass sich falsche Glaubenssätze nicht dadurch ändern lassen, indem wir uns zwingen, anders zu denken. Falsche Glaubenssätze verändern sich, wenn sich und weil sich Gefühle ändern. Können Sie fühlen, wertvoll, machtvoll und nicht allein zu sein? Können Sie die Gegenwart des Geistes und die Liebe des Universums spüren? Können Sie die Freude am Leben und das Vertrauen in das Leben spüren? Damit Glaubenssätze wirklich aufgelöst werden können, müssen sie auf der Gefühlsebene angegangen werden. Dies kann lebenslange Arbeit bedeuten.

Wenn es stimmt, dass uns die äußere Welt unsere Glaubenssätze widerspiegelt und wir daher immer wieder bestimmte Erfahrungen und sogar ganze Lebenszeiten, die uns diese Glaubenssätze vor Augen führen, wiederholen müssen, wie sollen wir dann jemals unsere falschen Glaubenssätze heilen? Um diese Frage beantworten zu können, müssen wir begreifen, das Leiden entsteht aus den Geschichten, die wir uns selbst erzählen. So ist beispielsweise die Erfahrung, von einem Liebespartner verlassen zu werden, an sich weder gut noch schlecht. Falls Sie aber als Reaktion darauf denken »Niemand wird mich je lieben« oder »Ich werde nie glücklich sein«, dann haben Sie sich eine Geschichte ausgedacht, die Sie zum Leiden führt.

In dem Augenblick, bevor sich Ihr Verstand diese Geschichte ausgedacht hat, haben Sie erfahren, was Jeschua als den »Moment der Entscheidung« bezeichnet. In diesem Augenblick entscheiden Sie sich, wie Sie auf das äußere Ereignis reagieren wollen. In Ihnen existiert ein Raum, aus dem heraus Sie reagieren. Werden Sie sich dieses Raumes gewahr, dann werden Sie sich auch gewahr, wer Sie in Wirklichkeit sind: kein Opfer, sondern ein machtvoller Schöpfer. Aus dieser Erkenntnis wird Heilung geboren.

Ihre Seele nutzt Herausforderungen und Krisen, um die Notwendigkeit von Entscheidungen herbeizuführen. Hätten Sie nie Herausforderungen oder Krisen, müssten Sie sich nicht entscheiden. Sie – das heißt, die irdische Persönlichkeit – wären glücklich, aber Sie wären nicht motiviert, nach innen zu schauen, sich daran zu erinnern, wer Sie wirklich sind und sich bewusst für Heilung zu entscheiden. Ihre Seele, die sich danach sehnt, ihre ungeheilten Aspekte zu integrieren, hätte das Gefühl, etwas würde fehlen und wäre noch immer durch den Restmüll nicht verarbeiteter falscher Glaubenssätze verschmutzt. Ihre Seele versucht, sich von innen heraus zu heilen. Da Sie die Erweiterung Ihrer Seele in einer physischen Form sind, befinden Sie sich »in« Ihrer Seele und können sie somit heilen.

Wenn es ungeheilte Aspekte Ihrer Seele gibt, müssen Sie nicht zwangsläufig ständig leiden, bis die Heilung vollständig abgeschlossen ist. Pamela Kribbe erklärt dazu: »Der Wachstumsprozess verläuft nicht linear. Auf ein besonders negatives Leben können durchaus ruhigere, friedvollere Leben folgen, die es der Seele erlauben, sich von den traumatischen Erfahrungen zu erholen und sich auf andere Aspekte ihrer selbst zu konzentrieren. Die Seele ist nicht gezwungen, negative Umstände so lange zu wiederholen, bis sie ›es endlich kapiert‹.«[7] Mag es auch manchmal anders scheinen, Ihre Seele wünscht sich letztendlich, dass Sie heil werden, bis Sie im Meer der Glückseligkeit schwimmen.

Gegensätze

Unsere nicht physische Heimat entspricht ziemlich genau der klassischen Vorstellung: eine Welt voller Frieden und Liebe, Freude und Licht. In einer solchen Welt erleben wir keine Gegensätze. Wir wünschen und planen unser Leben auf der Erde, weil es hier so viele Gegensätze, weil es Dualität gibt: oben und unten, heiß und kalt, gut und schlecht, Liebe und Nicht-Liebe.

Als Seelen lernen wir durch Gegensätze, sie helfen uns besser zu verstehen, wer wir sind. Gegensätze erzeugen zudem intensive Gefühle und durch Gefühle wachsen und lernen wir. Die Gefühle, die wir erfahren, sind intensiver, wenn wir vergessen, dass das irdische Leben nur ein Theaterstück ist, das wir selbst geschrieben haben. Wenn wir daran glauben, dass die Illusion des irdischen Lebens real ist, ist der Einsatz höher und unsere Gefühle sind dementsprechend stärker. Die Intensität einer Erfahrung beschleunigt unsere Entwicklung – vorausgesetzt wir nehmen unsere Gefühle wirklich wahr und arbeiten mit ihnen auf liebevolle Weise. Nicht physische Wesen sprechen oft darüber, wie wunderbar die Möglichkeiten des spirituellen Fortschritts auf der Erde sind, und dass Menschen sich in einem einzigen Leben häufig weiter als in längeren »Zeiträumen« entwickeln.

7 Pamela Kribbe: *The Jeshua Channelings: Christ Consciousness in a New Era.* BookLocker, Bradenton, Florida 2008

Kontraste treten besonders deutlich hervor, wenn im Lebensplan vorgesehen ist, aufgrund von Gegensätzen zu lernen. Bei einem derartigen Lebensplan nimmt sich die Seele vor, genau das Gegenteil von dem zu erfahren, was sie am dringendsten lernen möchte. Bei diesem Lernen durch Gegensätze gibt es aber unendliche Schattierungen und Variationen. Ein in dieser Zeit häufig vorkommender Plan sieht vor, dass sich die Seelen, die etwas über das Einheitsbewusstsein (über die Einheit allen Seins) lernen möchten, in Familien inkarnieren, in denen sie sich stark von allen anderen Familienmitgliedern unterscheiden.

Die zwischenmenschlichen Reibungen und das Gefühl des Ausgegrenztseins führen dazu, sich als getrennt zu erleben. Der Schmerz der gefühlten Trennung drängt die Seelen, sich nach innen zu wenden, und im Laufe der Zeit gelangen sie zu einem gefühlten Wissen der ihnen innewohnenden Göttlichkeit. Wenn sie das Heilige in sich selbst spüren, dann können sie auch das Heilige in allem spüren. Sie erkennen, dass das Göttliche alle Dinge und alle Wesen durchdringt und Es die wahre Essenz von allem ist. Diese Erkenntnis ist der Beginn des Einheitsbewusstseins, einer Form des Bewusstseins, auf die sich die Menschheit in raschem Tempo zubewegt.

Herausforderungen nützen der Persönlichkeit

Häufig werde ich gefragt: »Warum muss ich leiden, damit sich meine Seele entwickeln und heilen kann?« Die Antwort auf diese berechtigte Frage lautet: Die Herausforderungen des Lebens nützen Ihnen, der verkörperten Persönlichkeit, ebenso wie Ihrer Seele.

Der bekannte mediale Lehrer, Heiler und Channel John Friedlander beantwortete diese Frage anhand des folgenden Beispiels. Nehmen wir einmal an, Sie mussten seit vielen Jahren und möglicherweise in verschiedenen Jobs mit sehr schwierigen Kollegen zusammenarbeiten. Sie empfanden die Arbeit mit diesen Menschen als sehr belastend und ermüdend. Manchmal hatten Sie das Gefühl, es nicht mehr ertragen zu können. Sie haben sich häufig vorgestellt, im Lotto zu gewinnen, um sich zur Ruhe zu setzen und Ihren Freunden sagen zu können: »Nun muss ich mich nie wieder mit diesen Idioten abgeben.«

Falls Ihr Lebensplan vorsieht, dass Sie Güte und Großzügigkeit lernen sollen, ist es äußert unwahrscheinlich, dass sich Ihr Traum eines Lottogewinns jemals erfüllen wird. Die vorherrschende Energie in Ihrer Aura entspricht der beabsichtigten Lektion, die Sie lernen wollen, und diese Energie zieht bestimmte Erfahrungen an. Weil der egozentrierte Verstand die Verbindung zwischen »mit Idioten arbeiten« und dem Erlernen von Güte und Großzügigkeit nicht verstehen kann, haben Sie wahrscheinlich das Gefühl, Ihre Lebensumstände seien ungerecht und hart. Aber wenn Sie Güte und Großzügigkeit gelernt haben, bereichert Sie das ebenso wie Ihre Seele.

Sie befinden sich in einer wunderschönen, sinnerfüllten Partnerschaft mit Ihrer Seele, von der beide Seiten gleichermaßen profitieren.

Der vorgeburtliche Planungsprozess

Nachdem Sie ein Leben auf der Erde beendet haben, verschmelzen Sie wieder mit Ihrer Seele.[8] Der Begriff »wieder verschmelzen« ist in diesem Zusammenhang etwas irreführend, weil Sie tatsächlich nie von Ihrer Seele getrennt sind. Aber Ihr Bewusstsein verschmilzt mit dem Bewusstsein Ihrer Seele auf vollkommenere Weise. Eine Meereswelle ist niemals vom Meer getrennt, aber wenn die Welle in sich zusammenfällt, vereinigt sie sich wieder mit dem Meer, so wie Sie sich mit Ihrer Seele wiedervereinigen. Ihre Seele wird durch das bereichert, was Sie ihr zurückbringen, durch alle Erfahrungen, die Sie in Ihrem Leben gemacht haben.

Irgendwann beginnt sich Ihre Seele wieder nach einem physischen Leben zu sehnen, woraufhin die Erschaffung einer neuen Persönlichkeit beginnt. Wenn die Zeit gekommen ist, sich wieder zu inkarnieren, dann formen die energetischen Samen den Kern der neuen Persönlichkeit, also den Kern dessen, wer Sie im nächsten Leben sein werden. Diese Persönlichkeit ist etwas vollkommen Neues. Sie werden im nächsten Leben ebenso wenig der sein, der Sie jetzt sind, wie Sie jetzt der sind, der Sie in einer früheren Inkarnation waren. Die Schöpfung einer neuen Persönlichkeit ist ein heiliger Akt der Geburt, der nicht von Ihrer Seele allein vollbracht wird, sondern gemeinsam von Ihrer Seele und dem Geist. Sie als neue entstehende Persönlichkeit bekommen Leben und die Fähigkeit zur Erkenntnis geschenkt. Sie fühlen sich Ihrer Seele auf

[8] Streng genommen ist die Persönlichkeit unsterblich. Aber eine ausführliche Erörterung der Unvergänglichkeit der Persönlichkeit übersteigt den Rahmen dieses Buches. Wer an diesem Thema interessiert ist, dem empfehle ich das Buch von John Friedlander und Gloria Hemsher: *Psychic Psychology: Energy Skills for Life and Relationships.* North Atlantic Books, Berkeley 2011

dieselbe Weise verbunden, wie sich ein Kind mit seiner Mutter verbunden fühlt, und Sie sind sich der größeren Weisheit Ihrer Seele bewusst.

Wenn ab einem gewissen Punkt sich der Drang nach einer neuen Inkarnation verstärkt, findet eine Planungssitzung statt, auf welcher der Plan für das nächste Leben festgelegt wird. Staci Wells, die viele vorgeburtliche Planungssitzungen beobachtet hat, beschreibt diese Stufe mit den Worten: »Die Seele probiert den Mantel der Persönlichkeit an.« In dieser Phase empfangen Sie Ratschläge von verschiedenen Geistführern, die Ihnen den Sinn der Chancen und Herausforderungen des kommenden Lebens erklären.

Sie dürfen alle Gefühle zum Ausdruck bringen, Zweifel äußern und Fragen stellen. Wenn Sie sich Sorgen über irgendeinen Teil des Lebensplanes machen, wirken Ihre Führer und Ihre Seele beruhigend, liebevoll und mitfühlend auf Sie ein. Da Sie den freien Willen besitzen, müssen Sie dem Plan zustimmen, bevor er endgültig festgelegt wird. Sie haben zwar die Möglichkeit, Einspruch einzulegen und sogar Nein zu sagen, aber da Sie die große Güte und Weisheit Ihrer Seele und Ihrer Führer erkennen, werden Sie dem Plan vermutlich zustimmen. Ihre Seele ist Ihnen dankbar für Ihre Zustimmung und für alles, was Sie in der kommenden Inkarnation tun werden. Sowohl Ihre Seele als auch Ihre Geistführer haben den größten Respekt für den von Ihnen gezeigten Mut.

Der Geist und Ihre Seele entwerfen den Lebensplan auf intuitive und nicht auf analytische Weise. Ihre Seele weiß, woran sie arbeiten muss, und sie wünscht sich Erfahrungen auf diesen Gebieten. Der Geist reagiert auf diesen Wunsch, indem er der Seele verschiedene Optionen des Lebensplans vorstellt. Ihre Seele nimmt diese Optionen wahr, so wie Sie Bilder auf einer Leinwand wahrnehmen würden. Der Planungsprozess kann nur sehr schwer in den Kategorien der linearen Zeit gemessen werden und die Dauer des Prozesses ist bei jeder Seele unterschiedlich lang.

Die Sprache, die in diesem Buch gebraucht wird und die notwendigerweise gebraucht werden muss, wenn wir den vorgeburtlichen Planungsprozess beschreiben, lässt diesen analytischer erscheinen, als er in Wahrheit ist. Wir benutzen ja eine dreidimensionale Sprache und dreidimensional funktionierende Gehirne, um etwas zu verstehen, das in Wirklichkeit ein interdimensionales Phänomen ist. Die Sprache, die ich gebrauche, um dieses Phänomen zu beschreiben, kann daher immer nur eine Annäherung an das sein, was tatsächlich geschieht. Wie andere interdimensionale Phänomene so ist auch die vorgeburtliche Lebensplanung weitaus großartiger und herrlicher, als es unsere Sprache je wiedergeben könnte.

Freier Wille

Freier Wille und vorgeburtliche Lebensplanung sind in einem reichen, komplexen Gewebe miteinander verwoben. Damit Sie die Verflechtung dieser beiden Faktoren besser verstehen, will ich ein Beispiel schildern. Ich nenne diese Seele George, obwohl die Seele natürlich geschlechtslos ist. George hatte viele Leben, für die er vor seiner Geburt zwar bestimmte Pläne machte, diese aber während seines Lebens auf Wunsch anderer änderte. Mit anderen Worten: George beschließt vor seiner Geburt, bestimmte Dinge zu lernen und auf bestimmte Weise zu wachsen, aber wenn er auf der Erde ist, gestattet er anderen zu bestimmen, wie er sein Leben zu leben hat. Während der Rückschau, die nach jeder Inkarnation stattfindet, erkennt George, dass er diese Tendenz hat und nimmt sich vor, sie zu heilen. Daher plant er auf der Seelenebene, die Tendenz, den Wünschen anderer nachzugeben, energetisch in seinem neuen Körper zu speichern.

Nun wollen wir annehmen, dass es in Georges Seelengruppe (eine Seelengruppe besteht aus Seelen, die sich mehr oder weniger auf derselben Entwicklungsstufe befinden, sich häufig gemeinsam inkarnieren und jede nur erdenkliche Rolle für einander spielen) eine andere Seele gibt, die genau die entgegengesetzte Neigung hat. Diese Seele, ich nenne sie Sally, neigt dazu, anderen zu sagen, was sie tun sollen, und zwingt ihnen ihren Willen auf. Bei ihrer Lebensrückschau erkennt Sally, dass sie diese Neigung hat und nimmt sich vor, sie zu heilen. Daher plant sie auf der Seelenebene, die Tendenz, andere zu dominieren, energetisch in ihrem neuen Körper zu speichern.

George, der von Sallys Plan weiß, geht zu ihr und sagt: »Ich sehe, dass du in deinen neuen Körper die Neigung, andere zu dominieren, übernimmst, um sie zu heilen. Ich übernehme in meinen neuen Körper die Neigung, den Wünschen anderer nachzugeben, um sie zu heilen. Lass uns doch planen zu heiraten, wenn ich 30 bin. Obwohl wir wissen, dass dies wahrscheinlich eine ziemlich turbulente Ehe werden wird, besteht doch Hoffnung, dass ich lerne, meine eigenen Interessen zu vertreten, und dass du lernst, die Wünsche anderer zu respektieren.«

Sally stimmt freudig zu, weil sie die Weisheit dieses Plans und das Potenzial großen spirituellen Wachstums erkannt hat. Es ist typisch, dass die Zusammenarbeit unter Seelen viel Freude auslöst, selbst wenn schwierige Herausforderungen anstehen.

Nehmen wir nun an, dass George im Alter von 25 Jahren eine Stelle bei einem Arbeitgeber bekommt, der ihn wie

Dreck behandelt, weder Rücksicht auf ihn nimmt noch ihm Respekt erweist.

George nimmt all seinen Mut zusammen und tritt für seine Interessen ein. Er sagt zu seinem Arbeitgeber: »Hören Sie auf! So können Sie nicht mit mir umgehen. Wenn Sie möchten, dass ich weiterhin für Sie arbeite, müssen Sie mich rücksichtsvoll und respektvoll behandeln.«

In dem Augenblick, wo George für seine Interessen eintritt, erhöht sich seine Schwingung um ein Vielfaches. Wenn er fähig ist, diese höhere Schwingung bis zu seinem dreißigsten Geburtstag aufrechtzuerhalten, und wenn Sally ihre Schwingung nicht auf ein vergleichbares Niveau anheben kann, dann können aufgrund des Gesetzes der Anziehung zwei Dinge geschehen. Entweder begegnen sich George und Sally überhaupt nicht oder falls sie sich doch begegnen sollten, werden sie sich nicht zueinander hingezogen fühlen.

So oder so findet die geplante Heirat nicht statt, weil die unterschiedlichen Schwingungen der beiden verhindern, dass sie zusammenkommen. (Sallys Seele hat diese Möglichkeit bei der vorgeburtlichen Lebensplanung bereits in Betracht gezogen und einen Notfallplan entworfen. Diesem Plan zufolge wird Sally einem anderen Partner begegnen, der ihr die Möglichkeit gibt, die erwünschte Lektion zu lernen.)

Diese hypothetische Geschichte soll illustrieren, auf welche Weise sich die vorgeburtliche Lebensplanung und der freie Wille in die Quere kommen können. George gebrauchte seinen freien Willen, um die geplante Lektion zu lernen, für sich selbst einzustehen und sich selbst treu zu sein, und machte daher die geplante Herausforderung einer schwierigen Ehe mit Sally überflüssig.

Der neue Mensch

Die Herausforderungen des Lebens stellen gewaltige Wachstumsmöglichkeiten für Seele und Persönlichkeit dar, dennoch ist Leiden für das Wachstum nicht zwingend notwendig. Als Menschen haben wir immer die Möglichkeit, unser Bewusstsein zu erforschen und unsere schöpferische Macht einzusetzen. Seit Tausenden von Jahren haben wir Entscheidungen getroffen, die überwiegend auf Angst und dem Glauben basieren, von anderen getrennt zu sein. Jetzt beginnt sich dieser Prozess umzukehren, weil wir unsere Entscheidungen immer mehr aufgrund von Liebe und Mitgefühl treffen. Die Menschheit hat im Prozess der spirituellen Reifung den Scheitelpunkt erreicht. Jeschua sagte dazu Folgendes:

> Obwohl die Erforschung der Extreme einen durchaus praktikablen Prozess darstellt, ist es heute doch an der Zeit, ein neues Gleichgewicht zu finden und über das Lernen durch Leiden hinauszugehen. Leiden kann ein Mittel des Erwachens sein, aber das bedeutet nicht, dass man nicht alles tun sollte, um auf andere, freudvollere Weise zu lernen. Wir urteilen nicht über Leiden und Negativität, aber gleichzeitig werden wir alles in unserer Macht stehende tun, um euch dabei zu helfen, darüber hinauszugehen.
>
> Die Menschheit entwickelt sich und erkennt immer mehr die Einheit aller Lebensformen. Sie ist heute in der Lage, die Illusionen der Angst und Trennung zu durchbrechen und ihre wahre Bestimmung anzunehmen: nämlich die Inspiration einer neuen Erde zu sein, die Heimat für viele verschiedene Wesen ist, die in Frieden, Freude und Kreativität zusammenleben, und das Tor zu dieser neuen Erde zu werden.

Die neuen Menschen werden das alte Paradigma des Lernens durch Leiden hinter sich lassen. Da die Angst weniger bestimmend sein wird, werden wir entdecken, dass Wissensdrang, Kreativität und Liebe unsere Hauptmotive sind, um zu lernen und zu wachsen. Je mehr die Angst abnimmt und je sicherer wir uns fühlen, desto mehr werden wir uns der natürlichen Neugierde hingeben, die wir füreinander hegen. Wir werden die unnötigen Abgrenzungen aufgeben und uns selbst gestatten zu fühlen, was andere fühlen, und uns auf wahrhaft empathische Weise mit ihnen verbinden. Kreativität wird uns eine immer größer werdende Motivation sein, da wir uns frei und sicher fühlen, uns voller Freude und ohne Einschränkungen auszudrücken und uns und unseren Reichtum mit anderen zu teilen. Die Liebe – als Aufgabe des Selbst und Verschmelzung des Selbst mit etwas Größerem – wird das menschliche Bewusstsein auf eine Weise erweitern, die wir uns bisher noch nicht einmal vorstellen können.

Die Herausforderungen des Lebens »besiegen«

Der Widerstand gegen das Leben und seine Herausforderungen zeigt sich häufig in der Einstellung des Besiegenwollens. Signalisiert man dem Universum, etwas besiegen zu wollen, dann trägt man dem Universum in Wirklichkeit auf, uns mehr von dem ins Haus zu liefern, was man nicht will.

Strahlt man die Energie des Besiegens (oder eine ihrer Variante wie des Bekämpfens, Schlagens, Bezwingens, Erzwingens) aus, spürt das Universum diese Energieform und bringt sie gehorsam zu einem zurück. Ungeachtet Ihrer bewussten Absicht manifestiert das Universum die Schwingungen, mit denen Sie sich in Resonanz befinden.

Wenn Sie denken »Ich werde den oder das besiegen«, reagieren die Zellen Ihres Körpers darauf und besiegen sich selbst und werden krank. Heilung – gleich welcher Art – wird dann im wahrsten Sinne des Wortes ausgeschlagen. Die Härte, die Sie ausdrücken, um etwas besiegen zu wollen, kann auch in anderen Lebensbereichen auftauchen – zum Beispiel in finanziellen Dingen, Beziehungen und persönlichen Lebensumständen.

Nehmen wir einmal an, Sie haben eine bestimmte Herausforderung, eine Krebserkrankung, besiegt. Wenn der Krebs geheilt ist, dann nicht aufgrund Ihrer Einstellung, sondern trotz Ihrer Einstellung. Die geballte Macht Ihrer Gedanken, Worte und Handlungen haben sich in Resonanz mit einer weitaus höheren Frequenz als der des Besiegens befunden, mag auch Ihr Verstand geglaubt haben, Sie hätten sich in einem sogenannten Kampf gegen den Krebs befunden.

Seit Tausenden von Jahren haben Menschen in allen Teilen der Welt unbeabsichtigt Konflikte und Zwietracht in ihr Leben gebracht, weil sie versucht haben, die Herausforderungen des Lebens zu besiegen. Frieden, Freude, Reichtum, Heilung und alle anderen Segnungen des Universums werden nicht durch Besiegen erschaffen, im Gegenteil, allein durch das Annehmen.

Warum »warum?« fragen?

Wenn Sie fragen, warum Ihnen etwas geschehen ist oder jetzt geschieht, erzeugen Sie einen Energiewirbel, der die Antworten, nach denen Sie suchen, anzieht. Unabhängig davon, ob Ihr Verstand die Antwort bewusst wahrnimmt, strömt Energie aus dieser Fragestellung in Sie hinein und bewirkt eine tiefe Heilung. Ich will damit nicht sagen, dass Sie sich zwanghaft mit dieser Frage beschäftigen sollten, denn: Die größte Heilung ziehen Sie an sich, wenn Sie die Frage nach dem Warum stellen und diese dann dem Universum übergeben und wie einen mit Helium gefüllten Luftballon in den Himmel steigen lassen. Der Ballon wird seinen Bestimmungsort finden und Ihre Frage ebenso. Auf Ihr »Warum?« antwortet das Universum – vielleicht nicht so, dass Sie es verstehen können, oder nicht in dem Zeitrahmen, der Ihnen vorschwebt.

Wenn es nützlich ist, die tiefere Bedeutung der Ereignisse unseres Lebens zu erforschen, warum inkarnieren wir uns dann nicht mit der Erinnerung an unseren vorgeburtlichen Plan? Dafür gibt es mehrere Gründe. Wie schon erwähnt lässt uns die fehlende Erinnerung an die »andere Seite« das Leben auf der Erde realer erscheinen. Mit dieser Wahrnehmung können wir intensive Gefühle erfahren und während unserer Inkarnation sehr viel aus ihnen lernen. Würden wir uns vollständig an den Plan erinnern, wäre dies mit einer Schulprüfung vergleichbar, bei der wir alle Hilfsmittel benutzen dürfen. Wären uns alle Antworten bekannt, würden wir weniger lernen. Wir lernen weitaus mehr, wenn wir die Prüfung auf uns allein gestellt bestehen müssen, wenn wir die Antworten selbst suchen, finden und integrieren müssen – so wie Sie es jetzt gerade tun.

Auch die Fragen zu finden, die wir stellen und beantwortet haben wollen, ist ein weiterer wertvoller Teil unseres Weges. Denn wüssten wir die Antworten schon, würden wir nie nach den Fragen suchen.

Die Frage nach dem Warum zielt nicht darauf ab, dass der Verstand den vorgeburtlichen Plan in allen Einzelheiten erkennt, sondern dass wir dadurch veranlasst werden, uns ins Herz fallen zu lassen. Wenn Sie dem Ruf Ihres Herzens folgen, erfüllen Sie Ihren Lebensplan, selbst wenn sich Ihr Verstand dessen nicht bewusst ist.

Opferbewusstsein

Zurzeit findet auf unserem Planeten ein großer Bewusstseinswandel statt. Dieser Wandel ist ganz auf uns, die wir in einem Körper sind, angewiesen und kann nur gelingen, wenn wir unsere Schwingung anheben, einfach gesagt, wir müssen die liebevollsten Menschen werden, die wir überhaupt sein können. Wenn wir unsere Schwingung anheben, erhöht sich auch die Schwingung der Erde. Geistführer, Engel, liebe Freunde und Angehörige und andere Wesen aus der nicht physischen Welt können uns Liebe, Weisheit, Licht und Inspiration senden, aber wir sind es, die diese Geschenke annehmen und verkörpern müssen. Die nicht physischen Wesen, die uns lieben und anleiten, können unseren Bewusstseinswandel nicht allein bewerkstelligen.

Das Opferbewusstsein – der Glaube also, dass wir Opfer eines Menschen, eines Ereignisses oder des Lebens im Allgemeinen sind – erzeugt eine sehr niedrige Schwingung. Wenn wir begreifen, dass wir die machtvollen Schöpfer all dessen sind, was wir erleben, selbst wenn wir nicht wissen, wie oder warum wir etwas erschaffen haben, dann lösen wir uns vom Opferbewusstsein, heben unsere Schwingung an und die Schwingung der Erde.

Wenn es Ihre vorgeburtliche oder gegenwärtige Absicht ist, etwas zum Wandel des menschlichen Bewusstseins beizutragen, dann sollten Sie wissen, dass der Abschied vom Opferbewusstsein ein wunderbarer und sehr wirkungsvoller Weg ist, genau das zu tun.

Das Opferbewusstsein ist ein falscher Glaube und zu einem Teil unserer begrenzten, gewohnheitsmäßigen Denkweise geworden. Es verfügt über verführerische Zusatzeffekte: Wir erregen auf diese Weise das Mitleid der anderen und stellen enge Beziehungen zu denen her, die sich ebenfalls für Opfer halten. Über das Opferbewusstsein und seine Zusatzeffekte sollte man nicht urteilen, denn wir glauben nur zu leicht, was man uns beigebracht hat, und außerdem ist es vollkommen natürlich, Bindungen mit anderen einzugehen und sich nach Hilfe zu sehnen. Ich habe nicht die Absicht, die Entscheidung, sich selbst als Opfer zu sehen, zu kritisieren, ich möchte lediglich darstellen, dass es sich um eine Entscheidung handelt und dass wir die Wahl haben. Die andere Möglichkeit wäre, uns an unsere wahre Identität und unsere wahre Macht als Ausdrucksformen der unsterblichen Seele zu erinnern, die das Leben geplant hat, das wir jetzt leben, und uns als Schöpfer erkennen und nicht als Opfer unserer Erfahrungen. Von dieser Erkenntnis profitiert die ganze Welt.

Das Opferbewusstsein verstärkt sich selbst. Wenn Sie glauben, ein Opfer zu sein, schwingen Sie auf der Frequenz eines Opfers und ziehen energetisch Erfahrungen an, die Ihnen bestätigen werden, dass Sie ein Opfer sind. Das Durchbrechen dieses Teufelskreises setzt voraus, jegliche Schuldzuweisung zu unterlassen, denn Schuldzuweisungen erzeugen dieselbe Schwingung wie das Opferbewusstsein. Wenn wir die Verantwortung übernehmen, unserem Lebensplan zugestimmt zu haben, dann können wir Schuldgefühle und Schuldzuweisungen leichter aufgeben. Eine solche Selbstverantwortung ist der fruchtbare Boden, in dem Bewusstseinserweiterung und Selbsterkenntnis gedeihen können.

Urteilen

Jegliche Form des Urteilens hat eine ebenso niedrige Schwingung wie das Opferbewusstsein. Urteilen erzeugt Trennung, Trennung erzeugt Angst und Angst erzeugt die meisten der Probleme, die wir heute auf der Welt haben. Der gegenwärtige Wandel des menschlichen Bewusstseins ist Teil der Rückbesinnung auf unsere Einheit, auf das Einheitsbewusstsein, dieses natürlichen Zustandes in unserer nicht physischen Heimat. Wir können nicht zu diesem Einheitsbewusstsein zurückkehren, solange wir urteilen und uns dadurch von anderen trennen. Die Einsicht in die vorgeburtliche Planung macht es leichter, mit dem Beurteilen und Verurteilen anderer aufzuhören, da wir auf diese Weise erkennen, dass jeder Lebensplan in Liebe geboren wurde und auf Weisheit beruht.

Die Gesellschaft urteilt besonders hart über Menschen, die bestimmte Erfahrungen wie Obdachlosigkeit, Alkoholismus, Drogenabhängigkeit oder Aids machen: »Sie muss sich nur einmal zusammenreißen!«, »Er strengt sich doch gar nicht an!«, »Sie ist schwach!« »Er muss sich selbst aus diesem Sumpf befreien!« Die Urteile über Menschen mit Aids sind besonders hart: »Er hat bestimmt dauernd die Partner gewechselt!«, »Sie hat es nicht anders verdient!«, »Aids ist Strafe Gottes für Homosexuelle!«

Tatsächlich wurden aber all diese Erfahrungen vor der Geburt geplant. Diese Pläne erfordern viel Mut und viele würden so etwas nicht wagen. Wenn wir die vorgeburtliche Planung besser verstehen könnten, würden sich unsere Urteile in Nichts auflösen und durch einen tiefen Respekt und große Bewunderung für die mutigen Seelen ersetzt werden, die solche Herausforderungen auf sich nehmen.

Das Urteilen kann freilich auch ein nützliches Instrument

sein, um Einsichten in den eigenen Lebensplan zu gewinnen. Fragen Sie sich doch einmal: »Welche Eigenschaft verurteile ich bei den Menschen in meinem Umfeld am meisten?« Fragen Sie sich dann: »Was ist das Gegenteil dieser Eigenschaft?« Höchstwahrscheinlich wollten Sie vor Ihrer Geburt genau die entgegengesetzte Eigenschaft entwickeln und zum Ausdruck bringen. Vermutlich besaßen sie jene Eigenschaft, die Sie jetzt so hart verurteilen, in einem früheren Leben selbst. Und ziemlich sicher ist sie Ihnen auch jetzt zu Eigen (in einem gewissen Maße). Jedes Urteil, das Sie über andere fällen, fällen Sie in Wirklichkeit über sich selbst. Hätten Sie die Eigenschaft, die Sie kritisieren, nicht selbst, wären Sie entweder unfähig, diese bei anderen zu erkennen, oder würden sie bei Erkennen nicht kritisieren.

Was wir in der Außenwelt erleben, ist immer eine Widerspiegelung unserer inneren Wirklichkeit, deshalb können wir andere nicht beurteilen, solange wir nicht aufhören, uns selbst zu beurteilen und zu verurteilen. Der Indikator dafür, ob wir urteilen, ist unsere Selbstwahrnehmung, denn ebenso nehmen wir die anderen wahr.

Wir sollten aber aufpassen, das Urteilen nicht zu verurteilen. Obwohl niemand von uns gern kritisiert wird, haben wir uns doch aus guten Gründen dafür entschieden, zu einer Zeit zu inkarnieren, in der Urteile, Kritik und Bewertungen vollkommen selbstverständlich sind. Vereinfacht gesagt ist Kritik ein machtvoller Lehrer für uns und einige von uns lernen am besten, wenn sie kritisiert werden. Diese Erfahrung stellt eine wirkungsvolle Methode dar, dank der wir Empathie, Mitgefühl, emotionale Unabhängigkeit und viele andere göttliche Tugenden befördern können. Die Leben, die wir vor unserer Geburt planen, bieten Gelegenheiten, diese Tugenden zu entwickeln und zum Ausdruck zu bringen.

Zorn auf die eigene Seele

Wenn Sie eine traumatische Erfahrung durchgemacht haben und der Meinung sind, diese sei von Ihrer Seele geplant worden, werden Sie möglicherweise wütend auf Ihre Seele sein. Sollte dies der Fall sein, beurteilen Sie Ihre Wut nicht als schlecht und verurteilen Sie sich selbst nicht dafür, dass Sie wütend sind. Ihr Zorn und all Ihre Gefühle – gleich welcher Art – sind verständlich, natürlich, gerechtfertigt und echt. Ehren Sie sie. Respektieren Sie sie. Unterdrücken Sie sie nicht, nehmen Sie sie stattdessen in Liebe an. Erinnern Sie sich immer daran, Sie sind nicht Ihre Gefühle. Gefühle sind Dinge, die Sie in sich tragen. Wie alle Dinge, die man trägt, kann man auch Gefühle loslassen – wenn man so weit ist.

In meinen Gesprächen mit Jeschua sprach er auch über den Zorn, den Sie gegenüber Ihrer Seele hegen mögen.

> Betrachtet den Zorn nicht als einen Botschafter der Wahrheit, der euch sagt: »Meine Seele hat eine falsche Entscheidung getroffen.« Betrachtet den Zorn als Botschafter jenes Teils von euch, der die größten Schmerzen leidet. Betrachtet ihn als Kind, das eurer Aufmerksamkeit und eurer Heilkräfte bedarf. Sorgt euch nicht darum, dass euch der Zorn eurer Seele entfremden oder dass eure Seele dadurch beleidigt sein könnte. Es ist in Ordnung, den Zorn zu spüren. Nehmt das wütende Kind in den Arm und schaut, was passiert. Ihr werdet sehen, dass das Kind nicht nur wütend, sondern auch sehr einsam und traurig ist. Es sehnt sich nach eurer Gesellschaft und eurer Führung. Die Heilung stellt sich in dem Augenblick ein, indem ihr euch vom Herzen aus mit dem Kind verbindet. Geschieht das, befindet ihr euch in Harmonie mit eurer Seele. Die Liebe wird

durch euch hindurchströmen und euch von innen heraus heilen.

Arbeitet mit dem Zorn, kämpft nicht dagegen an. Der verletzte Teil in euch muss von euch die Energie weiser, sanftmütiger und mitfühlender Eltern spüren.

Widerstand

Leiden stellt sich ein, wenn Sie sich Gefühlen wie Angst oder Wut widersetzen, die möglicherweise als Reaktion auf Ereignisse in Ihrem Leben hochkommen. Das alte Sprichwort »Was ihr bekämpft, wird euch beherrschen« ist wahr. Sobald Sie sich auf etwas konzentrieren, geben Sie ihm Energie, und Widerstand ist eine sehr starke Form der Konzentration. Wie aber können Sie Ihren Widerstand gegen negative Gefühle wie Angst oder Wut aufgeben und zulassen, dass Heilung stattfindet?

Sie müssen sich so verhalten, als hätten Sie diese Gefühle nicht! Ich hatte zum Beispiel große Angst, im Vorwort zu offenbaren, als Kind missbraucht worden zu sein. (Zudem schäme ich mich für diesen Missbrauch.) Dies war für mich bisher immer eine ganz persönliche Sache. Bevor ich darüber schrieb, hatte ich das Gefühl, ich würde mich damit vor der ganzen Welt entblößen. Hätte ich zugelassen, meiner Angst und meiner Scham zu folgen, wäre ich wohl zu dem Schluss gekommen, diesen Aspekt meines Lebens zu verheimlichen.

Stattdessen fragte ich mich: »Was würde der Mut wohl jetzt tun?« Ich machte mich ziemlich verwundbar, als ich mich auf diese Weise offenbarte, und weil in der Verwundbarkeit eine große Kraft verborgen ist, besitze ich heute mehr Selbstrespekt und ein besseres Selbstwertgefühl, denn ich habe mich meiner Angst und meiner Scham gestellt. Zudem hat sich ein Grossteil der Angst und Scham mittlerweile einfach in Luft aufgelöst. In diesem Buch sprechen auch die Medien offen über einige der Herausforderungen, denen sie sich gegenübergesehen haben. Wir sind nicht mutiger als Sie. Auch Sie werden Ihren Widerstand gegen Ihre Lebensumstände und die Ereignisse Ihres Lebens aufgeben und das tun, was Ihnen der Mut rät.

Wenn Sie glauben, Ihnen fehle der Mut, sollten Sie bedenken: Als Ihre Seele Ihr Leben geplant hat, gab es die Gelegenheit, der Angst nachzugeben und den Plan abzulehnen. Aber Sie haben ihm voller Mut zugestimmt. Nur die mutigsten aller Seelen entscheiden sich für die Inkarnation auf der Erde. Sie sind eine dieser Seelen. Je schwieriger der Plan ist, dem Sie einst zugestimmt haben, desto mehr Mut haben Sie durch Ihre Zustimmung gezeigt. Sollten Sie vergessen haben, wie mutig Sie eigentlich sind, wird Ihnen dieses Buch helfen, sich daran zu erinnern.

Wenn Angst auftaucht, sollten Sie sich Folgendes ins Gedächtnis rufen: Sie wusste schon vor Ihrer Geburt, dass Angst ein wichtiger Bestandteil Ihres irdischen Lebens sein würde. Angst zu erfahren, während Sie sich in einem Körper befinden, war ein Teil des Plans. Und Sie können sich einer Sache sicher sein: *Nur die Mutigen planen, Angst zu haben.* Der Mut, den Sie aufbringen mussten, um die Angst in Ihr Leben einzuplanen, ist derselbe Mut, den Sie jetzt brauchen, um sie zu überwinden. Dass Sie sich in einem Körper befinden, ist Beweis genug, dass Sie den Mut besitzen, der nötig ist, um Ihre Ängste in Liebe zu verwandeln. Ihr Wunsch, Angst in Liebe zu verwandeln, ist einer der Gründe, weshalb Sie sich entschlossen haben, sich in dieser besonderen Zeit des Bewusstseinwandels zu inkarnieren.

Wir sind hier, um zu heilen

Auf der grundlegendsten Ebene ist der vorgeburtliche Vertrag für alle Menschen gleich: Nimm alle unharmonischen (lieblosen) Energien an und verwandle sie. Die Energien, die wir in früheren Leben nicht umgewandelt haben, werden zu uns in diesem Leben zurückkehren, damit wir es tun. Wir alle haben vor unserer Geburt um diese Möglichkeit gebeten. Tatsächlich war dies eine Vorbedingung dafür, dass wir in dieser Zeit überhaupt eine Geburt auf der physischen Ebene erleben durften. Daher besitzt dieses Leben im kosmischen Kalender eine ganz besondere Bedeutung. Wir sind hier, um unser Wesen in seiner Ganzheit zu integrieren und dadurch die Überreste aller nicht integrierten Energien aus allen früheren physischen und nicht physischen Leben zu heilen.

Wenn wir uns gegen irgendeinen Aspekt des Lebens wehren, wehren wir uns auch gegen die Heilung. Wenn es in einer Richtung eine Blockade gibt, sind auch alle anderen Richtungen blockiert. Daher ist schlussendlich der Sinn einer jeden Herausforderung, die das Leben an uns stellt, derselbe: Wir sollen Gelegenheit erhalten, das anzunehmen, was wir bisher abgelehnt haben. Auch wird jede Herausforderung des Lebens auf dieselbe Weise geheilt: indem wir die Macht unserer Gedanken, Worte und Taten anerkennen.

Die Erfahrung unseres Lebens wird nicht von unserem Lebensplan bestimmt, sondern dadurch, wie wir auf diesen Plan reagieren. Unsere Reaktion in Gedanken, Worten und Taten erschafft in jedem Augenblick unsere Erfahrung und möglicherweise unsere Heilung.

Dabei sind Einsichten in die vorgeburtliche Lebensplanung äußerst hilfreich und heilend. Wenn wir verstehen, dass wir unser Leben geplant haben, dann wissen wir auch, dass alles, was geschieht, eine tiefe Bedeutung und einen tieferen Sinn hat. Wenn wir wissen, alles Geschehen besitzt eine tiefe Bedeutung und einen tieferen Sinn, dann wird es unendlich leichter für uns, auf liebevolle Weise zu denken, zu reden und zu handeln. Wenn wir voller Liebe auf das Leben reagieren, wird unsere Empfänglichkeit zu Akzeptanz und unsere Akzeptanz wird in Dankbarkeit für die Erfahrungen umgewandelt, die unser Herz öffnen und uns als Seele größer machen.

Sie haben sich jetzt auf der Erde inkarniert, um sich bewusst an sich selbst als Seele zu erinnern und zu erwachen. Heilung entsteht und wird vollendet, wenn Sie das Licht Ihrer Seele erkennen und wissen, dass Sie in Wirklichkeit dieses Licht sind.

Kapitel 2

Spirituelles Erwachen

Als Seelen suchen wir uns sowohl die Zeit aus, in der wir geboren werden, als auch die Erfahrungen, die wir im kommenden Leben machen werden. Ich bin überzeugt, wir leben heute in einer Zeit rasanten und weitverbreiteten Erwachens. Wenn Sie sich in dieser Zeit inkarniert haben und zudem noch auf dieses Buch gestoßen sind, dann ist es sehr wahrscheinlich, dass Sie geplant haben, noch in diesem Leben zu erwachen. Unter *Erwachen* verstehe ich ein tiefes, inneres Wissen, dass ich mehr bin als mein Körper und mehr als mein Verstand und dass ich in Wirklichkeit ein unsterbliches Wesen bin.

Wenn wir unser Leben planen, bauen wir in den Plan größere Wendepunkte, Beschleunigungs- und Auslöserreize ein, die unserem Leben eine völlig neue Ausrichtung geben können, falls wir entsprechend auf sie reagieren. Das spirituelle Erwachen ist ein solcher Wendepunkt.

Als Funken der Seele besitzen wir immer einen freien Willen. Kommen wir an einen Punkt in unserem Leben, wo das Erwachen geplant war, können wir es akzeptieren oder uns dagegen wehren. Die Auswirkungen dieser Entscheidung werden auf den Rest unseres Lebens einen entscheidenden Einfluss haben – gleich ob wir uns dessen bewusst sind oder nicht.

Sieben Jahre bevor ich dieses Kapitel schrieb, erlebte ich ein tiefes spirituelles Erwachen. Als es begann und während es sich vertiefte, wusste ich nicht, dass ich erwachte. Hätte jemand das Wort *erwachen* gebraucht, um zu beschreiben, was ich erlebte, hätte ich nicht gewusst, was ich darunter verstehen sollte. Ich wusste nur, dass sich mir dramatisch neue Welten eröffneten – eine nach der anderen.

Plötzlich sah ich Facetten des Lebens, die ich noch nie wahrgenommen hatte, obwohl ich intuitiv spürte, sie müssen schon immer da gewesen sein. Ich durchlebte eine zauberhafte und überaus spannende Zeit der Erforschung. Ich spürte, dass ich mich, angetrieben von einer starken, doch unsichtbaren Strömung, schnell veränderte und meinen Horizont rapide erweiterte. Ich wusste nicht, wohin mich diese Strömung treiben würde, aber instinktiv gab ich mich ihr freudig hin. Der Gedanke, wieder an Land zu schwimmen, kam mir nie in den Sinn, und mein Leben wurde nie wieder, wie es vorher war.

Was versteht man unter spirituellem Erwachen? Warum planen manche Seelen vor der Geburt im Laufe des kommenden Lebens ein neues Selbst zu gebären? Und wie verändert sich das Leben nach dem Erwachen?

Mein Leben[9]

Bis zum Mai 2003 führte ich ein unbefriedigendes Leben als selbstständiger Marketing- und Kommunikationsberater. Obwohl mir gewisse Aspekte meiner Arbeit Freude bereiteten, befriedigte sie mich doch insgesamt nicht. Ich hatte häu-

[9] Dies ist eine bearbeitete, erweiterte Version des Vorwortes aus *Mutige Seelen*.

fig das Gefühl, dass es meinen Klienten nicht einmal auffallen würde, wenn ich plötzlich nicht mehr da wäre, und dass sie sich einfach an jemand anderen wenden und weitermachen würden. Aber noch wichtiger war, mein Leben drückte nicht unverwechselbar meine Seele aus. Spirituell, jedoch nicht religiös, sehnte ich mich danach, einen einzigartigen Beitrag zu leisten, ohne eine Vorstellung, wie dieser Beitrag aussehen könnte.

Ich hatte einen konventionellen Hintergrund und wuchs in einer konventionellen Familie in einem konventionellen Vorort von Cleveland in Ohio auf. Ich erhielt eine konventionelle, auf wissenschaftlichen Methoden basierende Schulbildung. Angesichts einer solchen Geschichte waren meine ersten Versuche, den einzigartigen Sinn meines Lebens zu erforschen, durchaus konventionell.

Ich fing an, Freunden und Familienmitgliedern zu erzählen, dass ich das Gefühl hätte, zu etwas Höherem berufen zu sein, und fragte sie, was das ihrer Meinung nach wohl sein könnte. Meistens bekam ich eine von zwei möglichen Antworten. Manche zuckten nur die Schultern und antworteten: »keine Ahnung.« Andere schlugen vor, ich solle denselben Weg wie sie einschlagen und mir meinen Lebensunterhalt auf dieselbe Weise verdienen. Sie können sich vielleicht vorstellen, dass beide Antworten nicht besonders hilfreich waren.

Dann fiel mir ein weiterer konventioneller Ansatz ein und ich sprach mit einem Berufsberater. Ich machte den Myers-Briggs-Test, um meinen Persönlichkeitstypus zu bestimmen. Obwohl ich großen Respekt vor diesem Test habe, der durchaus ein wirkungsvolles Instrument sein kann, brachte er mich doch keinen Schritt weiter.

Da sich die konventionellen Ansätze also als fruchtlos erwiesen hatten, beschloss ich, unkonventionell zu denken. Was konnte ich tun, um etwas über den Sinn meines Lebens herauszufinden? Mit wem konnte ich darüber reden? Plötzlich hatte ich eine vollkommen außergewöhnliche Eingebung: Vielleicht sollte ich einmal mit einem Medium sprechen. Hätte ich damals gewusst, was ich heute weiß, wäre ich überzeugt gewesen, dass mir dieser Gedanke von einem Geistführer eingeflüstert worden war. Damals wusste ich aber noch nichts über Geistführer und nahm also an, von selbst auf diesen Gedanken gekommen zu sein.

Die Sitzung mit dem Medium fand am 7. Mai 2003 statt. Ich erinnere mich noch an das genaue Datum, weil es der Tag war, an dem sich mein Leben veränderte. Ich erzählte dem Medium sehr wenig über mich selbst und beschrieb meine Lebensumstände nur sehr allgemein. Die Frau erklärte mir, dass jeder von uns Geistführer um sich hat, körperlose Wesen, mit denen wir vor unserer Geburt unser Leben planen. Durch sie konnte ich mit meinen Geistführern reden. Sie wussten alles über mich, nicht nur, was ich getan, sondern auch, was ich dabei gedacht und gefühlt hatte.

So wussten sie zum Beispiel von einem Gebet, das ich vor fünf Jahren an Gott gerichtet hatte. In einer besonders schwierigen Phase meines Lebens lautete es: »Gott, allein schaffe ich es nicht. Bitte schick mir Hilfe!« Meine Führer offenbarten, mir wäre daraufhin zusätzliche nicht physische Hilfe gewährt worden. »Dein Gebet wurde erhört«, sagten sie. Ich war vollkommen verblüfft.

Da ich das Leiden, das ich erlebt hatte, verstehen wollte, fragte ich meine Führer nach den Gründen für die großen Herausforderungen in meiner Vergangenheit. Sie erklärten mir, dass ich diese Herausforderungen bereits vor meiner Geburt geplant hätte, und zwar nicht um des Leidens willen, sondern um an ihnen zu wachsen. Diese Informationen erschütterten mich zutiefst. Mein Verstand glaubte nicht an vorgeburtliche Lebensplanung, aber intuitiv spürte ich die Wahrheit in ihren Worten.

Obwohl ich es damals noch nicht wusste, löste die Sitzung mit dem Medium ein tiefes spirituelles Erwachen aus. Später würde ich verstehen, dass dieses Erwachen eigentlich ein Erinnern war, ein Erinnern daran, wer ich als unsterbliche Seele bin, und im Besonderen, was ich mir hier auf Erden vorgenommen habe.

In den nächsten Wochen lebte ich ganz normal weiter, auch wenn ich ständig an die Worte meiner Geistführer denken musste. Ich wusste jedoch nicht, was ich mit ihnen anfangen sollte. Dann hatte ich zum ersten Mal in meinem Leben selbst ein übersinnliches Erlebnis.

Eines Nachts erwachte ich um drei Uhr, und da ich nicht mehr einschlafen konnte, beschloss ich etwas zu essen. Ich ging den Flur entlang, und gerade als ich die Küche betreten wollte, sah ich, dass sich in der Luft neben mir etwas bewegte. Und dieses Etwas war schwarz, was mir einen gehörigen Schrecken versetzte. Eigentlich war ich vollkommen in Panik. Ich blieb wie erstarrt im Türrahmen stehen, während mein Herz wie verrückt in meiner Brust schlug. Ohne mich zu bewegen, suchten meine Augen den Raum ab – rechts, links, rechts. Aber ich konnte den Ursprung der Bewegung nicht ausmachen. Ich atmete tief durch, riss mich zusammen und wollte den nächsten Schritt in die Küche machen.

Und wieder bewegte sich etwas ganz in meiner Nähe! Und wieder war es schwarz. Wieder blieb ich wie erstarrt stehen und wieder hatte ich Herzrasen. Langsam und systematisch suchten meine Augen den Raum ab. Nichts Ungewöhnliches zu sehen. Ich stand einige Minuten lang unbeweglich da, dann atmete ich wieder tief durch und sagte zu mir selbst: »Ich weiß nicht, was hier los ist, aber ich hole mir jetzt etwas zu essen.« Mit diesen Worten betrat ich die Küche. Und wieder bewegte sich das schwarze Etwas direkt neben mir.

Mittlerweile hatte ich aber etwas Wichtiges bemerkt: Was immer dieses Ding auch sein mochte, es passte seine Bewegungen den meinen an. Also begann ich mit ihm zu spielen. Mir wurde bewusst, dass ich eine dünne schwarze Linie sah, die meinen Kopf, meine Schultern und Arme nachbildete, also eigentlich meinen ganzen Oberkörper. Die Linie befand sich etwa in 20 Zentimetern Abstand von meiner Haut. Wenn ich mich nicht bewegte, bewegte sich die Linie ebenfalls nicht. Aus diesem Grund hatte ich sie auch nicht sehen können, als ich wie erstarrt in der Küchentür stand. Aber wenn ich jetzt zum Beispiel meinen Arm bewegte, blieb die Linie ein paar Sekunden lang in der Luft stehen, bis sie sich ganz langsam bewegte und etwa 20 Zentimeter über meinem Arm wieder zum Stillstand kam.

Schließlich schaffte ich es bis zum Kühlschrank. Ich entdeckte, dass das Licht der Kühlschranklampe gerade ausreichte, um die dünne schwarze Linie genauer zu sehen. Also stand ich nachts um 3.10 Uhr vor einem geöffneten Kühlschrank und fuchtelte mit den Armen wie ein Vogel, der sich sogleich emporschwingen will, und beobachtete, wie sich die dünne Linie synchron auf und ab bewegte.

Wenn mir etwas Unerklärliches passiert, reagiere ich meist auf zweierlei Weise: intellektuell und intuitiv. Diese Reaktionen widersprechen einander manchmal, was auch jetzt der Fall war. Mein Verstand sagte: »Na gut, Rob, welche Ursachen gibt es für optische Täuschungen?« Ich dachte zuerst an Drogen, aber ich hatte noch nie welche genommen. Dann an Alkohol, aber ich trinke nur selten und an dem Abend hatte ich nichts getrunken. Schließlich kam mein Verstand zu einer beunruhigenden Schlussfolgerung: »Dann muss ich wohl einen Gehirntumor haben!« Derart absurde Gedanken gingen mir durch den Kopf.

Jetzt meldete sich meine Intuition. »Rob, beruhige dich. Es ist sicher kein Gehirntumor. Du weißt nicht, was es ist, aber entspann dich doch erst einmal. Du wirst es schon noch herausfinden.« Während der nächsten Woche war ich in jeder freien Minute am Computer und gab in die Suchmaschine jeden Begriff ein, der mit dem zusammenhängen könnte, was ich gesehen hatte. Nach einer Woche Suche im Internet stieß ich auf ein obskures Buch, in dem von einem »ätherischen Fluidum« die Rede war. »Ätherisch« bedeutet »nicht physisch« und der lateinische Begriff »Fluidum« »Fließendes«. Weiter wurde erklärt, dass der Begriff *ätherisches Fluidum* den Raum zwischen dem physischen Körper und dem äußeren Rand der menschlichen Aura bezeichnet und dass dieser äußere Rand sich fließend bewegt – so wie ich es gesehen hatte. Ich wusste nun, die dünne schwarze Linie war der äußere Rand meiner Aura gewesen.

Ich glaube, meine Geistführer und mein Höheres Selbst haben mir diese Erfahrung ermöglicht, um mein spirituelles Erwachen zu fördern und mir den Übergang in das neue Leben zu erleichtern, das sich gerade entwickelte. Mit meinem sehr konventionellen Hintergrund hätte ich einen plötzlichen Sprung von der Geschäftswelt hin zum Schreiben eines Buches über vorgeburtliche Lebensplanung wohl nicht schaffen können. Tatsächlich hatte mir der Geist diese Möglichkeit eröffnet, indem er mir andeutete: »Das Universum ist mehr, als du bisher gedacht hast.«

Ich sah den äußeren Rand meiner Aura noch mehrmals und immer, wenn ich mitten in der Nacht aufwachte. Ich bin der Meinung, dass ich dann vorübergehend eine höhere Schwingungsfrequenz habe, weil ich nach einer Astralreise im Traum in meinen Körper zurückkehre. Deshalb konnte ich Dinge sehen, die sich ebenfalls auf einer höheren Schwingungsfrequenz befinden – wie der äußere Rand meiner Aura. (Während des Schlafes verlassen wir unsere Körper aus einer Vielzahl von Gründen, zum Beispiel um an Klassen auf der anderen Seite teilzunehmen, um uns mit jenen zu beraten, mit denen wir unser Leben teilen, oder um Menschen in anderen Teilen der Welt liebevolle Worte des Trostes einzuflüstern, während diese ihren Alltagsgeschäften nachgehen und sich den Herausforderungen stellen, die sie vor ihrer Geburt geplant haben.)

Einige Wochen später hatte ich ein noch tieferes Erlebnis, das meine Sicht von mir selbst, dem Leben und dem Universum radikal und dauerhaft verändern sollte. Dieses Erlebnis ist der Grundstein meines spirituellen Erwachens und stellt die Grundlage der Arbeit dar, die ich heute mache.

Eines Nachmittags, als ich in meiner Wohnung arbeitete, beschloss ich, eine Pause zu machen und das Haus für einen kleinen Spaziergang zu verlassen. Ich ging die Straße entlang und *verspürte plötzlich eine überwältigende, bedingungslose Liebe für jeden Menschen, dem ich begegnete.* Worte können das Ausmaß dieser Liebe nur unzureichend beschreiben. Sie war von einer Intensität und Tiefe, wie ich sie vorher nie erlebt hatte. Niemals hätte ich so etwas für möglich gehalten. Wenn ich »bedingungslose Liebe« sage, dann meine ich damit nicht die Art von Liebe, die man für Eltern, Kinder oder Liebespartner empfindet. Dies war eine Erfahrung der göttlichen Liebe, eine transzendente Erfahrung.

Der erste Mensch, den ich sah, war ein Taxifahrer, der hinter dem Lenkrad seines Taxis saß und auf Kunden wartete. Ich schaute diesen Mann an, der mir vollkommen fremd war, und verspürte tiefe bedingungslose Liebe für ihn.

Dann blickte ich auf und entdeckte an der Straßenecke einen Friseursalon. Ich schaute durch das Fenster und sah, wie der Friseur einem Kunden die Haare schnitt: Wieder zwei mir vollkommen fremde Menschen und wieder überwältigte mich die Liebe zu ihnen.

Ich bemerkte eine junge Frau, die einen Kinderwagen schob. Als ich sie und das Baby ansah, durchströmten mich Wellen über Wellen bedingungsloser Liebe.

Als ich mich weiter umschaute, spürte ich für alle Menschen, die ich sah, reine unbegrenzte Liebe.

Im Gegensatz zu dem Erlebnis mit meiner Aura fand dieses Mal kein Kampf zwischen Verstand und Herz statt. Ich wusste intuitiv und mit absoluter Sicherheit, was geschehen war: *Ich war in eine verstärkte, unmittelbare Kommunikation mit meiner Seele eingetreten.* Als würde meine Seele zu mir sagen: »*Diese Liebe ist das, was du wirklich bist. Das ist dein wahres Wesen.*« Ich glaube, meine Seele ermöglichte mir diese Erfahrung, um mir das Werk zu erleichtern, das ich bald beginnen würde.

Nach meiner Sitzung mit dem Medium und diesen beiden spirituellen Erlebnissen wurde es fast zu einer Obsession, alles über Spiritualität und Metaphysik zu lesen, was ich in die Finger bekam. Während des Lesens dachte ich häufig an vorgeburtliche Lebensplanung. Mein Leben lang hatte ich meine Probleme und Herausforderungen lediglich als sinnloses Leiden betrachtet und geglaubt, dass sie zufällig und vollkommen willkürlich auftraten. Hätte ich damals schon gewusst, dass ich diese Herausforderungen selbst geplant hatte, dann wäre es mir möglich gewesen, ihren tieferen Sinn zu erkennen. Schon dieses Wissen hätte ausgereicht, um mein Leiden zu reduzieren. Hätte ich zudem noch gewusst, warum ich sie geplant hatte, würde ich die in ihnen enthaltenen Lektionen sicherlich schneller gelernt haben. Angst, Wut, Groll, Schuldzuweisungen, Opferhaltung und Selbstmitleid wären durch das Streben nach Wachstum ersetzt worden. Vielleicht wäre ich sogar dankbar für meine Herausforderungen gewesen.

In dieser Zeit meiner intensiven Studien und der Erforschung meiner Innenwelt begegnete ich einer Frau, die mit ihrer Seele kommunizieren konnte und sich bereit erklärte, mich mit ihrer Seele über vorgeburtliche Lebensplanung sprechen zu lassen. Von der einen Sitzung mit dem Medium abgesehen wusste ich nichts über Channeling. Ich war zuerst etwas irritiert, als sich die Frau in eine Trance begab und ein anderes Bewusstsein durch sie zu reden begann, das ganz anders sprach als sie selbst und das alles über die andere Seite wusste. Ich unterhielt mich mit der Seele in fünf Sitzungen über 15 Stunden lang.

Diese Unterhaltungen waren äußerst spannend. Sie bestätigten und ergänzten die Erkenntnisse, die ich aus der medialen Sitzung und meinen eigenen Studien gewonnen hatte. Ihre Seele sprach detailliert über ihre eigene vorgeburtliche Lebensplanung; sie sprach über die verschiedenen Herausforderungen, über die man diskutierte, welche davon ausgewählt wurden und warum, für welche man sich nicht entschieden hätte und aus welchen Gründen nicht. Ich erhielt eine direkte, spezifische Bestätigung eines Phänomens, dessen nur sehr wenige Menschen gewahr werden. Weil der Schmerz in meinem Leben mich extrem sensibel für das Leiden anderer gemacht hatte, und ich deshalb äußerst motiviert war, ihnen zu helfen, begeisterte mich die Vorstellung, wie heilsam es sein könnte, wenn Menschen ihre vorgeburtliche Lebensplanung kennen würden. Ich wusste, dass die Informationen, die ich entdeckt hatte, ihr Leiden mildern und ihren Herausforderungen eine neue Bedeutung und einen tieferen Sinn verleihen konnten. Ich beschloss, ein Buch über das Thema zu schreiben und andere an dieser bedeutsamen Entdeckung teilhaben zu lassen.

Die Begeisterung für meinen neuen Weg wurde allerdings gedämpft durch die Unsicherheit, falls ich mein altes Leben losließe. War es auch unbefriedigend gewesen, so war es doch bequem und vor allem vertraut. Aber ich wurde durch die Bedeutung der Arbeit, durch die Möglichkeit, mich endlich auf eine einzigartige Weise auszudrücken, die der Welt einen großen Dienst erweisen würde, und durch das Wissen, das mir aus der direkten Erfahrung meiner Seele erwachsen war, geradezu dazu gedrängt weiterzumachen.

Zunächst dachte ich, die Idee ein Buch über vorgeburtliche Lebensplanung zu schreiben, sei in diesem Leben entstanden. Aber in Wahrheit hatte ich mich nur an meinen eigenen Plan erinnert. Dank der Arbeit mit mehreren begabten Medien erfuhr ich, dass ich geplant hatte, eine ganze Reihe von Büchern zu diesem Thema zu schreiben. Insgesamt führte ich Dutzende Sitzungen mit verschiedenen Medien durch, in denen ich mit vielen weisen Geistwesen über meine Herausforderungen im Besonderen und über vorgeburtliche Lebensplanung im Allgemeinen sprach.

Da jetzt überall auf der Welt Menschen erwachen, ist es äußerst wichtig, den vor der Geburt gefassten Plan für das Erwachen zu erkennen. In den frühen Phasen des Erwachens sind Sie möglicherweise verwirrt und fühlen sich verloren und wissen nicht, was das alles zu bedeuten hat. Selbst nach dem Erwachen, und wenn Sie das Geschehen verstanden haben, wissen Sie vielleicht nicht, welche Schritte als Nächstes folgen und wie Sie Ihr neues erweitertes Bewusstsein einsetzen sollen.

Dieses Kapitel soll Ihnen einen Rahmen bieten, der Ihnen helfen kann, das spirituelle Erwachen zu verstehen und darauf aufzubauen. Ich schreibe hier über mein eigenes Erwachen, weil ich es am besten kenne und besser verstehe als das jedes anderen Menschen.

Meine Sitzung mit Pamela und Jeschua

Viele Menschen glauben, dass ich aufgrund meiner Arbeit meinen vorgeburtlichen Lebensplan in allen Einzelheiten kennen müsste. Obgleich ich einige Details kenne, gibt es doch noch vieles zu entdecken. Daher begeisterte mich die Möglichkeit, mit Pamela zu arbeiten, die mit Jeschua kommuniziert, einem der größten Lehrer und einem der liebevollsten Wesen, das sich jemals auf diesem Planeten inkarniert hat. Ich wollte von Jeschua erfahren, ob und warum ich geplant hatte, in diesem Leben zu erwachen. Und ganz allgemein wollte ich die Rolle verstehen, die ein solches Erwachen in unserem Leben spielen kann, wie wir am besten damit umgehen, besonders dann, wenn dazu auch ein Gewahrwerden der vorgeburtlichen Lebensplanung einhergeht, und weshalb so viele Menschen in dieser Phase der Evolution erwachen. Jeschua begann:

> Lass mich zunächst ein paar Worte über spirituelles Erwachen im Allgemeinen sagen. Ihr (die inkarnierten Seelen) lebt normalerweise innerhalb eines Schleiers oder einer Wolke aus Vorstellungen über das, was richtig und falsch ist, wie ihr euer Leben leben und wie ihr mit euren Gefühlen umgehen sollt. Wenn ihr erwacht, dringt ein Sonnenstrahl durch diesen Schleier oder diese Wolke und eröffnet euch eine vollkommen neue Sichtweise. Ihr betrachtet euch selbst und alles, was in euch vorgeht, ohne zu urteilen und

voller Mitgefühl. Das ist für die meisten von euch so neu, dass es anfangs sehr beunruhigend sein kann, sich an diese Sichtweise zu gewöhnen. Spirituelles Erwachen fühlt sich nicht immer gut an, weil es euch aus eurer Wohlfühlzone herausdrängt.

In *The Jeschua Channelings*[10] habe ich vier Phasen des Erwachens detailliert beschrieben. Ich habe beschrieben, wie es ist, das egozentrierte Bewusstsein aufzugeben und sich hin zu einem herzzentrierten Bewusstsein zu entwickeln. Heute befinden sich viele Menschen in diesem Wandlungsprozess. Die Welt verändert sich.

Ich möchte allen, die sich in diesem Prozess befinden, sagen, dass spirituelles Erwachen ein Weg ist, der nach innen führt und auf dem ihr alle äußeren Sicherheiten eine nach der anderen aufgeben müsst, bis ihr zu eurem Wesenskern vorgestoßen seid.

Innerhalb dieses Kerns seid ihr Geist. Wenn ihr dorthin gelangt, werdet ihr ein tiefes Gefühl der Erleichterung, des Friedens und der Hingabe spüren. Aber auf dem Weg dorthin, seid ihr mit Widerstand, Wut und Schmerz konfrontiert, weil eure Persönlichkeit nicht bereit ist, die äußeren Sicherheiten so leicht aufzugeben. Normalerweise wird sie euch einen guten Kampf liefern.

Jeschuas Worte fanden einen tiefen Widerhall in mir. Nach meinem Erwachen hatten sich viele der alten Sichtweisen über das Universum aufgelöst. Obwohl das logische, lineare Denken einmal meine ganze Welt beherrscht hatte, wurde ich nun immer mehr in die Lage versetzt, Entscheidungen zu

10 Pamela Kribbe: *The Jeshua Channelings: Christ Consciousness in a New Era.* BookLocker, Bradenton, Florida 2008

treffen, die den Wünschen meines Herzens entsprachen – selbst wenn mir diese unlogisch erschienen. Aber die alten begrenzten und begrenzenden Denk- und Verhaltensstrukturen sind so zur Gewohnheit geworden, dass ich auch heute noch daran arbeite, mich von ihnen zu lösen – was meinem egozentrierten Verstand überhaupt nicht passt. Ich spüre, dass ich allmählich und voller Freude mehr und mehr von der Weisheit und Liebe meiner Seele verkörpere, dass es aber dennoch einen gewissen Widerstand gegen diese Freude gibt. Dieser Widerstand entspringt meiner Angst vor dem Unbekannten. Wenn sich das alte Ich auflöst, wer werde ich dann sein? Jeschua fuhr fort:

> Wenn ihr mittendrin steckt, dann passt ihr nicht mehr in die alten Strukturen eures Lebens. Berufe und Beziehungen fallen möglicherweise weg. Ihr mögt euch einsam fühlen, weil ihr nicht mehr den alten Schemata entsprecht, aber nicht wisst, wohin die Reise geht. Wenn ihr erkennt, dass dies geschieht, dann müsst ihr wissen, dass ihr auf dem richtigen Weg seid, dass ihr nicht verrückt seid und dass ihr unglaublich mutig seid, diese Reise nach innen angetreten zu haben.
>
> Die Welt ist größtenteils verrückt, wenn sie darauf besteht, diese Wolke aus starren Denkstrukturen von Gut und Böse aufrechtzuerhalten. Ihr befreit euch nur davon. Habt Vertrauen. Wir sind bei euch. Geistführer und Engel versuchen ständig, euch an euer wahres Wesen zu erinnern. Ihr seid eurem Wesen nach Engel und ihr seid frei. Ihr seid hier, um zu erfahren, was es bedeutet, Mensch zu sein, und um die Möglichkeiten der Menschheit zu erweitern, um dem menschlichen Bewusstsein neue Horizonte zu eröffnen.
>
> Ihr tut dies, indem ihr euch nach innen wendet und alle

falschen Urteile aufgebt, mit denen ihr euch selbst bedacht habt. Ihr seid göttliche, reine Wesen. Konzentriert eure Aufmerksamkeit auf den inneren Kern aus Licht und Schönheit, dann werdet ihr sehen, dass der Schmerz und die Einsamkeit verschwinden, bis euer Licht hell erstrahlt, andere Menschen anzieht und sie inspiriert, auch ihr eigenes Licht heller erstrahlen zu lassen.

Ich empfand Jeschuas Worte als sehr inspirierend. Ich bat ihn: »Kannst du noch näher erläutern, was es bedeutet, spirituell zu erwachen?«

Spirituell zu erwachen bedeutet, dass ihr euch eurer Seele, eurem größeren Selbst, eurer göttlichen Essenz mehr gewahr werdet. Es bedeutet zu erkennen, dass ihr mehr als euer physischer Körper und eure jetzige Persönlichkeit seid. Ihr werdet euch einer Dimension bewusst, die über das Reich des Sichtbaren hinausgeht, und ihr fühlt euch zu dieser Dimension hingezogen.

Das spirituelle Erwachen kann sich auf verschiedene Weise vollziehen. Einige Menschen erhaschen einfach in gewissen Augenblicken einen Blick auf das Reich ihrer Seele. Andere erleben einen Wandel in ihrem Erleben, der dazu führt, dass sie ihr Leben auf Dauer ändern. Allgemein gesagt bedeutet spirituelles Erwachen, dass man seine vorgefassten Meinungen und Ansichten aufgibt. Man erlangt die Gewissheit, dass das Leben mehr ist als das, was der Verstand erfassen kann, dass hinter den scheinbar zufälligen Ereignissen des Lebens ein Sinn verborgen ist und dass im Universum eine größere Macht wirkt, die möchte, dass man inneren Frieden erlangt und sich voller Freude selbst ausdrücken kann.

Spirituelles Erwachen ist ein fortlaufender Prozess, kein einmaliges Ereignis. Es stellt ein allmähliches Verschmelzen mit der Seele dar, noch während ihr euch in einem physischen Körper befindet.

»Jeschua, sind die Menschen heute spirituell gesehen wacher als die Menschen früherer Generationen?«

Im Allgemeinen schon. Man könnte sagen, dass in dieser Zeit die Notwendigkeit des spirituellen Erwachens größer ist als jemals zuvor. Ihr lebt in einer Zeit der Krise. Die Evolution auf der Erde ist an einem Wendepunkt angelangt. Die Menschheit muss andere Entscheidungen treffen, wenn sie die Harmonie wiederherstellen will. Viele Menschen spüren diese Notwendigkeit des Wandels in ihrem eigenen Leben als Sehnsucht nach Sinn. Materieller Reichtum oder weltlicher Erfolg allein befriedigen sie nicht mehr. Zwar sieht es so aus, als befände sich ein großer Teil der Menschheit immer noch im Banne dieser Dinge, aber es existiert eine starke Strömung, die genau in die andere Richtung fließt. Viele, viele Menschen überall auf der Welt erkennen, warum sie auf der Welt sind und welche Absichten sie hierher mitgebracht haben. Diese Sehnsucht erzeugt neue Erkenntnisse im kollektiven Bewusstsein der Menschheit.

Ein Zeichen dafür ist das verstärkte Auftreten der weiblichen Energie und der allmähliche Niedergang des alten, aggressiven Männlichkeitstypus. Diese Energie existiert natürlich noch auf dem Planeten, aber immer mehr Menschen kommen zu der Überzeugung, dass sie weder wahre Autorität noch wahre Stärke repräsentiert. Die Integration der weiblichen Energie ist unabdingbar, damit sich diese Eigenschaften entwickeln können. Es bedeutet, dass sich das Gefühlszentrum der Menschen, das Herz, öffnet. Dann spürt man die Verbindung zu anderen Menschen und zu allen lebenden Wesen besser. Dann liegt einem das Wohlergehen des Planeten mehr am Herzen. Und weil ihr in einem Zeitalter lebt, in dem sich Informationen in Windesweile über den ganzen Planeten verbreiten, existiert heute ein immer stärker werdendes Gefühl der Einheit und der wechselseitigen Verbundenheit von Mensch und Natur.

»Jeschua, wenn sich heute die Herzen öffnen, heißt das, dass die Menschen zu deinen Lebzeiten weniger bewusst waren?«

Sie waren generell weniger wach, aber es gab Einzelne und auch Gemeinschaften, die sehr hoch entwickelt und sich ihrer Seele bewusst waren. Es gab verschiedene Bewusstseinsebenen. Ich wusste, dass es genug Menschen geben würde, die meine Botschaft verstehen und den Samen für die kommenden Generationen pflanzen würden. Ich wusste aber auch, dass ich auf Widerstand stoßen und meine Lehre von der herrschenden Mehrheit abgelehnt werden würde.

»Gibt es ein Erwachen, das nicht spirituell ist?«

»Nach meiner Auffassung ist das Erwachen immer spirituell, weil es eine größere Bewusstheit des wahren Selbst erzeugt«, antwortete Jeschua.

Die eigene Bestimmung entdecken

»Jeschua, ich würde dich gern etwas über Bestimmung und Erwachen fragen. Viele Menschen schreiben mir und wollen wissen, wie sie ihre Bestimmung entdecken sollen. Viele schreiben, dass sie seit Jahren eine furchtbare Sinnlosigkeit spüren. Auch ich habe mich während der ersten 40 Jahre meines Lebens so gefühlt, bis mich mein Erwachen zu meiner heutigen Arbeit geführt hat. Was würdest du den Menschen sagen, die dieses Gefühl bewegt? Was würdest du ihnen raten, um ihren Daseinszweck, ihre Bestimmung, finden zu können? Welcherart ist die Beziehung zwischen dem spirituellen Erwachen und dem Entdecken seiner Bestimmung?« Jeschua erklärte mir:

> Wenn du fühlst, dass alles sinnlos ist, dann hast du den Kontakt zur Dimension deiner Seele verloren. Aber es bedeutet auch, dass du wahrhaft nach einem Sinn suchst, der über das Materielle hinausgeht. Die oberflächlichen Dinge befriedigen dich nicht mehr. Du bist bereits aufgewacht, wenn du das Gefühl hast, alles sei sinnentleert. Du weißt, dass etwas fehlt und dass das, was dir fehlt, in dir ist und nicht außerhalb. Du sehnst dich nach deiner Seele.
>
> Ich weiß, dass der Schmerz, den es mit sich bringt, seine Seele zu vermissen, schwer zu ertragen ist. Aber ich bitte dich: Erkenne, dass du in dem Augenblick, in dem du die Sinnlosigkeit spürst, einen Ruf an deine Seele ergehen lässt, zu dir zu kommen und enger mit dir zu verschmelzen. Dein Ruf wird erhört werden, aber du musst Vertrauen in den Prozess haben. Hier bleiben die meisten Menschen stecken, weil sie schnelle Veränderungen erwarten. Stellen sich diese nicht sofort ein, verlieren sie den Glauben und ihr Verstand verheddert sich in negativen Gedanken. Damit

die Seele deinen Ruf erhören kann, müssen viele Dinge geschehen. Sich der Führung der eigenen Seele zu öffnen bedeutet, viele vorgefasste Meinungen, emotionale Gewohnheiten und Abhängigkeiten aufzugeben, die zu deiner zweiten Natur geworden sind.

Unter Abhängigkeiten versteht Jeschua meiner Ansicht nach Dinge wie Angst und ihre mildere Form, die wir Sorgen nennen, und das ständige und im Allgemeinen sinnlose Geplapper unseres Verstandes, von dem ein Großteil aus Urteilen über uns selbst, andere und das Leben generell besteht. Da diese Aspekte des Lebens so normal sind und die meisten von uns sie so lange erlebt haben (normalerweise von Geburt an), halten wir sie irrtümlicherweise für natürlich und unvermeidbar. Jeschua fuhr fort:

Ihr werdet durch die Verbindung zu eurer Seele verwandelt. Wenn ihr eure Seele in euer Leben lasst, bedeutet das zunächst, dass ihr anfangs verwirrt und verunsichert seid und euch fürchtet. Das ist nichts Schlechtes, denn es zeigt, dass ihr den Wandel in eurem Leben zulasst. Nach einiger Zeit werdet ihr unzufrieden mit eurem Leben, eurem Beruf oder euren Beziehungen werden. Ihr möchtet ausbrechen, wisst aber nicht, wie ihr das anstellen und was ihr als Nächstes tun sollt. Das ist gut. Verfallt an diesem Punkt nicht in Angst. Seid euch eurer Gefühle bewusst und vertraut darauf, dass das Universum schon eine Lösung finden wird. Ihr müsst nicht sofort etwas tun. Lasst die Veränderungen einfach auf der inneren Ebene geschehen. Dann werdet ihr die äußeren Veränderungen anziehen, die eure neuen Wünsche widerspiegeln.

Einen Lebenssinn zu finden, der von innen herauskommt, ist gleichbedeutend mit dem spirituellen Erwachen, denn dieser Sinn, der für euch stimmig ist, lässt eure Seele jubilieren. Ganz gleich, wie eure Schöpfungen aussehen mögen, wenn sie mit dem Gefühl der Freude und Erfüllung einhergehen, seid ihr dem Ruf eurer Seele gefolgt und erwacht.

»Bevor ich 2003 erwachte«, erklärte ich, »tat ich vieles, was mir eigentlich gar nicht entsprach. Einiges davon war negativ. So nahm ich zum Beispiel Jobs an, die den Wünschen meiner Seele entgegenstanden, ich aber damit einfach meinen Lebensunterhalt verdienen konnte. War das auch ein Teil meines Lebensplans und, falls ja, warum wollte meine Seele, dass ich so viele Jahre mit Aktivitäten zubrachte, die so unbefriedigend waren?« Jeschua antwortete:

Du hast nach einem Sinn gesucht. Man muss erst die Sinnlosigkeit auf verschiedene Weise erfahren, bevor man sich dem, was einem wirklich entspricht, öffnen kann. In deiner Jugend wurden dir viele Ideen eingetrichtert, die sich nicht in Übereinstimmung mit deiner Seele befanden. Über lange Zeit hast du diese Ideen in der Realität ausprobiert. Dieser Prozess glich dem Schälen einer Zwiebel. Du hast herausgefunden, dass diese Ideen dir nicht entsprachen. Als du diese Tatsache anerkannt hast, bist du zum Kern deines Wesens vorgestoßen, was zu deinem spirituellen Erwachen führte.

Er fügte noch hinzu: »Es war Teil deines Lebensplans, in deine Familie hineingeboren zu werden und in der Kindheit von den Energien umgeben zu sein, von denen du umgeben warst.«

Zum Zeitpunkt dieser Unterhaltung hatte ich mich noch nicht entschieden, ob ich in diesem Buch auf meine Kindheit eingehen wollte. »Ich habe Angst, über meine Kindheit zu schreiben«, vertraute ich Jeschua an, »weil es bedeuten würde, vor aller Augen nackt und verletzlich dazustehen.« Jeschua antwortete:

> In der Verletzlichkeit steckt eine große Macht. Man braucht Mut dazu. Nackt zu sein, heißt auch, wahrhaftig zu sein.
>
> Um dich von den Einflüssen deiner Kindheit zu befreien und deinen eigenen Weg zu finden, war eine lange Vorbereitungszeit notwendig, aber diese Zeit war nicht vergeudet. Du hast auf dem Weg viele wichtige Dinge entdeckt und du hast wertvolle Fähigkeiten entwickelt, die dir nun dienlich sein können. Zudem hast du aufgrund deines eigenen Leidens Mitgefühl und spirituelle Weisheit entwickelt. Die lange Wartezeit hat dich reifen lassen, sodass du für dein Alter bereits große Weisheit erlangt hast. Du bist nicht nur der Lehrer, der du bist, weil dir 2003 etwas geschehen ist, du bist der Lehrer, der du bist, auch aufgrund all dessen, was vorher geschehen ist. Die zwei Teile deines Lebens sind nicht so klar voneinander getrennt, wie du vielleicht meinst. Die negativen Erfahrungen, wie du sie nennst, haben dem spirituellen Durchbruch den Weg bereitet. Sie haben dir geholfen, dir gewahr zu werden, wer du wirklich bist.

Jeschua hatte recht. Ich hatte mein Leben in zwei Teile aufgespalten: den einen, den ich froh war zurückzulassen, und den anderen, den ich froh war anzunehmen. Aber alle Schritte – selbst jene, die ich lange als Fehltritte betrachtete – hatten mich diesem Gespräch mit ihm nähergebracht. Während ich über seine Worte nachdachte, fiel mir ein, was ich in meinem ersten Buch geschrieben habe: Ich lehre, was ich am dringendsten lernen muss. So habe ich zum Beispiel anderen geraten zu lernen, für ihre Herausforderungen dankbar zu sein. Jeschua hatte mich gerade liebevoll darauf hingewiesen, dass ich in diesem Bereich mehr tun könnte. Ich wollte mit ihm weiter über diesen Punkt sprechen.

»Jeschua, wenn ich auf die vielen Jahre zurückblicke, in denen ich mich so verloren gefühlt habe, wünschte ich, etwas Sinnvolleres damit angefangen zu haben. So frage ich mich zum Beispiel, ob ich mich nicht zum Friedenskorps hätte melden sollen. Das hätte doch eine wunderbare Erfahrung werden können! Wünscht sich meine Seele also, dass ich etwas anderes getan hätte? Wenn andere Aktivitäten, zum Beispiel die Arbeit im Friedenkorps, meiner Entwicklung dienlicher gewesen wären, warum habe ich dann keinen Impuls gespürt, mich auf diesen Weg zu begeben?« Jeschua antwortete mir:

> Die Erfahrungen, die du während der Zeit gemacht hast, in der du verloren zu sein glaubtest, waren schmerzhaft, aber nicht sinnlos. Du hast sie gebraucht, um herauszufinden, wer du in Wirklichkeit bist. Wenn du sagst, dass du Sinnvolleres mit deiner Zeit anfangen könntest, ignorierst du die innere Dynamik des Wachstumsprozesses der Seele. Die Seele lernt durch Gegensätze. Indem du erforschst, was du nicht willst, erlangst du Klarheit darüber, was du willst. Du hast den Impuls, dem Friedenskorps beizutreten, nicht gespürt, weil er sich nicht in Harmonie mit dem befunden hat, was du damals warst.
>
> Du hast keine Fehler gemacht, und im Großen und Ganzen ist dein Leben genauso verlaufen, wie es verlaufen sollte. Einiges hätte sicher anders sein können, schließlich

gibt es immer Raum für den freien Willen, aber du brauchtest alle Erfahrungen, um an den Punkt zu gelangen, an dem du jetzt bist. Hinter dem eindrücklichen Erlebnis des Erwachens verbirgt sich immer eine ganze Entwicklungsspur in der Vergangenheit, die zu diesem Durchbruch geführt hat. Die Vergangenheit mag dir rückblickend sinnlos erscheinen, aber in Wirklichkeit war sie das Sprungbrett zu größerer Erkenntnis.

Der vorgeburtliche Plan des Erwachens

Nun war die Zeit für meine zentrale Frage gekommen: »War mein Erwachen vor meiner Geburt geplant und, falls ja, warum? Und war geplant, dass es im Alter von 40 Jahren stattfinden sollte?«

> Ja, die Möglichkeit des Erwachens war eingeplant. Das Erwachen konnte nicht auf einen bestimmten Zeitpunkt festgelegt werden, da es der Persönlichkeit obliegt, sich zu entscheiden, ob sie sich wahrhaft öffnen und dem Ruf der Seele folgen möchte. Aber die Umstände um dein 40. Lebensjahr herum machten es wahrscheinlich, dass du die Vergangenheit loslassen und den Schleier der Illusion durchbrechen würdest, der dich so lange gefangen hielt. Dass die Möglichkeit des Erwachens in deinen Lebensplan eingebaut wurde, hatte den Grund, dass es das Ziel deiner Seele war, ihr Licht auf Erden heraus aus dem Herzen erstrahlen zu lassen – trotz der schmerzvollen Zurückweisung, die du in der Kindheit erfahren hast. Du wolltest wissen, wie es ist, sich unabhängig von der Zuneigung anderer Menschen selbst zu lieben und wertzuschätzen. Und als Lehrer und Autor wolltest du diese Liebe mit anderen teilen.

In deinem Fall war 40 das richtige Alter. Generell halten viele Menschen um diesen Geburtstag herum inne und denken über ihr Leben nach, um herauszufinden, was wirklich wichtig ist und welche Ziele sie in der zweiten Lebenshälfte verwirklichen wollen. Außerdem ereignen sich Anfang 40 körperliche Veränderungen, die sich auf die Psyche auswirken – vor allem bei Frauen, wenn die Wechseljahre beginnen. Daher ist in diesem Alter die Wahrscheinlichkeit einer spirituellen Wandlung durch eine Krise oder das Erwachen sicherlich höher.

Dann berichtete ich Jeschua von meiner Sitzung mit dem Medium im Jahre 2003. »Dieses Erlebnis öffnete mich gegenüber der nicht physischen Welt«, sagte ich, »und es führte dazu, dass ich anfing, über alle möglichen Dinge nachzudenken, über die ich mir vorher noch keine Gedanken gemacht hatte – zum Beispiel über die Idee, unser Leben vor der Geburt zu planen. Ich bin überzeugt, die Sitzung mit dem Medium hat den Lauf meines Lebens verändert und mein Erwachen ausgelöst.« Joschua bestätigte:

Diese Sitzung stellte die Verbindung zu deiner Seele her und insofern hat sie sicher entscheidend zu deinem Erwachen beigetragen. Diese Begegnung kam gerade zur rechten Zeit. Du warst bereit und offen dafür, mit der Dimension deiner Seele vertraut zu werden. Das Universum hat auf deinen Ruf geantwortet, indem es dafür sorgte, dass dir dieses Medium über den Weg lief.

»War die Sitzung schon vor meiner Geburt geplant? Wäre ich auch erwacht, wenn die Sitzung nicht stattgefunden hätte?«

Es bestand eine große Wahrscheinlichkeit, dass die Sitzung stattfinden würde. Aber noch einmal: Nichts ist vollständig vorherbestimmt. Die Sitzung war ein machtvolles Instrument. Hätte sie nicht stattgefunden, wärst du durch verschiedene Ereignisse nach und nach dazu gebracht worden zu erwachen. Vielleicht nicht so spektakulär. Es war aber sehr wahrscheinlich, dass die Sitzung stattfinden würde, und nur eine Frage der Zeit, bis du dem Medium begegnen würdest.

»Jeschua, nicht lange nach dieser Sitzung mit dem Medium, stieg ich aus der Geschäftswelt aus und begann für mein erstes Buch über vorgeburtliche Lebensplanung zu recherchieren und dann zu schreiben. Alles in meinem Leben hat sich als Folge dieser Entscheidung verändert – meiner Meinung nach zum Besseren. Meine heutige Arbeit erfüllt mich zutiefst. Ich spüre, dass ich wichtig bin und der Welt etwas zu geben habe. Ich fühle mich lebendiger, bin glücklicher und Gott näher. Hätte ich meinen freien Willen einsetzen können, um zu verhindern, dass ich erwache? Hätte ich es getan, wie würde mein Leben heute aussehen? Hätten meine Seele und meine Führer weiterhin versucht, mich aufzuwecken? Falls ja, wie hätten sie das angestellt?« Jeschua antwortete:

Nach der Sitzung hast du begonnen, die Sehnsüchte deiner Seele zu spüren, was Freude und Erfüllung in dein Leben brachte. Du hättest dich tatsächlich weigern können zu erwachen, aber zu diesem Zeitpunkt war das bereits ziemlich unwahrscheinlich, weil du dich nach dem Wissen und dem Licht deiner Seele gesehnt hast, auch wenn du dir dessen noch nicht bewusst warst. Du warst wie der sprichwörtliche Apfel, der reif genug ist, um vom Baum zu fallen.

Wärst du damals nicht erwacht, hätten deine Seele und deine Führer dich weiterhin angestupst. Das tun sie an kleinen oder großen Wendepunkten des Lebens immer. Das Leben bietet euch allen ständig die Möglichkeit zur Veränderung. Die Führer helfen euch, indem sie euch Eingebungen ins Ohr flüstern. Sie versuchen euch zu bewegen, die Dinge positiv zu betrachten. Sie schicken euch die Energien der Heilung und Ermutigung. Ihr könnt diese Energien aufnehmen, selbst wenn ihr intuitiv nicht in der Lage seid, mit euren Führern Verbindung aufzunehmen und Botschaften oder Bilder von ihnen zu empfangen. Geistführer werden sich euch niemals aufdrängen, aber ihre Energie steht euch immer zur Verfügung.

»Wenn ich nicht erwacht wäre und nicht angefangen hätte, über vorgeburtliche Lebensplanung zu schreiben, hätte der Geist jemand anderen gefunden, um diese Arbeit zu tun?«

Dein Beitrag ist ganz der deine und einzigartig. Er passt zu dem, was du bist, zu deinen besonderen Interessen und Talenten. Es geht hier nicht um einen festgelegten Auftrag, der jemand anderem übertragen werden kann, wenn du ihn nicht willst. Dafür hat er viel zu viel von deinem energetischen »Geruch« an sich. Und so sollte es auch sein. Jede Seele hat der Welt ein besonderes Geschenk zu geben, das sich in Übereinstimmung mit ihren Interessen, ihren Fähigkeiten und ihrer Energie befindet. Dein Publikum fühlt sich von der Energie deiner Seele angezogen, nicht nur vom Thema der vorgeburtlichen Lebensplanung.

»Wurde mein Erwachen von mir, von meiner Seele oder sowohl von mir als auch von meiner Seele geplant?«

Von beiden. Du bist Teil deiner Seele, du bist kein Wesen, das von ihr getrennt ist. Allerdings besitzt die Persönlichkeit, die in jeder Inkarnation aus der Seele hervorgeht, eine gewisse Unabhängigkeit. Sie hat ein Mitspracherecht im Lebensplan, daher sage ich »von beiden«.

»An welchem Punkt der vorgeburtlichen Lebensplanung kam ich ins Spiel?«

Hier in Begriffen wie »Zeit« zu antworten, ist problematisch. Die Seele ist ewig, und da du ein Teil der Seele bist, bist du ebenfalls unsterblich. Die Seele gebärt dich im Verlauf des vorgeburtlichen Planungsprozesses in dem Sinn, dass sie ein bestimmtes Potenzial verwirklicht. Das Potenzial ist bereits auf eine Weise vorhanden, die mit menschlichen Begriffen nicht beschrieben werden kann. Es ist nicht wichtig, dies mit dem Verstand zu verstehen. Die Persönlichkeit ist ein Aspekt der Seele, der zum Zeitpunkt der Inkarnation von der Seele freigesetzt wird. Zwar bleibt sie mit der Seele verbunden, aber sie ist insofern unabhängig, als sie ihre eigenen Entscheidungen treffen kann. Und das ist notwendig, denn wie sollte die Seele sonst lernen und durch die Persönlichkeit neue Dinge erfahren?

Die Persönlichkeit ist dazu gedacht, das Leben selbstständig zu erforschen und die Wahl zu haben, mit der Seele zu harmonieren oder nicht. Aus diesem Grund ist es sinnlos, das Verhalten der Persönlichkeit in Begriffen wie »richtig« oder »falsch« zu beurteilen. Die Persönlichkeit ist der lernende, wachsende Teil der Seele.

»Wo war ich davor und was habe ich gemacht?«, fragte ich weiter.

Du, als die Persönlichkeit, die du jetzt bist, warst latent in deiner Seele vorhanden, aber du wurdest noch nicht in materieller Form zum Leben erweckt. Du warst wie ein Same, der im Schoß deiner Seele getragen wurde.

»Ist die Seele bereits immer erwacht? Und falls ja, warum hat die Seele das Bedürfnis oder den Wunsch, eine Persönlichkeit zu erschaffen, welche die Erfahrung des spirituellen Erwachens macht?« Jeschua erklärte mir:

Die Seele ist nicht vollständig erwacht. Sie hat eine umfassendere Sicht als die menschliche Persönlichkeit, aber auch sie entwickelt sich und wächst. Sie sehnt sich danach, das Leben zu erforschen und ihr Bewusstsein zu erweitern. Sie sehnt sich danach, Kreativität und Freude zu erfahren und ständig ihre Grenzen in dieser Hinsicht zu erweitern. Das Leben ist endlos und immer in Bewegung.

Die Seele sehnt sich auch danach, zu erwachen und sich zu manifestieren, während sie menschliche Gestalt angenommen hat. Es ist leichter zu erwachen, wenn man keine menschliche Gestalt hat und sich nicht mit den menschlichen Einschränkungen wie Unwissenheit oder Angst befassen muss. Daher ist die Persönlichkeit eigentlich der mutigste Teil der Seele, das Gefäß, durch das sich die Seele auf Erden inkarniert. Es ist für die Seele sehr wünschenswert, zu erwachen und in menschlicher Gestalt präsent zu sein, weil sie nur in der Welt der Materie ihr Potenzial und ihre Kreativität vollständig zum Ausdruck bringen kann. Die Seele möchte die materielle Realität von innen heraus erleuchten und findet darin tiefe Befriedigung.

»Jeschua, gibt es verschiedene Stufen des Erwachens?«

Ja, die gibt es. Es gibt Momente der Übereinstimmung mit der Seele, in denen ihr die Wahrheit oder geistige Führung kurz aufblitzen seht, und es gibt dauerhaftere Zustände des Erwachens. Es ist sogar möglich, sich mehr oder weniger ständig in Übereinstimmung mit der Seele zu befinden. Das ist es, wonach ihr alle sucht. Allerdings ist es klug zu akzeptieren, dass dies ein allmählicher Prozess ist, in dessen Verlauf ihr euch langsam der Realität eurer Seele öffnet.

Jeschuas Erfahrung mit dem Erwachen

»Jeschua, mit Verlaub, darf ich fragen, ob du vollständig erwacht bist?« Ich fühlte mich nicht wohl, als ich ihm diese Frage stellte, dennoch schien sie mir sowohl vernünftig als auch wichtig zu sein. »Und warst du in deiner Inkarnation als Jesus vollständig erwacht? Hast du in jenem Leben die verschiedenen Stufen des Erwachens durchlaufen?«

Ich bin erwacht, aber ich lerne immer noch und entwickle mich weiter. Selbst hier erweitern wir ständig unsere Grenzen, drücken uns auf neue Weise aus und finden so mehr darüber heraus, wer wir sind. Während meines Lebens als Jesus befand ich mich manchmal in vollkommener Übereinstimmung mit meiner Seele, aber es gab auch dunklere Augenblicke, in denen ich den Glauben verloren und meine Aufgabe in Zweifel gezogen hatte. Ich war ein Mensch wie du. Kurz vor meinem Tode erwachte ich allerdings noch mehr. Zu dieser Zeit war große Klarheit und Beharrlichkeit nötig, um im Angesicht meines bevorstehenden Todes den Glauben nicht zu verlieren.

Ich hatte Anflüge von Angst und Zweifel, aber gegen Ende erlebte ich auch Gnade und Hingabe. Während meines

Erdendaseins war ich ein Mensch, kein Gott, der alle menschlichen Gefühle überwunden hatte. Ich wurde mit einem hohen Grad an Selbsterkenntnis geboren, was Teil meines vorgeburtlichen Plans war. Meine Persönlichkeit war in jenem Leben fähig, sich der Mission meiner Seele unterzuordnen, jedoch erreichte ich das nicht, ohne menschliche Gefühle wie Angst, Zweifel und Wut zu durchleben.

»Auf welche Weise hast du in jenem Leben versucht, die Menschen zu erwecken?«

Ich bemühte mich, ihnen ihre wahre Stärke bewusst zu machen, die über Erfolg, Reichtum oder Geschlecht hinausgeht. Ich versuchte, ihren göttlichen inneren Kern zu erwecken, indem ich durch die äußere Erscheinung blickte und sie als göttliche, unschuldige Wesen betrachtete. Wenn du es so wahrnimmst, hilfst du den anderen, dies ebenfalls zu erkennen. Bei der Erweckung von Menschen geht es nicht darum, ihnen Theorien oder Wissen an die Hand zu geben, sondern in erster Linie um die Übertragung von Energie. Es geht darum, die göttliche Energie in ihren Herzen anzusprechen, indem man ihnen zuhört, ohne zu urteilen, und sie so, wie sie sind, akzeptiert, mit all ihren Zweifeln, ihren Ängsten und ihrem Zorn. Wenn man sie einfach sein lässt und ihre innere Schönheit erkennt, auch wenn sie diese selbst nicht erkennen können, hilft es ihnen, sich von ihrer Stufe der Selbstverleugnung oder des mangelnden Selbstwertgefühls zu erheben.

»Glaubst du, du hast Erfolg gehabt?«

Ich säte Samen, aber es brauchte seine Zeit, bevor diese sprießen konnten. Einige Menschen wurden sofort von der Energie meiner Lehre beeinflusst. Andere mussten sie erst einmal langsam verdauen. Viele Menschen haben sie gar nicht verstanden. Die Menschen in Machtpositionen lehnten mich mehrheitlich ab, weil meine Lehre von der Gleichheit aller Menschen handelt und weil sie gegen ihre Ideen von sozialer Hierarchie und Trennung verstößt.

Als Trennung bezeichnete Jeschua den damals wie heute weitverbreiteten Glauben, dass wir von Gott und voneinander getrennt sind. Tatsächlich gibt es diese Trennung nicht, es gibt ihre Illusion, hervorgerufen durch die Grenzen unserer fünf Sinne. Das ist nicht unbedingt etwas Schlechtes, denn die scheinbare Trennung von Gott und den anderen Menschen sorgt dafür, dass wir unsere Gefühle in einer Intensität wahrnehmen, wie sie auf andere Weise nicht möglich wäre. Die Erfahrung intensiver Gefühle und unsere Reaktionen darauf lassen auf der irdischen Ebene Wachstum entstehen. Jeschua fuhr fort:

Am Ende war meine Mission erfolgreich, aber ich spreche hier von vielen Jahrhunderten. Der Same Christi wurde in meinem damaligen Leben gepflanzt, nicht nur von mir, sondern auch von meinen Jüngern und Gefährten. Viele mutige Männer und Frauen haben sich bemüht, den Samen zu hegen und ihn zu bewahren. Heute findet unter den Menschen ein Erwachen größeren Ausmaßes statt. Das Christus-Bewusstsein setzt sich langsam auf Erden durch, weil Millionen Menschen sich nach einer Lebensweise sehnen, die, statt auf Angst und Beurteilen, auf dem Herzen beruht.

Wie man erwacht

»Jeschua«, fragte ich, »was kann man tun, um zu erwachen?«

Im Grunde geht es ja darum, sich selbst mit mehr Mitgefühl und Verständnis zu betrachten. Häufig prügelt ihr auf euch selbst ein für alles, was ihr angeblich falsch macht. Aber ihr macht nichts falsch, ihr versucht lediglich, euer Leben so gut hinzukriegen, wie ihr könnt. Seid nett zu euch selbst. Erkennt eure Unschuld. Ihr seid Engel, die in einem menschlichen Körper Erfahrungen auf der Erde machen. Wenn ihr diese Tatsache anerkennt, wird euer Leiden beendet sein. Ohne die Last der Selbstverurteilung wird euch eine schwere Bürde von den Schultern genommen werden – sei sie nun emotionaler oder körperlicher Art. Ihr könnte euch selbst so sein lassen, wie ihr seid, und aus dieser Selbstliebe heraus werden sich positive Veränderungen in eurem Leben ereignen. Ihr werdet sehen, dass das Leben euch nicht bestrafen möchte, es möchte euch befreien und bewusst machen, welche Freude und welche Freiheit auf euch warten. Das Erwachen beginnt immer mit Selbstliebe.

»Was kann ich tun, um noch mehr zu erwachen?«

Du kannst anfangen, dir selbst für all das zu gratulieren, was du bisher erreicht hast. Du hast erstaunlichen Mut bewiesen, als du dich dem Schmerz und der Trauer deiner Kindheit gestellt hast. Du hast eine wahrhaft spirituelle Verwandlung in dir selbst bewirkt. Natürlich hast du noch Gefühle, die dich aus dem Gleichgewicht bringen, aber du kannst sie verwandeln, indem du ihnen einfach gestattest, da zu sein, indem du sie nicht zu verjagen versuchst, indem du sie als kleine Kinder betrachtest, die dich um Rat bitten. Weiter zu erwachen bedeutet jetzt nicht, irgendetwas zu tun, es bedeutet, dass du dir gestattest, derjenige zu sein, der du bist.

»Sind alle, die dies lesen, erwacht?«, fragte ich weiter. »Wie können sie es erkennen?«

Die Menschen, die dein Buch lesen, sehnen sich danach zu erwachen. Das ist der Anfang des Erwachens. Je bewusster du dir selbst bist und je mehr Verantwortung du für deine Realität übernimmst, desto erwachter bist du. Noch einmal: Erwachen ist ein allmählicher Vorgang.

Wie man seine Einsichten in die vorgeburtliche Planung anwenden kann

Wenn man weiß, dass man sein eigenes Leben mitsamt seinen Herausforderungen bereits vor der Geburt geplant hat, spendet das einen gewissen Trost und gibt dem Leben einen Sinn. Aber diese Erkenntnis umzusetzen, wenn man sich mitten in einer großen Herausforderung befindet, kann sehr schwierig sein. Ich fragte Jeschua, wie man mitten in einer Krise die Einsichten in die vorgeburtliche Planung auf praktische Weise umsetzen könne. Jeschua antwortete:

Aufgrund der Erkenntnis, dass ihr als Seelen eure Herausforderungen selbst geplant habt, wisst ihr, dass das, was gerade in eurem Leben geschieht, kein Zufall ist. Es ist weder zufällig noch sinnlos. Das mag euch helfen, es zu akzeptieren, auch wenn es natürlich sehr schwer fällt, damit zu leben. Letztendlich stehen euch nicht Angst, Kummer oder Wut im Weg. Es ist euer Widerstand gegen diese Gefühle, er verhindert, dass das Leben durch euch hindurchströmen und euch Heilung bringen kann. Wenn ihr wisst, aus einem bestimmten Grund lässt eure Seele diese Herausforderungen zu, hilft euch das vielleicht, den Widerstand dagegen aufzugeben und nicht mehr zornig oder empört zu sein.

Eure Seele entwickelt sich ebenso wie ihr. Sie möchte sich durch euch entwickeln. Sie steht nicht daneben und schaut eurem Leiden zu, sie ist ganz nah bei euch. Die Seele weiß aber um den Sinn des Schmerzes, der euch neue Horizonte erschließen wird, während sich die Persönlichkeit dessen im Allgemeinen nicht bewusst ist. Daher kann es den Schmerz erträglicher machen, wenn die Persönlichkeit die Sichtweise der Seele annimmt, weil er dann in einem größeren Zusammenhang gesehen wird.

Um herauszufinden, warum ihr mit bestimmten Herausforderungen konfrontiert werdet, könnt ihr eure Seele anrufen. Öffnet ihr euch dieser Möglichkeit, dann könnt ihr Antworten erhalten. Das muss nicht unbedingt durch ein Medium oder einen anderen Vermittler geschehen. Ihr werdet Ahnungen bekommen oder Zeichen sehen, die euch zeigen, dass in eurem Leiden ein Sinn verborgen ist. Ihr werdet eine gewisse Erleichterung verspüren oder vielleicht sogar Frieden mit der Situation schließen. Die Erleichterung oder die Freude mögen zunächst nur von kurzer Dauer sein, aber wenn ihr euch weiterhin der Sicht eurer Seele öffnet, wird euer Leiden Linderung erfahren.

Jeschuas Worte erinnerten mich daran, wie wichtig Meditation ist, jene wertvolle Methode, um den Kontakt zur Seele aufzunehmen. Vor meinem Erwachen hatte ich nie meditiert, aber seitdem tue ich es regelmäßig. Im Verlauf der Meditation strömen Lichtfasern des Höheren Selbst in die Persönlichkeit ein und lassen beide Aspekte stärker miteinander verschmelzen.

Gelegentlich habe ich meine Seele gebeten, mit mir im Traum zu kommunizieren. Ich stelle vor dem Schlafengehen laut eine bestimmte Frage und bitte um einen Traum, der die Antwort auf meine Frage enthält. Ich bitte auch darum aufzuwachen, um meinen Traum aufschreiben zu können, weil ich mich sonst am Morgen nicht mehr an ihn erinnere. (Wenn Sie ein langsamer Schreiber sind, ist es vielleicht besser, ein Aufnahmegerät neben dem Bett zu haben.) Mehrere Male wurden mir auf diese Weise wichtige Erkenntnisse übermittelt.

»Jeschua, häufig werde ich gefragt, ob es möglich ist, einer Herausforderung aus dem Weg zu gehen, die vor der Geburt geplant wurde.«

Die Frage, ob man Herausforderungen vermeiden kann, ist aus der Angst heraus geboren. Diese Angst ist zwar verständlich, aber sie blockiert eure Vision. Wenn ihr euch entscheidet, einer Herausforderung aus dem Weg zu gehen, dann steckt hinter dieser Entscheidung immer ein verborgenes Thema, das von Angst bestimmt ist. Wahrhaft liebevolle Entscheidungen sind aus Vertrauen geboren, nicht aus dem Wunsch, irgendetwas zu vermeiden.

Tatsächlich ist es möglich, Herausforderungen aus dem Weg zu gehen, aber ihr solltet es nicht zu eurem Ziel machen. Vor allem wäre dies ein negatives Ziel, denn ihr werdet auf diese Weise niemals wissen, welche Herausforderungen ihr vermieden habt. Es gibt keine Möglichkeit, das herauszufinden. Ihr seid alle eingeladen, dem Leben zu vertrauen, was natürlich voraussetzt, dass ihr euch dem Leben hingebt und auf den Wunsch nach Kontrolle verzichtet. Das ist für euch Menschen sehr schwierig, aber es gibt eine göttliche Führung, die wesentlich weiser und gütiger ist, als die menschliche Kontrolle es je sein könnte. Versucht sie zu fühlen und denkt an die guten Dinge in eurem Leben, denn sie sind der Beweis für diese liebevoll führende Hand. Ihr seid nicht allein. Mächte der Liebe und Güte umgeben euch und möchten euch helfen, ein erfülltes Leben zu führen.

»Jeschua, wenn etwas Schlechtes geschieht – besonders wenn das Gleiche mehrmals im Leben eintritt, zum Beispiel früh einen geliebten Menschen zu verlieren –, wird ein spirituell erwachter Mensch zwar einen gewissen Trost darin finden, dass diese Erfahrung vor seiner Geburt geplant worden ist, dennoch mag er sich fragen, warum ihm das immer wieder passiert.«

Wenn sich bestimmte Herausforderungen immer wieder ereignen, dann existiert tief in der Seele etwas, das sich danach sehnt, ein betreffendes Ereignis zu verstehen, und es wird deshalb wiederholt durchlebt. Von der Seele und der Persönlichkeit ist es eine sehr mutige Entscheidung, diese bestimmte Erfahrung mehrmals zu machen. Wichtig ist, dass die Persönlichkeit nicht glaubt, sie hätte irgendetwas falsch gemacht oder sie würde für etwas bestraft werden, wenn die Herausforderung wiederkehrt.

Es ist nicht immer möglich zu verstehen, warum sich eine bestimmte Herausforderung zu einem bestimmten Zeitpunkt ereignet. Die Bedeutung wird euch irgendwann klarer werden, wenn ihr die schwierigste Phase hinter euch habt. Wenn Menschen später über die Herausforderungen ihres Lebens nachdenken, sind sie häufig dankbar dafür, weil sie das Gefühl haben, etwas Wichtiges und Wertvolles daraus gelernt zu haben. Diese Erkenntnis ist in der Krise selbst (daher ist sie so herausfordernd) kaum vorhanden, aber sie wird mit der Zeit wachsen.

Wenn ihr euch also fragt, warum sich bestimmte Herausforderungen wiederholen, könnt ihr zunächst überlegen, was ihr beim ersten Mal hättet lernen sollen. Das wird euch bereits einen Hinweis liefern. Vielleicht möchtet ihr diese Lektion jetzt weiter vertiefen. Außerdem ist es einfach wichtig zu *wissen*, dass darin eine Bedeutung verborgen liegt, selbst wenn ihr sie nicht sofort versteht.

Jeschuas Gebrauch des Wortes »wissen« schien mir bedeutsam zu sein. Vertrauen ist ein Träger des Lichts, und wenn Licht in unser Bewusstsein dringt, erwachen wir. Wenn wir daran glauben, dass unsere Herausforderungen einen Sinn haben, dann beweisen wir, Vertrauen in die Güte des Lebens zu haben. Wenn wir uns aber entschließen zu wissen, dass etwas einen Sinn hat, dann vertrauen wir wahrhaft und ganz tief auf diese Güte. Erst dann akzeptieren wir das Licht unserer Seele in vollem Ausmaß und erwachen. Zusammenfassend sagte Jeschua:

Generell bringen euch Krisen zu einer neuen Lebensweise. Sie verändern euch als Mensch, und dieser verwandelte Mensch ist es, der den Sinn der Krise wahrhaft versteht. Ihr wachst zu einem neuen Menschen heran. Dieser neue Mensch wird verstehen, was ihr jetzt noch nicht verstehen könnt oder was ihr jetzt noch nicht verstehen wollt. Entscheidend ist das Vertrauen, dass dieses neue Ich bereits in euch angelegt ist und nur darauf wartet, von euch angenommen zu werden. Das neue Ich kann zu euch sprechen, euch ermutigen und beruhigen. Verbindet euch damit, indem ihr euch in der Zukunft seht und dem gegenwärtigen Ich erklärt, was es durchmacht, und gebt ihm Ratschläge, wie es Tag für Tag mit den jetzigen Gefühlen umgehen soll.

Damit gab uns Jeschua eine spezielle und sehr praktische Meditation, die Sie ausführen können, um den tieferen Sinn einer Erfahrung zu verstehen.

»Jeschua, häufig stellen sich Menschen, die erwacht und sich ihrer vorgeburtlichen Lebensplanung bewusst sind, diese Frage: ›Wenn die Seele auf dieselbe Weise leiden würde wie die Persönlichkeit, würde sie dann noch dieselben Lebenspläne aufstellen?‹«

Noch einmal: Eure Seele ist ganz nah bei euch. Sie ist nicht im Himmel und schaut auf euch herab, sie ist kein Zuschauer. Eure Seele durchlebt jede Erfahrung mit euch, aber sie tut dies in dem Wissen, dass die Erfahrung einen Sinn hat und euch in einen Zustand der Schönheit und der Freude bringen wird. Die Seele teilt euren Schmerz, aber sie kritisiert den Schmerz nicht, wie ihr es tut. Das ist der Unterschied. Die Seele befindet sich in einem tieferen Zustand der Akzeptanz als die Persönlichkeit. Auf die Seele wütend zu sein oder ihr Vorwürfe zu machen, weil sie euch so schwierige Herausforderungen in den Weg gelegt hat, heißt, einen Keil zwischen euch und eure Seele zu treiben. Die Seele ist eine sehr sanfte Macht. Es ist der Widerstand, den die Persönlichkeit gegen eine Herausforderung aufbaut, der diese schier unerträglich erscheinen lässt.

Wenn ihr euch mit der Seele verbindet, die in euch wohnt, spürt ihr vielleicht, dass sich der Plan der Seele häufig in Übereinstimmung mit euren eigenen Wünschen befindet. Häufig hat die Persönlichkeit bestimmte Träume,

Sehnsüchte und Visionen, die sie verfolgt. Das Universum möchte diese Wünsche erfüllen, was aber bedeutet, dass manchmal Herausforderungen euren Weg kreuzen, die ihr nicht erwartet habt. Dennoch gehören sie zu euren tiefen Sehnsüchten und Wünschen.

Gerade jene Krisen, die ihr so schwierig findet, werden euch schließlich dorthin bringen, wo ihr als Persönlichkeit hinwollt. Aber weil ihr das Endergebnis jetzt noch nicht sehen könnt, glaubt ihr, die Seele würde euch einen Plan aufzwingen, der nicht der eure ist. Es ist euer Plan, ihr habt einfach noch nicht den Überblick. Darum geht es beim Menschsein ja gerade, aus diesem Grund seid ihr ja die mutigsten Engel, die es überhaupt gibt.

Dies schien mir eine gute Gelegenheit zu sein, Jeschua zu einem Thema zu befragen, das mir weiterhin Kopfzerbrechen bereitete: die Umstände, unter denen wir dem Plan unserer Seele zustimmen. Fällen wir wirklich kluge Entscheidungen in der nicht physischen Welt, die wir als Heimat bezeichnen und in der wir ständig in der göttlichen Liebe baden, wenn wir sagen: »Ja, ich stimme diesem Plan zu.« Verstehen wir wirklich, wie die betreffende Erfahrung auf der Erde aussehen wird? Jeschua erklärte mir:

Es ist ein Sprung ins Ungewisse, wenn ihr vor eurer Geburt entscheidet, bestimmte Herausforderungen auf euch zu nehmen. Die Persönlichkeit ist sich dessen bewusst. Sie mag sich sogar gegen das kommende Leben wehren, wodurch die Herausforderungen dann im Körper noch schwerer anzunehmen sein werden. Aber ein Teil der Persönlichkeit stimmt dem Plan immer zu und die Entscheidung wird nicht unüberlegt getroffen. Vor der Geburt wird der Persönlichkeit erklärt, dass die bevorstehenden Herausforderungen sehr wertvolle Lektionen enthalten, die auch die Persönlichkeit lernen will, um ihre eigenen Ziele zu erreichen.

So mag sich die Persönlichkeit beispielsweise nach einer erfolgreichen Beziehung sehnen und sich wünschen, ein glückliches Leben mit einem Partner zu führen und Kinder großzuziehen. Das ist der Traum der Persönlichkeit. Sie mag aber auch die Neigung haben, sich emotional sehr abhängig vom Partner zu machen, oder sie mag eine übermäßig idealisierte Vorstellung von einer Liebesbeziehung haben. Obwohl also die liebevolle Beziehung das eigentliche Ziel ist, muss die Persönlichkeit möglicherweise zuerst lernen, was es bedeutet, emotional unabhängig zu sein. Sie muss vielleicht einen schmerzhaften Verlust erleiden oder eine Trennung durchmachen, bevor sie die Beziehung haben kann, die sie sich tatsächlich wünscht. Die Trennung mag ihr unerträglich grausam erscheinen, aber die Persönlichkeit wird ein wachsendes Gefühl emotionaler Unabhängigkeit erlangen, indem sie den Trauerprozess verarbeitet und eine Zeit lang allein bleibt. Dadurch wird sie auf eine neue, wahrhaft erfüllende Beziehung vorbereitet.

Die Persönlichkeit lässt sich von der Seele nicht zum Narren halten, obwohl das manchmal der Fall zu sein scheint, wenn sie die Herausforderungen auf emotionaler Ebene durchlebt. Die Seele möchte euch wirklich trösten und euch beistehen. Sie möchte nicht, dass ihr unnötig leidet. Sie hat immer euer Bestes im Sinn. Wenn ihr einfach eurer Seele vertraut, wird das euer Leiden bereits etwas lindern.

Jede Persönlichkeit hat eine bestimmte Leidenschaft. Diese repräsentiert einen Aspekt der Seele, der sich durch die Persönlichkeit ausdrücken möchte. Diese Leidenschaft kann sich auf verschiedene Weise zeigen. Die eine möchte malen, die andere möchte sich um Kinder kümmern, eine weitere möchte eine spirituelle Lehrerin sein. Die Herausforderungen der Persönlichkeit sind immer gedacht, den Kontakt zu ihrer Kernleidenschaft herzustellen und diese frei zum Ausdruck zu bringen. Wenn jemand wie du ein spiritueller Lehrer werden möchte, wird die Persönlichkeit danach streben, die Selbstliebe und Selbsterkenntnis tief in sich zu verankern, um sie anderen vermitteln zu können. Sie wird sich selbst mit derselben Zärtlichkeit und demselben Mitgefühl annehmen müssen, das sie auch anderen gegenüber zeigen will. Das wird sie zum Kern ihrer Leidenschaft führen und ihr ermöglichen, diese vorbehaltlos und voller Freude auszudrücken.

Jeschua sprach jetzt über das Wesen meines eigenen vorgeburtlichen Plans: Selbstliebe zu lernen. Mein Plan ist ein klassischer Fall des Lernens durch Gegensätze. Früh im Leben musste ich viel Kritik erfahren, erhielt jedoch wenig Wertschätzung und Akzeptanz. Diese Erfahrung hatte, nach dem Willen meiner Seele, eine doppelte Funktion zu erfüllen. Zum einen wollte sie mich zwingen, meinen Blick nach innen zu richten, um Selbstakzeptanz und Selbstliebe zu entdecken und zu kultivieren, zum anderen wollte sie die notwendige Leidenschaft erzeugen, um Bücher über vorgeburtliche Lebensplanung schreiben zu können – also Bücher, die anderen Menschen helfen würden, sich selbst als heilig zu erkennen und zu lieben. Meine persönlichen Herausforderungen und meine Kernleidenschaft waren wie bei allen Menschen untrennbar miteinander verwoben und nährten und stärkten sich gegenseitig.

»Jeschua, ich habe ja schon gesagt, dass ich infolge meines Erwachens und der Arbeit, die ich jetzt mache, glücklicher bin und mich lebendiger und Gott näher fühle. Dennoch spüre ich immer noch die sogenannten negativen Gefühle, die in hohem Maße Teil des Menschseins sind. Was kann ich tun, um ständig in Frieden und Freude zu leben?« Jeschua riet mir:

> Akzeptiere, dass Frieden und Freude nicht willentlich erzeugt werden können. Sie stellen sich als Folge einer tieferen Akzeptanz deiner schmerzhaften Gefühle ein. Wenn du diese Gefühle annimmst und sie einfach sein lässt, ohne sie verändern zu wollen, werden sie durch dich hindurchströmen und vergehen. Es liegt im Wesen der Gefühle, dass sie sich bewegen und sich wie das Wetter verändern. Wenn du deine Aufmerksamkeit zu sehr auf ein negatives Gefühl richtest, wird es nicht so schnell durch dich hindurchgehen, wie es könnte. Es wird hängen bleiben und darauf warten, dass du es loslässt. Es will sich bewegen, so wie sich eine schwarze Wolke auflösen will, indem sie sich abregnet. Deine Gefühle folgen einem natürlichen Rhythmus. Wenn du vertraust und nicht versuchst, die negativen Gefühle zu analysieren, wird sich der Himmel wieder aufhellen.
>
> Du trittst jetzt in die nächste Phase des Erwachens ein. In der ersten Phase hast du eine tiefe Verbindung zu deiner Seele gespürt, die dich tief befriedigt hat. Nun möchte eine tiefere Seelenschicht auf die Erde kommen und dir mehr Liebe und mehr Weisheit schenken, die du dann dir selbst geben und mit anderen Menschen teilen kannst.

Jeschua hatte darauf hingewiesen: Wenn wir spirituell erwachen, können wir mit zunehmender Klarheit sehen, dass Leiden nicht durch äußere Umstände erzeugt wird, sondern durch unsere Reaktion auf diese Umstände. Diese Erkenntnis wird häufig von dem Wunsch nach Heilung begleitet, damit wir positiver auf das Leben reagieren können, das wir selbst geplant haben. Ich stellte Jeschua daher eine Frage zum Thema Heilung. Er antwortete:

Wahre Heilung kommt von innen. Oft braucht die Heilung länger, als die Persönlichkeit erwartet hat, und die Menschen mögen verzweifeln, aber eure Seele hat euch die Instrumente gegeben, mit denen ihr euch selbst heilen könnt. Sie wird Menschen und Umstände in euer Leben bringen, die euch auf irgendeine Weise helfen werden, selbst wenn ihr euch dessen nicht bewusst seid. Aber vor allem müsst ihr erkennen, dass ihr in euch eine unglaubliche Macht besitzt. Gott oder der Geist ist ein Teil von euch. Ihr seid nicht allein. Gott strebt danach, euch von innen heraus zu erleuchten. Um aber Kontakt zu dieser Lichtkraft in euch herstellen zu können, müsst ihr Vertrauen haben. Vertrauen, dass Dinge aus einem bestimmten Grund geschehen und dass eure Gefühle euch den Weg weisen wollen. Eure Gefühle offenbaren euch, was ihr im Leben wollt und braucht.

Mit Gefühlen meine ich jetzt aber nicht niedere Emotionen, sondern eure Intuition. Wenn ihr in euer Herz hineinlauscht und euch ehrlich fragt »Was brauche ich jetzt in diesem Augenblick?«, werdet ihr von innen eine Antwort bekommen. Ihr bekommt ständig derartige Antworten, aber es bedarf des Mutes, sich dementsprechend zu verhalten und dem eigenen Herzen treu zu bleiben. Dennoch ist es möglich und es wird euch erst zu größerer Selbsterkenntnis und dann zu umfassenderer Heilung führen. Äußere Heilmethoden können nützlich sein, wenn sie an die innere Macht erinnern. Häufig bewirkt die Schwingung des Heilers selbst mehr als die Instrumente, die er benutzt. Wenn die Menschen diese Schwingung als heilend und als real erkennen, dann können sie sie auch in sich selbst aktivieren.

Weltweites Erwachen

»Jeschua, ich würde gern mit dir über diese Epoche reden, über diese Zeit globalen Erwachens. Viele Menschen reden von einem größeren Bewusstseinswandel. Was geschieht gerade?«

Viele Menschen suchen heute nach einer neuen Bedeutung für ihr Leben. In den reicheren Ländern ist sich ein großer Teil der Bevölkerung bewusst geworden, dass das Erreichen materieller Ziele weder Erfüllung noch Selbstverwirklichung mit sich bringt. Diese Menschen erwachen. Zudem wächst das Gefühl, wir alle sind nicht nur Bürger einer Nation oder einer Gemeinschaft, sondern der ganzen Welt. Mit anderen Worten: Immer mehr beginnen zu erkennen, dass sie ihre Menschlichkeit mit allen anderen Menschen auf der Welt gemein haben.

Diese Verbundenheit weckt ein Gefühl der Einheit und der gemeinsamen Verantwortlichkeit für den Planeten. Wie das Erwachen vor sich gehen wird, ist schwer vorauszusagen, daher ist es besser, sich auf die Gegenwart und die eigenen Prozesse zu konzentrieren als auf die Zukunft. Ihr müsst nichts über die Zukunft wissen, um jetzt ein bewusstes Leben zu führen. Das Gefühl größter Sicherheit entsteht, wenn ihr in der Gegenwart lebt und auf eure Gefühle hört, statt auf Theorien und Spekulationen über die Zukunft.

»Einige Menschen sprechen vom Phänomen des hundertsten Affen. Diese Theorie besagt: Ist eine kritische Masse erreicht, also eine bestimmte Anzahl Menschen erwacht, dann werden viele andere ebenfalls sehr schnell erwachen. Funktioniert das so?« Jeschua erklärte:

Ja, das tut es. Zwar ist jeder Erwachensprozess einzigartig, aber wenn die Schwingung der Menschheit insgesamt angehoben wird, dann fällt es vielen Menschen leichter, diese Schwingung wahrzunehmen und sich von ihr inspirieren zu lassen. Schließlich werden mehr und mehr erleuchtete Organisationen in den Bereichen Erziehung und Gesundheitsversorgung entstehen. Es wird zu einem Einströmen neuer Energien auf gesellschaftlicher Ebene kommen und die Menschheit weitere Möglichkeiten erhalten, ihr Bewusstseinsniveau anzuheben.

»Hat es auf Erden schon jemals eine solche Epoche gegeben?«

Jede Epoche ist einzigartig. Es hat bereits erleuchtete Gesellschaften auf Erden gegeben, sehr alte Zivilisationen, von denen es allerdings keine geschichtlichen Aufzeichnungen gibt. Dieses Mal ist es anders, weil der Wandlungsprozess die ganze Menschheit erfasst und die Menschen weltweit viel enger vernetzt sind als früher.

»Auch welche Weise profitieren die Seelen davon, in dieser Zeit globalen Erwachens eine Inkarnation auf Erden zu haben?« Jeschua sagte:

Menschen – oder Seelen – entscheiden sich, in einer solchen Zeit zu leben, um Unerledigtes zu Ende zu bringen. Auf der Erde leben heute sehr viele alte Seelen, die alten Schmerz und alte Traumata aus früheren irdischen Leben auflösen möchten. In einer Epoche des Erwachens zu leben, bringt großen Nutzen, aber gelegentlich macht es das Leben auch schwer.

Die alte Identität aufzugeben und sich einer neuen

herzzentrierten Lebensweise zu öffnen, kann äußerst anstrengend sein, aber es ist der größte Wunsch der Seele, und deshalb hat sie die Gelegenheit ergriffen, sich jetzt zu inkarnieren.

»Werden alle Menschen erwachen? Und falls nicht, was geschieht mit denjenigen, die nicht erwachen?«

Es ist unmöglich, dies vorherzusagen. Es gibt keinen festen Termin, wo das Ganze abgeschlossen sein muss. Das Haus meines Vaters hat viele Wohnungen. Jede Seele wird eine Wohnung finden, die mit ihrer Schwingung zu einer gegebenen Zeit übereinstimmt.

»Erleben auch Wesen auf anderen Planeten und in anderen Dimensionen ein spirituelles Erwachen? Gibt es Wesen, die eine solche Erfahrung nicht nötig haben?« Jeschua erklärte mir:

Das Dasein auf der Erde besitzt eine einzigartige Qualität, weil hier so viele verschiedene Wesen leben und so viele verschiedene Erfahrungen möglich sind. Aber im Universum wimmelt es nur so von Leben und alles Leben strebt nach größerer Selbsterkenntnis und umfassenderem Selbstausdruck. Alles ist auf ständiges, niemals endendes Erwachen ausgerichtet.

~

Wir leben in der wohl aufregendsten und wichtigsten Phase der menschlichen Geschichte. Wie Jeschua gesagt hat, gab es auf der Erde zwar einzelne erleuchtete Zivilisationen, aber das gegenwärtige spirituelle Erwachen ist ein globales Phänomen. Halten Sie einen Moment lang inne, um dafür zu danken, dass Sie jetzt hier sind. Sprechen Sie Ihren Dank für die Ehre und die Segnung aus, jetzt hier in einem Körper zu sein – und zwar ungeachtet Ihrer konkreten Lebensumstände.

Lassen Sie mich darüber sprechen, was spirituelles Erwachen für mich bedeutet.

Ich habe mit jeder Faser meines Wesens erkannt, dass wir unsterblich sind und ewig leben. Ich habe keine Angst vor dem Tod, weil ich weiß, dass es keinen Tod gibt.

Mein Vater ist zurzeit sehr krank. Ich weiß nicht, wann er beschließen wird, in die geistige Welt zurückzukehren – vielleicht noch in diesem Jahr, vielleicht im nächsten. Wenn er hinübergeht, wird meine Trauer durch mein Wissen gemildert, dass er eigentlich nur aus einem Zimmer eines sehr großen Hauses hinaus- und in ein anderes hineingegangen ist. Auch wenn ich nicht länger mit ihm von Körper zu Körper sprechen kann, so werde ich doch sicherlich weiter mit ihm sprechen, und ich weiß, dass ich Gehör finden werde.

Mein Vater leidet. Er leidet ununterbrochen unter Atemnot, er hat große Mühe mit dem Gehen, von Zeit zu Zeit hat er sehr starke Schmerzen. Er kann sich nicht mehr erinnern, worüber wir am Tag zuvor gesprochen haben und manchmal nicht einmal an das vor einer Stunde. Er ist verwirrt, kann nicht mehr für sich selbst sorgen, und in seiner Verwirrung fürchtet er sich davor, was aus ihm werden wird. Er hat keine bestimmten Vorstellungen von einem Leben nach dem Tod.

Auch wenn mein Vater anderer Meinung ist, ich weiß, was er jetzt durchlebt, das hat einen tiefen Sinn. Ohne dieses Wissen wäre ich wohl sehr wütend auf Gott. Ich würde voller Zorn fragen: »Warum lässt du zu, dass mein Vater leiden muss?« Es ist immer noch schwer für mich, ihn leiden zu sehen, aber ich bin überzeugt, diesen Teil seines Lebens hat er so geplant, um die Fürsorglichkeit – und Liebe – anderer Menschen akzeptieren zu lernen. Und während er dies tut, dient er anderen. Er hat es mir ermöglicht, mein Herz zu öffnen. Bis vor Kurzem konnte ich ihm nicht sagen, dass ich ihn liebe. Nun ist es ganz leicht.

Ich habe erfahren, dass wir alle mehr geliebt werden, als wir uns vorstellen können. Diese Liebe ist für den menschlichen Verstand nicht fassbar. Als ich jünger war, spürte ich sie als eine unbeschreibliche Süße, die überall zu sein schien. Heute weiß ich – sie ist überall und wird immer sein.

Ich habe erfahren, dass Gott/der göttliche Quell jedes Insekt und jedes Blatt, jede sanfte Brise und jeden Sonnenstrahl, jedes Atom und jedes Molekül und jeden Menschen durchdringt, ja, dass er all das ist. Jeder Mensch ist ein wichtiger Faden in seinem Gewebe. Würde auch nur ein Faden entfernt, löste sich das gesamte Gewebe auf.

Unsere scheinbare Trennung voneinander lässt uns häufig nicht sehen, dass jeder von uns unbedingt notwendig ist, stattdessen fühlen wir uns klein, unwichtig, bedeutungslos. Aber die vollständige Schönheit des Ganzen ist in jedem Teil vorhanden und das Ganze ist aufgrund jedes einzelnen Teils so schön, wie es ist.

Ich habe erkannt, dass wir, die wir uns auf der Erde inkarnieren, zu den mutigsten Wesen zählen, die es überhaupt gibt. Wir werden überall im Universum für unsere Tapferkeit bewundert, auf einem der schwierigsten Planeten überhaupt physische Form anzunehmen.

Denken Sie einen Augenblick lang darüber nach, was Sie getan haben, als Sie auf der Erde angekommen sind. Vorher, in der nicht physischen Welt, wussten Sie, dass Sie keine Grenzen haben. Sie haben unvermittelt durch Gedankenkraft erschaffen. Sie konnten in alle Richtungen gleichzeitig sehen. Sie haben telepathisch kommuniziert. Sie erfreuten sich vollkommener Gesundheit und wurden niemals alt. Sie befanden sich im Zustand der Einheit mit Allem-Was-Ist. Sie wussten, dass Sie eins mit Gott und allen anderen Wesen sind. Sie haben in der Schwingung allumfassender Liebe, der Freude und des grenzenlosen Friedens gebadet.

Dann haben Sie sich entschieden, einen physischen Körper anzunehmen und Ihre Wahrnehmung auf lediglich fünf Sinne zu beschränken. Sie haben sich (scheinbar) aus der allumfassenden Liebe herausbegeben, um eine Umwelt zu erleben, die überwiegend von Angst dominiert wird. Sie haben große Herausforderungen geplant. Dann haben Sie sich auch noch entschieden, Ihre wahre Identität und jeden Aspekt der Welt zu vergessen, aus der Sie stammen. Und Sie haben all dies getan, um die Entwicklung Ihrer Seele zu fördern.

Sich selbst der eigenen Größe und Herrlichkeit zu berauben, ist ein Akt außergewöhnlichen Mutes.

Jetzt, während Sie erwachen, erinnern Sie sich daran, dass Sie inkarnierte Göttlichkeit sind.

Kapitel 3

Fehlgeburten

Wer eine Fehlgeburt erleidet, durchlebt Schock, Trauer und Wut und entwickelt oft Schuldgefühle. Für Eltern ist es immer äußerst schmerzhaft, ein Kind zu verlieren, gleich welchen Alters. Aber wenn sich der Verlust ereignet, bevor das Kind geboren wurde, bevor die Eltern überhaupt Gelegenheit hatten, das Baby in ihren Armen zu halten, spüren sie eine sehr intensive und besondere Art der Trauer. Wie soll man sich von einem Kind verabschieden, das man noch gar nicht kennengelernt hat? Häufig sind die trauernden Eltern auch wütend auf sich selbst, aufeinander und auf das Universum. Wie, so fragen sie sich, ist es möglich, dass ihnen ihr ungeborenes Kind schon wieder genommen wurde? Hätten sie etwas tun können, um den Verlust zu verhindern? Waren ihre Gene schuld? Wer ist schuld?

Um all das besser zu verstehen, unterhielt ich mich mit Rebecca Valentine, die 34 Jahre alt war, als sie Anfang des vierten Monats eine Fehlgeburt erlitt. (Die Fehlgeburt ereignete sich sieben Jahre vor unserer Unterhaltung.) Obwohl sie die Phase akuter Trauer schon längst durchlebt hatte, wusste ich aus einem früheren Gespräch, das unverarbeitete Trauer und Schuldgefühle Rebecca immer noch quälten. Wie ich später erfuhr, hatte sie sich bereits in früheren Leben mit dem

Thema Selbstvergebung abgemüht. Und um es zu heilen, hatte sie dieses Thema mit in das gegenwärtige Leben gebracht und mühte sich nun wieder damit ab.

Als ich herausfand, dass Rebecca sich auch sieben Jahre nach der Fehlgeburt noch nicht vollständig vergeben konnte, begriff ich, wie wichtig ihre Geschichte für dieses Buch sein würde. In dieser Phase der menschlichen Evolution sehnen wir uns als Seelen danach, ein für alle Mal jene Themen zu heilen, mit denen wir uns seit Jahrtausenden herumschlagen. Viele Menschen sehen sich bestimmten Lektionen gegenüber, die sie in mehreren früheren Leben nicht gelernt haben und in diesem Leben endlich zu einem Abschluss bringen wollen. Wenn wir derartige Lektionen in unserem eigenen Leben oder dem anderer Menschen erkennen, ist es angebracht, sie mit Mitgefühl, Liebe, Geduld und Respekt anzuschauen und uns daran zu erinnern, dass sich nur die Tapfersten vor ihrer Geburt einverstanden erklärt haben, sich den Verletzungen der Seele zu stellen und sie zu heilen.

Rebecca

Rebecca ist Mutter von vier Kindern. Max ist 13, Tucker zehn, Tavia sieben und Isabella fünf. Rebecca und ihr Partner Wes ziehen ihre Kinder in einer Kleinstadt im Norden Colorados groß. Rebeccas Exmann ist der Vater der Jungen, Wes der Vater der Mädchen. Calvin, der Junge, der noch im Mutterleib starb, wäre nach Tavia und vor Isabella geboren worden.

Die Fehlgeburt ereignete sich am 11. Juni 1999. Rebeccas Schwangerschaft war bis zu jenem Morgen, an dem die Fruchtblase plötzlich platzte, problemlos verlaufen. »Wir verlieren das Baby!«, schrie sie Wes zu, der daraufhin eine Freundin der

Familie anrief und sie bat, sich um die anderen Kinder zu kümmern.

»Ich ging ins Badezimmer«, erzählte Rebecca, »und dann kam Calvin. Er lag in meiner Hand, so winzig und den Daumen hatte er im Mund. Es war, als ob ich ein Baby im Miniformat geboren hätte. Ich wickelte ihn in ein Handtuch und wollte mit ihm ins Schlafzimmer gehen. Ich war wie betäubt und hatte das Gefühl, alles sei in Watte gepackt. Ich saß einfach da und schaute Calvin an. Obwohl ich wusste, dass er tot war, hatte ich das starke Bedürfnis, ihn zu beschützen. Ich versuchte, das Blut abzuwischen, und kümmerte mich um ihn, als ob er leben würde. Ich konnte nicht logisch denken; eigentlich konnte ich gar nicht denken.«

Rebecca ging ins Schlafzimmer zurück, wo sie stark zu bluten begann. Sie lief ins Badezimmer und wurde ohnmächtig. Sie stürzte so heftig zu Boden, dass sie den Toilettendeckel aus seiner Halterung riss.

»Als ich erwachte, lag ich auf dem Badezimmerboden, und acht Rettungssanitäter bemühten sich, eine Vene für die Bluttransfusion zu finden. Ich erinnere mich, wie sie schrien: ›Sie darf die Augen nicht schließen! Haltet sie wach, sonst verlieren wir sie!‹

Merkwürdig war, dass ich ihre Köpfe von oben sehen konnte und mich selbst auf dem Boden liegen sah. Mir war so kalt, ich konnte meine Arme und Beine nicht mehr fühlen. Ich erinnere mich, das starke Bedürfnis gehabt zu haben, ganz still zu sein und loszulassen. Dass mein Baby gestorben war, wusste ich.«

Rebecca sah den Rettungssanitätern von der Badezimmerdecke aus zu. Sie sah einen erschütterten Wes in der Tür stehen. »Was soll nun aus meinen Kindern werden?«, fragte sie sich. »Sie werden meine Familie auseinanderreißen.«

Und bei diesem Gedanken war sie plötzlich wieder in ihrem Körper.

»Von diesem Moment an blickte ich nicht mehr von oben auf diese Leute herab, ich lag nun am Boden und sah zu ihnen auf. Ich höre noch, wie ich ihnen sagte, sie sollten eine Flügelkanüle nehmen, weil ich so dünne Venen habe. Ich wusste, sie würden mit einer großen Kanüle überhaupt keine Vene finden, weil diese geschrumpft waren. Aber niemand hörte mir zu. Als Nächstes rief jemand: ›Besorgt einen Rettungshubschrauber!‹ Dann brachten sie mich nach unten zum Krankenwagen.

Als wir die Treppe hinunter kamen, saß ein Mann in unserem Wohnzimmer, den ich nicht kannte. Er hatte dunkelbraunes Haar, einen Bart und sehr dunkle braune Augen. Er ähnelte einem Mann, mit dem ich vor Jahren ausgegangen war – einem sehr sanftmütigen und gütigen Mann. Ich sah ihn an und dachte: ›Er sieht wirklich wie Donny aus.‹

Dann schoben sie mich in den Krankenwagen. Der Mann, er trug ein weißes Polohemd und khakifarbene Shorts – also keine Art Uniform –, kam aus dem Haus und stieg in den Krankenwagen. Er nahm meine Hand und sagte: ›Alles wird gut.‹ Mich überkam ein tiefes Gefühl des Friedens, denn ich glaubte ihm. Ich glaubte ihm hundertprozentig.

Ich sagte: ›Ich brauche eine Kinderkanüle.‹ Er antwortete: ›Ich weiß.‹ Er fand die Vene beim ersten Versuch und stellte die Infusion ein. Dann wandte er sich an den Fahrer: ›Sie braucht keinen Rettungshubschrauber. Sie wird durchkommen. Fahr einfach zum Krankenhaus.‹ Dann stieg er aus dem Krankenwagen.

Auf den Vordersitzen saßen zwei Leute und ein Rettungssanitäter war hinten. Einer fragte: ›Wer war das denn?‹ Ein anderer erwiderte: ›Ich dachte, er wäre vom Luftrettungsteam.‹

Darauf der Erste: ›Nein, ich dachte, er wäre von eurem Team.‹ Soweit ich es mitbekam, waren drei Teams beteiligt: die Freiwillige Feuerwehr, das Luftrettungsteam und die Rettungssanitäter vom Krankenhaus. Jeder dachte, der Mann würde zu den anderen gehören. Nachdem er ausgestiegen war, wurde er nie wieder gesehen.«

Der Krankenwagen raste mit Rebecca zum Krankenhaus, wo alle Notfallmaßnahmen ergriffen wurden. Nachdem die Ärzte ihren Zustand stabilisieren konnten, erklärten sie ihr, dass ihr Baby aufgrund von Enzephalozele gestorben sei, einer Anomalie am oberen Ende des Nackens, die verhindert, dass sich die Wirbelsäule mit dem Gehirnstamm verbinden kann. Später erfuhr sie noch, dass die Gebärmutterwand gerissen war und sie deswegen beinahe verblutet wäre.

Rebecca erzählte weiter: »Der Arzt sagte: ›Er ist schon vor einiger Zeit gestorben.‹ Ich erwiderte: ›Vor drei Wochen.‹ ›Woher wissen Sie das?‹, fragte er. ›Weil ich es gefühlt habe.‹ Ich war im Zimmer der Jungen gewesen, um die Wände zu streichen, und als ich einen Zementblock aufheben wollte, spürte ich, dass etwas geschehen war. Mich überkam ein furchtbares Gefühl und ich dachte: ›Jetzt ist gerade mein Baby gestorben.‹«

Rebecca ließ Calvin vom Krankenhaus nach Hause überführen und legte seinen Körper auf Eis, bis sie die Einäscherung organisiert hatte.

Ich bat sie, mir mehr über die Gefühle am Tag der Fehlgeburt zu erzählen.

»Der erste Gedanke, den ich hatte, als ich Calvin in meiner Hand hielt, war: ›O mein Gott, es tut mir so leid!‹ Ich erinnere mich, dass ich mich in einem totalen Schockzustand befand. Ich schaute mir mein Baby an, das vollkommen ausgebildet war … Er sah so aus, als ob er überleben könne, wenn ich ihn nur aufpustete. Ich war entsetzt, für seine Sicherheit nicht gesorgt zu haben, und unglaubliche Schuldgefühle ergriffen mich. Ich hatte in meinem ganzen Leben noch nie einen solchen Verlust erlitten.«

»Rebecca, nachdem du aus dem Krankenhaus nach Hause zurückgekehrt warst, wie hast du deinen Kindern die Fehlgeburt erklärt?«

»Ich sagte ihnen: ›Das Baby ist von uns gegangen. Es hatte eine Krankheit, die ihn nicht leben lassen konnte. Aber wir wissen, dass er nicht gelitten hat.‹ Wir weinten alle. Tucker streichelte meine Hand. Er fragte: ›Darf ich mich neben dich legen?‹ Er hatte Angst, mir weh zu tun. Ich antwortete: ›Ja sicher, du kannst dich neben mich legen.‹ Ich hatte Tavia und Max auf einer Seite und Tucker auf der anderen. Im Bett kuschelten wir uns sehr lange aneinander.«

Ein paar Tage später hielten Rebecca und Wes eine Zeremonie ab, die den Kindern helfen sollte, das Geschehene zu verstehen. Während Carly Simons Lied *Life is Eternal* im Hintergrund spielte, pflanzten sie Efeu zur Erinnerung an Calvin. Dann fragten sie ihre Kinder, ob sie gern etwas zu Calvin sagen würden. Tucker sprach als Erster: »Ich will nur, dass er weiß, dass ich ihn lieb hab.« Dann arbeiteten sie gemeinsam an einem Bild, auf das die Kinder Dinge malen oder aufkleben sollten, von denen sie hofften, dass Calvin sie im Himmel finden würde. Sie malten Regenbogen und Dinosaurier und klebten Abziehbilder und Fotos von sich selbst auf.

»In den folgenden Tagen gingen Wes und ich immer wieder das Geschehene durch«, erzählte Rebecca weiter. »›Donny‹ war auf Wes zugegangen und hatte gefragt, ob er irgendetwas tun könne. Wes verneinte, worauf sich dieser Mann einfach hinsetzte. Er sagte nicht, wer er sei, er setzte sich einfach hin und wartete. Nachdem er aus dem Krankenwagen gestiegen war, ging er einfach die Straße hinunter. Er stieg nicht in ein Auto und fuhr weg, er verschwand einfach.

Seit damals habe ich versucht herauszufinden, wer das gewesen sein könnte. Ich bin überzeugt, er ist geschickt worden, um mir zu helfen. Dass er jemandem, den ich gekannt habe, so ähnlich sah, ließ mich noch mehr daran glauben.«

Ich fragte: »Rebecca, weißt du, ob Donny damals noch gelebt hat?«

»Er lebt immer noch. Er ist Lehrer in New Jersey.«

»Wie konnte er in den Krankenwagen steigen, obwohl er keine Uniform trug?«

»Das frage ich mich auch.«

»Es gibt Geschichten über Engel, die in Notfallsituationen vorübergehend menschliche Gestalt annehmen«, sagte ich. »Glaubst du, er war ein Engel?«

»Etwas anderes ist mir dazu nicht eingefallen«, antwortete sie. »Die Tatsache, dass er als jemand erschien, dem ich vertraute, ergibt doch einen gewissen Sinn.«

Während ich darüber nachdachte, was Rebecca widerfahren war, schien es mir immer mehr, als ob sich ein Wunder ereignet hätte. Ich fragte sie, ob sie daran glaubte, dass sie ohne die Einmischung des Unbekannten gestorben wäre.

»Ich glaube, ja«, erwiderte sie ernst. »Weil sie einfach keine Vene fanden und ich so stark geblutet habe.« Dann teilte sie mir ein weiteres wichtiges Detail mit. »Als ich zu ihm sagte, ich bräuchte eine Kinderkanüle, hatte er sie bereits in der Hand. In all den Jahren ist mir das in Erinnerung geblieben. Ich hab nie gesehen, dass er nach der Kanüle gesucht hat. Ich hab auch nie gehört, dass er um eine gebeten hat.«

Ich konnte akzeptieren, dass ein Engel oder ein anderes körperloses Wesen menschliche Gestalt angenommen und

Rebeccas Leben gerettet hatte, aber ein Teil der Geschichte verwirrte mich immer noch.

»Und dann sagte dieser Mann – der keine medizinische Uniform trug, keinen Ausweis vorzeigte und allen Anwesenden unbekannt war – zu den drei verschiedenen Notfallteams, von denen er keinem angehörte, sie sollten dich mit dem Krankenwagen ins Krankenhaus bringen, statt mit dem Hubschrauber«, hakte ich nach. »Und niemand hat das infrage gestellt?«

»So ist es«, bestätigte Rebecca.

Wir waren einen Augenblick lang still, weil Rebecca mir Zeit geben wollte, die geschilderten Ereignisse jenes Tages zu verdauen. Da ich nicht wusste, was ich sonst noch über »Donny« fragen sollte, und das Gefühl hatte, auch sonst nichts sagen zu können, bat ich Rebecca, darüber zu sprechen, wie sie sich in den Wochen und Monaten nach der Fehlgeburt gefühlt habe.

»Ich war unglaublich deprimiert«, antwortete sie traurig. »Ich konnte morgens kaum aufstehen. Ich wollte niemanden sehen und über nichts sprechen. Ich gab mir die Schuld an allem. Was hab ich nur falsch gemacht? Hätte ich anders essen müssen? Ich wurde richtig gemein zu mir selbst und durchlebte eine Phase des Selbsthasses, die über ein Jahr lang anhielt. Ich nahm zu, weil ich nicht wollte, dass mich irgendjemand ansah und irgendetwas Nettes über mich dachte.«

Doch allmählich normalisierte sich das Leben für Rebecca und ihre Familie. Etwa zwei Jahre nach der Fehlgeburt fing Calvin an, sie zu besuchen. Einmal lag Rebecca im Bett und hatte plötzlich das Gefühl, ein Kind würde neben ihr sitzen, woraufhin das Licht im Zimmer an- und ausging. Kurz darauf las Rebecca in einem Buch, dass Tote Strom benutzen, um ihre Anwesenheit kundzutun. Eines Tages fragte sie Tucker, ob er in seinem Zimmer etwas Ungewöhnliches bemerkt hätte.

»Na klar«, antwortete Tucker uninteressiert, »Calvin ist oft da.«

»Was meinst du damit?«, fragte Rebecca erstaunt.

»Na ja, die Tür geht auf und er kommt rein.«

»Und was macht ihr dann so?«

»Nichts, er kriecht ins Bett und wir kuscheln. Wenn ich morgens aufwache, ist er nicht mehr da.«

Rebecca erzählte mir, dass Calvins Besuche für sie und ihre Familie ein wichtiger Heilungsschritt seien und sie alle großen Trost daraus zogen.

»Rebecca, meinst du, er ist deswegen zurückgekommen?«, fragte ich. »Um euch zu helfen, mit dem Schmerz fertigzuwerden?«

»Ja, das glaube ich. Ich glaube, er kam zurück, um mir zu sagen, dass es ihm gut geht und ich keine Schuld habe.«

Rebeccas Sitzung mit Staci

Rebeccas eindrückliche Geschichte warf für mich viele Fragen auf. Neben der zentralen Frage, ob sie die Fehlgeburt geplant hatte, versuchte ich vor allem Calvins vorgeburtlichen Plan zu verstehen. Würde eine Seele ihre Energie absichtlich in einen Fötus einströmen lassen, der nicht geboren werden sollte? Was würde eine Seele daraus lernen oder auf welche Weise dadurch wachsen? Und was hatte es mit dem mysteriösen »Donny« auf sich? Wer war er, und wie gelang es ihm, Rebeccas Leben zu retten?

Rebecca, Staci und ich begannen mit einem Augenblick der Stille, während wir darauf warteten, dass uns die geistige

Welt half zu verstehen. Plötzlich verkündete Staci: »Calvin ist bei uns.« Ich war überrascht, aber hoch erfreut.

»Ich vergebe dir«, sagte er sofort zu Rebecca. »Niemand ist schuld.«

Dass Calvin unsere Unterhaltung auf diese Weise beginnen würde, zeigte mir, wie bewusst er sich war, dass Rebecca sich immer noch die Schuld an der Fehlgeburt gab. Wir gehen häufig davon aus, unsere Liebsten seien so sehr mit ihrem neuen Leben im Geiste beschäftigt, dass sie nicht wissen, was wir fühlen oder was in unserem Leben geschieht. Das Gegenteil ist wahr: Sie besitzen eine äußerst intime Kenntnis unserer Gefühle, und diese geht weit über das hinaus, was auf der Erde möglich ist. Sie schauen oft, wie es uns geht, leiten uns durch intuitive Durchsagen und versichern uns durch Bilder, die sie uns in Träumen zeigen, ihrer Liebe.

Wie wir kurz darauf entdecken sollten, bezogen sich Calvins Worte nicht nur auf die Fehlgeburt, sondern auch auf ein anderes Leben, in dem er und Rebecca zusammen waren.

»Nun sehe ich Bilder eines früheren Lebens«, verkündete Staci. »Ich sehe ein Fort, einen Militärstützpunkt in irgendeinem Teil der Vereinigten Staaten im 19. Jahrhundert. Ich sehe Männer in Uniform. Calvin war damals Soldat und du, Rebecca, ebenfalls. Du warst sein Vorgesetzter. Zwar gab es einen Ranghöheren über dir, aber da dieser oft unterwegs war, hattest du de facto das Kommando über das Fort inne. Dir gefiel es, die Männer anzuführen, und du hattest zu vielen von ihnen eine enge kameradschaftliche Bindung entwickelt. Du hattest auch ein gutes Verhältnis zu Calvin; er war wie ein Sohn für dich.

Ich sehe, wie sich außerhalb des Forts etwas zusammenbraut, ich sehe einen Kampf und wie die Soldaten versuchen, das Tor zu schließen. Das Fort wird überfallen, die Männer versuchen, die Indianer am Eindringen zu hindern. Ich sehe dich im Fort, Rebecca, an deinem Schreibtisch, weil du eine Abneigung gegen das Kämpfen hast. Du bist gut mit Worten, aber körperliches Kämpfen liegt dir nicht.

Am Schreibtisch sitzend schaust du aus dem Fenster und siehst den Männern zu, die versuchen, das Eindringen der Indianer zu verhindern. Calvin steht hinter dir. Ihr sprecht über das, was ihr beobachtet. Du schickst ihn hinaus, um den Männern zu helfen. Und nach wenigen Minuten – du meine Güte – ein Pfeil dringt ihm direkt ins Herz.

Du fühltest dich schuldig und konntest dir nicht vergeben. Calvin zeigt es mir. Ich sehe, wie du neben seiner Leiche am Boden kniest und weinst und weinst. Du hast drei Tage lang geweint und einen Monat gebraucht, bis du wieder Licht sehen konntest.

In jenem Leben bist du mit etwa 49 an einem Aortenaneurysma gestorben, circa zehn Jahre nach Calvins Tod. Die ganze Zeit über war er in deinem Herzen. Du hattest immer das Gefühl, du hättest ihn nicht hinausschicken dürfen. Er war dir sehr teuer. Ihr wart tief verbunden und spürtet eine große Zuneigung füreinander.

Als du gestorben bist, hieß dich Calvin als einer von vielen willkommen. Es bedeutete dir eine große Erleichterung, ihn wiederzutreffen. Ich sehe euch in euren Geistkörpern, euren Lichtkörpern – ovalen Formen weißen Lichts – miteinander verschmelzen. Wo in etwa eure Arme wären, sehe ich, wie sich die Ränder der Lichtkörper ausdehnen und ineinander übergehen. Ihr redet vertraut miteinander. Er sagt dir, sein früher Tod habe nichts damit zu tun gehabt, dass du ihn hinausgeschickt hättest. Er wäre ganz sicher ein paar Monate später in einem anderen Kampf getötet worden, wo du nicht da gewesen wärst, um ihn zu beschützen. Alles geschah so, wie es sein sollte.

Aber du akzeptierst es nicht. Du sagst immer wieder: ›Ich kann mir nicht vergeben.‹ Jetzt ziehen dich zwei Wesen weg, die dich sehr lieben – ein Geistführer und deine Mutter aus einem früheren Leben –, und bringen dich an einen Ort, an dem du dich ausruhen kannst. An diesem Ort habe ich schon viele Menschen, nachdem sie hinübergegangen sind, gesehen. Er ähnelt beinahe einem Krankenzimmer, nur nicht so klinisch. Es ist ein kleines Schlafzimmer mit einem Fenster, durch das du vom Bett aus auf wunderschöne Gärten schauen kannst. Es ist ein sehr behaglicher, von Licht erfüllter Ort.

Du bist nach irdischen Maßstäben ein paar Wochen dort geblieben, um dich auszuruhen. Der Geist teilt mir mit, dass dies eine Zeit der Anpassung ist. Du gewöhnst dich daran, keinen Körper mehr zu haben und wieder in Geistform zu existieren, und versuchst dich zu orientieren. In dieser Ruhephase hast du nur wenig Kontakt zu anderen. Ich sehe einen Geistführer. Ich sehe wieder diese Mutterfigur. Calvin sehe ich nicht, aber zwei andere, eine Vaterfigur und einen, der für dich wie ein Bruder ist. Sie besuchen dich nur einzeln und die Besuche dauern nicht lang, so als ob sie dir nur zeigen wollten, dass sie bei dir sind.

Ich bitte darum, an einer vorgeburtlichen Planungssitzung teilnehmen zu dürfen. Das Erste, was ich sehe, ist ein kleiner grüner Teppich auf einem Parkettboden. Dann eine Wand mit einem rechteckigen Fenster. Vor einer anderen Wand steht ein Tisch mit Blumengesteck darauf. Auf den beiden anderen Wänden befinden sich – in Ermangelung eines besseren Wortes – Bildschirme. Auf diesen erkennt man Bilder aus deinem letzten und aus früheren Leben. Du warst zunächst allein mit deinen Geistführern hier, bevor die anderen aus deiner Seelengruppe dazukamen, und du hast deine früheren Leben gemeinsam mit deinen Führern angesehen. Ihr habt über die karmischen Themen gesprochen, an denen du in diesen früheren Leben gearbeitet hast.

Nun füllt sich der Raum mit den Mitgliedern deiner Seelengruppe. Einige von ihnen sind sehr an Heilung interessiert, aber der größte Teil ist eher künstlerisch orientiert. Mir wird gesagt, dass sich zur Zeit deiner vorgeburtlichen Planungssitzung etwa ein Drittel deiner Gruppe verkörpert hat. Dieses Drittel besteht vor allem aus Lehrern. Deine Gruppe besteht also aus Heilern, Künstlern und Lehrern.

Ihr sprecht darüber, woran du in diesem Leben arbeiten möchtest. Du bist der Meinung, dass du in deinem letzten Leben im Bereich der emotionalen Unabhängigkeit Fortschritte gemacht hast. Du hast das Thema nicht endgültig gelöst, aber genug Zeit allein verbracht, um zu lernen, dir selbst zu genügen. Du möchtest in dieser Richtung weitermachen. Du unterhältst dich mit einem Geistführer, der seiner Erscheinung nach männlich ist. Er ist größer als du und trägt eine cremeweiße Robe. Er hat dunkles Haar und einen dunklen Bart, aber helle Haut. Er überlässt dir das Reden und nickt nur ab und zu mit dem Kopf oder sagt ein paar Worte.

Ich sehe dich nicht in dem Geistkörper, in dem du das letzte Leben verlassen hattest. Jetzt sehe ich dich mit Armen und Beinen, und du trägst das Gewand der Persönlichkeit, die du in deinem jetzigen Leben sein wirst. Du hast dir bereits Eltern ausgesucht und weißt, wie du aussehen wirst. Du sagst deinem Geistführer, dass es Elemente aus einigen früheren Leben gibt, die dir sehr gut gefallen und die du in dein künftiges Leben integrieren möchtest. Dazu gehört zum Beispiel die Liebe zur Natur. Du möchtest irgendwo sein, wo es noch viel freie Natur gibt.

Du gehst zu dem grünen Teppich und setzt dich an ein Ende. Ein zweiter Geistführer kommt hinzu und stellt etwas ab, das wie ein Spielbrett aussieht. Noch ist es fast völlig leer, nur ein paar Striche sind daraufgezeichnet, aber es füllt sich, während du beginnst, dein Leben zu planen. Ich sehe, dass sich ein Wesen dir gegenübersetzt, das älter und eine Vaterfigur zu sein scheint. Er könnte zwischen 45 und 50 Jahre alt sein. Er hat dunkles Haar mit graumelierten Schläfen und ist wohl europäischer Abstammung. Manchmal füllt er den Mantel der Persönlichkeit vollständig aus, manchmal löst sich dieser auf und ich kann den Geistkörper darunter erblicken. Besonders bei der unteren Hälfte seines Körpers geschieht dies häufig, als ob er Mühe damit hätte, die physische Entsprechung seiner Gestalt aufrechtzuerhalten. Mir wird gesagt, dass dies so sei, weil sich seine Seele bereits in einem Körper befinde.

Er befindet sich also nicht wie du in der Zeit zwischen den Leben, er ist hier in seinem Astralkörper, während sein physischer Körper schläft. Er ist jemand, der ein Lehrer für dich ist, den du gekannt hast, als du etwa fünf Jahre alt warst. Er war wie ein Onkel.«

»Du beschreibst Ted Roter, unseren Nachbarn, als ich dreieinhalb Jahre alt war«, erklärte Rebecca. »Mein Vater war ein sehr distanzierter, kalter Mann, der nichts mit Kindern zu tun haben wollte. Herr Roter und seine Frau hingegen waren die liebevollsten Menschen, die es gibt. Er kam immer zu unserem Haus, nahm mich auf den Arm und fuhr mit mir mit dem Kleinlaster los, um mir Süßigkeiten zu kaufen. Wenn es Feste in unserem Haus gab, schlich er sich nach oben, um meiner Schwester und mir etwas zu essen zu bringen, weil man uns auf unser Zimmer verbannt hatte. Er hat sich immer um mich gekümmert. Bis zu dem Tag, an dem wir wegzogen, ich besuchte die sechste Klasse, war er wie ein Vater für mich. Ein großer, kräftiger Mann mit dunklem Haar und graumelierten Schläfen, genau wie du ihn beschrieben hast.«

»Als ihr damals eingezogen seid, fand auf der unbewussten Ebene sicherlich ein Erkennen statt«, sagte Staci. »Du hast liebevolle Zuwendung von einer Vaterfigur erfahren, bevor es zu spät war.«

Dann fuhr sie fort: »Nun aber weiter. Calvin befindet sich im Zimmer, hält sich aber im Hintergrund. Er wartet darauf, dass du andere, längerfristigere Aspekte planst, bevor er mit dir spricht. Doch dann geht er von hinten um die Gruppe herum und wendet sich dir zu. Sein Geistkörper verändert sich und er nimmt die Gestalt des Körpers an, den er im vergangenen Leben hatte.

Als du ihn siehst, spürst du gemischte Gefühle. Du bist zwar froh, aber noch immer voller Trauer, und du hast dir selbst noch nicht vergeben. Er setzt sich und ergreift deine Hand.

Calvin: Ich möchte, dass du dir vergibst. Nochmals, du bist nicht schuld an meinem Tod. Die Zeit, für das, was sein sollte, war einfach gekommen. Löse dich von jenem Leben und der schweren, negativen Verbindung zu ihm. Geh im Geiste noch einmal zurück und schau dir die positiven Dinge an, die du getan hast, bevor und nachdem wir uns begegnet sind.

Rebecca: Ich möchte das begleichen, was ich dir genommen habe.

Calvin: Es war nur für kurze Zeit und Zeit ist bedeutungslos.

Rebecca: Nein, nein, so kann ich mir nicht vergeben. Ich kann nicht loslassen. Ich muss etwas tun, um es wiedergutzumachen … Unsere

Beziehung war doch wie die von Vater und Sohn.

Calvin: Möchtest du diese Beziehung in dem Leben fortführen, das du jetzt planst?

Rebecca: Aber ich möchte kein Mann sein. Ich werde eine Frau sein.

Ihr seid beide gleichzeitig auf die Idee gekommen, dass du ihn in deinem Schoß tragen sollst. Ich sehe, wie er seine Hand auf deinen Bauch legt.

Calvin: Ist es für dich in Ordnung, wenn du meinen Körper nur kurze Zeit in deinem trägst?

Jetzt fängst du an zu weinen, weil du die Trauer spürst, den Schmerz darüber, ihn in dem früheren Leben verloren zu haben, und den Kummer, ihn in diesem Leben nur für so kurze Zeit in dir tragen zu können.

Calvin: Das ist die Zeit, die mir im letzten Leben noch geblieben wäre. Ich werde dir das Geschenk meines Lebens für diese Zeitspanne machen, wenn es dir hilft.

Rebecca: Es spielt keine Rolle, wie lange, ich möchte dich einfach nur bei mir haben. Ich werde mich besser fühlen, wenn ich weiß, dass ich das, was ich dir genommen habe, wieder gutmachen kann. Ich kann mir sonst nicht vergeben.

Dies ist eine Ausdrucksform deiner karmischen Herausforderung, in dir selbst ein Gleichgewicht zu finden. Dies ist ein Teil von dir, der sehr aus dem Gleichgewicht geraten ist, selbst in der Zeit zwischen den Leben. Calvin scheint nicht zu glauben, dass es funktionieren wird.

Calvin: Bist du sicher, dass das ausreicht?

Rebecca: Wenn ich dich kurze Zeit in meinem Körper getragen habe, werde ich in der Lage sein, loszulassen und mich von dieser emotionalen Last zu befreien.

Calvin schüttelt den Kopf, weil er nicht glaubt, dass du dazu in der Lage sein wirst. Jetzt tritt einer deiner Geistführer hervor. Er setzt sich nicht neben dich und Calvin, er beugt sich herab und spricht mit euch von Angesicht zu Angesicht.

Geistführer: Bist du sicher, dass du dich von diesem Thema lösen kannst?

Rebecca: Ja, ich möchte es immer noch.

Du bist sehr aufgewühlt und weinst noch immer. Die Seelengruppe im Raum ist ganz still. Ich spüre ihre liebevolle Unterstützung für dich, ihren Wunsch, du mögest emotional heil werden, aber auch ihre Skepsis. Du besprichst dich noch mit einigen anderen Leuten während dieser Sitzung, dann begibst du dich in einen meditativen Zustand, um anschließend in den Körper deiner Mutter einzutreten.«

Stacis bemerkenswerte Einsichten in Rebeccas Planungssitzung hatten den Kern des Problems offengelegt: Rebecca war unfähig, sich selbst zu vergeben, Calvins Tod in einem früheren Leben »verursacht« zu haben. Während der vorgeburtlichen Planungsphase hatte sie sich entschieden, sich diese Herausforderung erneut aufzuerlegen, in der Hoffnung, dieses Mal die eigenen Schuldgefühle loslassen zu können, die mit der Fehlgeburt auftreten würden. Die Schuldgefühle aufgrund des früheren Lebens mit Calvin würde sie in das Unterbewusstsein der neuen Persönlichkeit übernehmen. Unterbewusste Erinnerungen dieser Art machen die Heilung bestimmter Themen für einen Menschen besonders schwierig. Wenn Rebecca in der Lage sein würde, sich selbst für die Fehlgeburt zu vergeben, dann könnte sie auch die Schuldgefühle aus früheren Leben heilen.

»Vor etlichen Jahren hat mir mein Geistführer ein meditatives Ritual gezeigt, mit dessen Hilfe wir emotionale Lasten abwerfen können«, fuhr Staci fort. »Ich möchte es an dich, Rebecca, weitergeben. Besorge dir eine Kerze, die mindestens 20 Zentimeter lang ist. Ritze Calvins Namen mit einem Stift oder einem Messer ein. Damit weiß dein Verstand, wen diese Kerze repräsentiert. Nimm ein Blatt Papier und schreib darauf: ›Ich lasse dies los und übergebe es Gott.‹ Zünde die Kerze an und verbrenne das Papier. Auf symbolische Weise wird deinem Verstand mitgeteilt, dass du die emotionale Last in den Äther entlässt. Spreche dann laut oder leise zehn bis 15 Minuten den Satz: ›Ich lasse dies los und übergebe es Gott.‹ Lösche die Kerze.

Am nächsten Tag machst du das Gleiche, nur dass du den Satz nicht mehr aufschreibst. Du zündest einfach die Kerze an, wiederholst das Mantra und löschst dann die Kerze. Die meisten Menschen spüren, wie innerhalb weniger Tage oder Wochen die Last von ihnen abfällt. Wenn von der Kerze nur ein kleiner Stummel übrig ist, hat sich das schwere Problem verflüchtigt. Mit dieser Methode kannst du deinen Verstand so umprogrammieren, dass er das Problem loslässt.«

Stacis Vorschlag schien mir einleuchtend, und er würde Rebecca sicherlich bei ihrer Heilung helfen, aber ich wusste, im Augenblick könnten wir Rebecca am besten helfen, indem wir sie mit ihrem geliebten Calvin sprechen ließen.

Also fragte ich Staci: »Kann Rebecca mit Calvin sprechen?« Kaum waren diese Worte heraus, als Calvin sich schon durch Staci meldete.

»Er möchte dir sagen, dass er während deines jetzigen Lebens nicht ins physische Leben zurückkehren wird. Eigentlich hatte er vorgehabt, in fünf Jahren als Kind anderer Eltern geboren zu werden, weil du ihn aber nicht wirklich gehen lassen kannst, hat er seine Pläne geändert. Es macht ihm jedoch nichts aus und er ist sehr zuversichtlich. Er sagt: ›Du bist mit meinem Tod nicht so gut umgegangen, wie du gedacht hattest. Ich kann dich nicht loslassen, solange du mich nicht loslässt. Ich möchte in deiner Nähe sein und dich trösten. Wir sind zu lange Freunde gewesen, als dass ich dich jetzt verlassen könnte.‹

Er möchte für dich im Jenseits da sein, wenn du aus diesem Leben dorthin hinübergehst. Er weiß, wie viel es dir bedeutet, ihm nach deinem Tod wieder zu begegnen und bei ihm zu sein, und er möchte da sein, um den Ausdruck auf deinem Gesicht zu sehen, wenn ihr wieder zusammentrefft. Außerdem sagt er, deine Schuldgefühle hätten dich manchmal gehindert, ihn sehen zu können.«

Rebecca entgegnete mit leiser Stimme: »Ich möchte nur, dass Calvin weiß, wie sehr ich ihn liebe.«

»Das weiß er. Er sagt, er sei ein Teil eurer Familie – fast so, als ob er geboren worden wäre.«

Ich schaltete mich ein: »Calvin, zu Beginn der Sitzung hast du zu Rebecca gesagt, sie solle wissen, dass du ihr vergeben hast. Könntest du noch etwas über Vergebung sagen und auf welche Weise sich Rebecca die Fehlgeburt vergeben kann?«

»Falls du nicht vergibst, schleppst du eine schwere Eisenkette samt Kugel mit dir herum«, antwortete Calvin. »Die Kugel geht dir voraus, wenn du einen Raum betrittst, sie schwebt über dir, wenn du sitzt oder stehst, sie nimmt denselben Raum wie dein Körper ein oder wölbt sich nach vorn und hinten aus, als hättest du sie im Bauch. Sie schirmt dich ab, wenn du sie trägst, und verhindert, dass du Glück und Freude, aber auch Trauer vollständig wahrnehmen kannst. Sie wirkt wie eine Mauer.«

Staci ergänzte: »Aber die Menschen fühlen sich damit zunehmend unwohl, wie sie sich auch in unbefriedigenden Beziehungen unwohl fühlen und dennoch aufrechterhalten, weil ihnen das immer noch besser erscheint, als sich einer unbekannten Zukunft zu stellen. Calvin sagt, für Rebecca sei dies zu einem Denkmuster geworden, einer gewohnheitsmäßigen Art zu denken und zu fühlen, die aufgelöst werden müsse.«

Stacis Kommentar erinnerte mich an etwas, das ich auf dem spirituellen Weg gelernt hatte: Mit seinen Gedanken oder Gefühlen soll man nicht kämpfen. Statt ihnen Aufmerksamkeit zuteilwerden zu lassen und sie zu verstärken, sollte man sie lediglich beobachten und dann einfach, ohne zu urteilen, vorbeiziehen lassen, wie man es in der Meditation lernt.

»Das hört sich leicht an, ist es aber offensichtlich nicht, sonst hätte ich dieses Muster ja nicht so lange aufrechterhalten«, sagte Rebecca lachend, der Schmerz jedoch klang in ihren Worten deutlich mit.

»Möchtest du es denn loslassen?«, fragte Staci direkt.

»Ich würde nichts lieber tun. Nichts lieber … Das Mantra … Ich glaube an die Macht des Mantras, frage mich aber, ob es noch etwas anderes gibt, das mir helfen könnte. O mein Gott, es ist so sehr ein Teil von mir.«

»Du verkomplizierst etwas, das eigentlich ganz einfach ist«, kommentierte Calvin.

»Es beginnt mit einer Entscheidung, und diese Entscheidung hast du tief in deinem Inneren nie getroffen«, erklärte Staci. »Die Entscheidung, das Muster loszulassen.«

»Diese Erkenntnis ist der Schlüssel zum Öffnen deines Herzens«, sagte Calvin zu Rebecca. »Loslassen ist niemals leicht, aber das Leben ist wahrlich ein Geschenk, und es ist wunderbar, selbst für kurze Zeit am Leben zu sein. Ich habe zwar nicht außerhalb deines Schoßes gelebt, aber als du mich in dir trugst, war ich sowohl im Körper als auch außerhalb und dir immer sehr nahe. In dieser Zeit gab es Freuden, so viele Freuden für meine Augen und Ohren und für mein Herz. Ich habe die kurze Zeit sehr genossen, in der ich mich in der Existenz befand, in der du dich jetzt befindest.

Um dir zu helfen, deinen Kummer loszulassen, kann ich nur sagen: Feiert das Leben. Es gibt immer wieder Zeit für ein neues Leben. Ihr solltet verstehen – das Leben geht weiter, ob ihr es nun sehen und spüren könnt oder nicht. Es wird immer eine Existenz geben, es wird immer eine Möglichkeit geben, in Zukunft einen physischen Körper zu bewohnen, sei es auf der Erde in menschlicher Gestalt oder in anderen Welten. Wir nehmen das physische Leben an, um uns selbst zu erfahren, um die Herausforderungen zu erleben, die uns entwickeln lassen. Wir lieben diesen Prozess und wir alle sehnen uns von Zeit zu Zeit danach. Deshalb kehren wir immer wieder ins physische Leben zurück.

Ihr sollt wissen, wir leben, auch wenn ihr uns nicht sehen könnt. Wir besuchen häufig diejenigen, die wir lieben, legen unsere Hände auf ihr Herz und hüllen sie in unsere Gestalt ein, damit sie unsere Liebe spüren und verstehen, dass das Leben ewig währt. Nur weil sie uns nicht sehen können, heißt das nicht, dass wir nicht existieren. Das Leben hört niemals auf. Es ist Alles-was-Ist. Es ist der Stoff, aus dem wir gemacht sind, ob in geistiger Form oder in einem physischen Körper. Das Leben ist wahrlich überall, und so wie ich nur einen Schritt von meiner Mutter entfernt bin, so sind wir alle tatsächlich nur ein paar Schritte von denen entfernt, die wir lieben. In Gedankenschnelle sind wir miteinander verbunden, und wenn ihr an diejenigen denkt, die nicht mehr bei euch sind, so bringt uns das augenblicklich zu euch, ob ihr es nun spürt oder nicht.«

Wir waren einen Augenblick lang still, um die Schönheit von Calvins Worten wirken zu lassen. Ich spürte deutlich seine große Liebe zu Rebecca und für alle, die seine Worte irgendwann hören würden.

»Darf ich noch etwas fragen?«, hob Rebecca an. »Die Ärzte versicherten mir, er hätte nicht gelitten.«

»Das ist richtig«, bestätigte Staci. »Er sagt, er war schon lange weg.«

»Hat er Tucker besucht?«

»Er besucht Tucker andauernd. Er sagt, er habe auch im Haus die Lichter an- und ausgemacht, seine Art, um Hallo zu sagen.«

Nun schien es an der Zeit, den außergewöhnlichsten Aspekt von Rebeccas Erlebnis zu erörtern: den unbekannten Mann. Ich hörte einfach zu, während Rebecca Staci die Geschichte erzählte. Und Staci löste das Rätsel sofort.

»Es war der Geistführer aus der vorgeburtlichen Planungssitzung«, sagte sie. »Er war es, der gefragt hat: ›Bist du sicher, dass du es loslassen kannst?‹«

»Können wir ihn nicht dazubitten und fragen, weshalb er menschliche Gestalt angenommen hat?«, schlug ich vor. Kaum hatte ich das angeregt, als Staci schon die Worte des Geistführers weitergab.

»Wir machen das ab und zu«, erklärte er uns, »wenn eine Seele, wie im Falle Rebeccas, es nicht schafft zu vollbringen, was sie sich so sehnlich wünscht. Wäre Rebecca gestorben, hätte sie die karmische Herausforderung in diesem Leben nicht bewältigen können. Wir wussten, dass Rebecca noch ein Kind, noch mehr Verantwortung und noch mehr Erfolge in diesem Leben haben würde, und wie wichtig das für sie ist. Es war einfach noch nicht ihre Zeit. Wir nehmen einen physischen Körper an, falls dies erforderlich ist. Ein Hellseher hätte einen besonderen Glanz in meiner Aura sehen können, anders als bei den anderen. Aber niemand hat es bemerkt, was häufig der Fall ist.«

Ich fragte ihn, warum er ein weißes Sporthemd und khakifarbene Shorts getragen hatte.

»Er wollte einfach sportlich aussehen«, antwortete Staci, »um besser akzeptiert zu werden und eine entspannende Energie auszustrahlen, die Rebecca und alle anderen wahrnehmen konnten. Außerdem sagt er noch, einige hätten ihn anders gekleidet gesehen. Einige sahen ihn ganz in Weiß.«

»Wie ein Arzt?«, fragte ich nach.

»Ja.«

»Gelang es ihm deshalb, in den Krankenwagen zu steigen?«

»Ja, aber Rebecca brauchte er diese Gestalt nicht zu zeigen. Denn er wollte sie nicht nur retten, sondern auch beruhigen.«

»Hat er sich absichtlich entschieden, wie ihr alter Freund Donny zu erscheinen, um sie zu beruhigen?«

»Die vertraute Gestalt trug dazu bei, dass Rebecca ihn unterbewusst auf der Seelenebene wiedererkannte«, erklärte Staci. »Sie erkannte ihren vertrauten Ratgeber und Freund.«

»Es gab einen kritischen Moment, als dieser Mann eine medizinische Entscheidung traf«, hakte ich ein. »Er ordnete an, Rebecca mit dem Krankenwagen und nicht dem Hubschrauber ins Krankenhaus zu bringen. Alle befolgten seine Anweisung, obwohl ihn niemand kannte. Kannst du ihn fragen, wie er es geschafft hat, Menschen dermaßen zu beeinflussen, besonders in einer so kritischen Situation?«

»Er hat ihre Energien manipuliert. Er sagt, er habe eine Energiewelle durch sein aurisches Feld strömen lassen und vergleicht das mit zwei Dingen: zum einen mit der Methode eines Hypnotiseurs, der eine Suggestion formuliert und diese so vermitteln kann, dass Menschen ihren kritischen Verstand ausschalten und sie akzeptieren; und zum anderen mit der Jedi-Technik, die wir in unserer Kultur aus den *Star Wars*-Filmen kennen. Auch sie basiert einfach auf einer Energiewelle, die man durch sein aurisches Feld strömen lässt und die von den Menschen akzeptiert wird.

Wenn eine Mutter ein Kind gebärt, das nur sechs Stunden, sechs Tage oder einen Monat lebt, hat das Kind damit nicht ein unvollständiges Leben gehabt. Es wollte einfach aus bestimmten Gründen, von denen es normalerweise zwei oder drei gibt, etwas mehr Erfahrung gewinnen, sozusagen einen Auffrischungskurs machen, ein bisschen mehr Zeit mit der Mutter verbringen, ein bisschen länger durch Augen sehen, als es in früheren Leben vielleicht gesehen hat. In all diesen Fällen ist die Seele des betreffenden Kindes der Mutter sehr dankbar, ihm diese Erfahrung ermöglicht zu haben. Ganz gleich, wie kurz dieses Leben für die Mutter erscheint, für das Kind hat es ausgereicht. Die Mutter hat aus Mitgefühl die kindliche Seele getragen und genährt.«

Rebeccas Sitzung mit Staci wurde im Rahmen meiner Recherche zu meinem ersten Buch durchgeführt. Ich entschloss mich jedoch, ihre Geschichte erst in diesem Buch zu erzählen. Da Rebecca somit viel Zeit hatte, mit den durch Staci übermittelten Informationen zu arbeiten, fragte ich sie später, wie sich die Sitzung auf ihr Leben ausgewirkt hätte.

»Zu dem Zeitpunkt, als ich mit Staci über den Verlust meines kleinen Jungen sprach, war ich ein anderer Mensch – ich war in vielerlei Hinsicht weniger als vorher. Vor der Fehlgeburt war ich glücklich und optimistisch gewesen, danach traurig und niedergeschlagen. An die Stelle meines Selbstvertrauens traten Zweifel und Selbsthass. Wenn ich es nicht einmal schaffen konnte, ein Leben in mir zu nähren, wie um alles in der Welt sollte ich dann das Glück verdienen, drei glückliche, lebensfrohe Kinder zu haben?

Als ich mehr über meinen Lebensplan erfuhr, konnte ich die selbst auferlegten Schuldgefühle loslassen. Ich konnte die Fehlgeburt als Erfahrung betrachten, um zu lernen. Ich konnte damit abschließen, weil das Gift des ständigen Gefrages nach dem Warum nicht mehr vorhanden war. Was nicht heißen soll, dass ich nicht manchmal traurig bin oder überlege, wie Calvin wohl aussehen würde und welchem seiner Geschwister er wohl am ähnlichsten sähe. Das passiert immer noch. Aber es geschieht im Rahmen einer größeren Akzeptanz und ist deshalb nicht mehr wie früher von Kummer begleitet.

Die Sitzung hat mein Leben verändert und es mir ermöglicht, mich wieder dem Leben und meinen anderen Kindern zuzuwenden. Sie hat mich mir selbst zurückgegeben. Diese Reise hätte ich allein nie geschafft.«

Corbie empfängt Rebeccas Seele

Um weitere Erkenntnisse über Rebeccas vorgeburtlichen Plan zu erlangen, bat ich Corbie, mit Rebeccas Seele in Kontakt zu treten. Ich hoffte besonders, ihre Seele könnte allen Eltern, die ein Kind durch Fehlgeburt verlieren, einige tröstende Worte sagen. Wie sollte man nach Ansicht der Seele darauf reagieren? Wie sieht die Seele eine solche Erfahrung?

»Mutter/Vater Gott«, betete Corbie, »hülle uns in dein weißes Licht bedingungsloser Liebe, des Mitgefühls, der Weisheit, des Dienens und der Wahrheit. Möge nur Wahres gesprochen werden, möge nur Wahres gehört werden. Erlaube mir, ein reiner Kanal zu sein, durch den Rebecca Valentines Höheres Selbst heute zu uns sprechen kann, und möge ich dir wie immer mit Kopf, Hand und Herz dienen. Im Name Christi wird dies erbeten und im Namen Christi wird dies geschehen. Amen.«

»Amen«, wiederholte ich.

»Guten Tag«, kam eine Begrüßung aus Corbies Mund. »Ihr habt nach der Seele von Rebecca Valentine gefragt. Ich freue mich, hier zu sein.« Corbies Sprachrhythmus hatte sich deutlich verlangsamt, was darauf hinwies, dass sie in Trance gefallen war.

»Danke, dass du heute bei uns bist«, sagte ich. »Ich möchte fragen, ob du die Fehlgeburt vor Rebeccas Inkarnation geplant hast und, falls ja, warum?«

»Rebecca, die Persönlichkeit, bat vor ihrer Geburt darum, Mutterschaft in all ihren Formen erleben zu dürfen«, antwortete die Seele. »Sie ist eine sehr bemerkenswerte Freiwillige, ein Gefäß, das verstanden hatte, dass in diesem Fall die Empfängnis das Geschenk war, nicht das gelebte Leben.

Wenn die Seele fleischliche Form annimmt, selbst wenn sie

die Welt nicht von der Mutter getrennt wahrnimmt, so nimmt sie die Welt doch durch die Mutter wahr. Eine Seele, die möglicherweise Schwierigkeiten in anderen Leben hatte, möchte bildlich gesprochen vielleicht nur einmal die Zehen ins Wasser tauchen und nicht den ganzen Körper. Vielleicht möchte auch eine Seele, die noch nie auf der Erde war und andere Formen gewöhnt ist, nur einmal etwas kurz ausprobieren, so wie ihr einen Hut aufsetzt und ihn wieder absetzt, wenn er euch nicht gefällt, um dann einen anderen zu probieren.

Aufgrund der Stärke ihrer mütterlichen Gefühle konnte Rebecca das verstehen und war bereit, für alle Möglichkeiten offen zu sein. Die anderen Kinder waren tatsächlich geplant, denn hätte sie als Frau eine Fehlgeburt um die andere Fehlgeburt erlitten, wäre daraus ein sehr komplexes Karma entstanden. Das war nicht nötig.«

»Warum wollte Calvins Seele die Erfahrung machen, zwar empfangen, aber nicht geboren zu werden?«, hakte ich nach.

»Selbst bei einer Vergewaltigung oder von Wut beherrschtem Sex«, antwortete Rebeccas Seele, »kann man doch nicht leugnen, dass der Augenblick, wo Same und Ei zusammentreffen, Gottes höchster Ausdruck seiner Liebe zum Leben und zu seiner Schöpfung ist. Calvin wollte die Liebe fühlen, sie aber nicht vergessen. Wenn ihr geboren werdet, vergesst ihr vieles von dem, was ihr im Mutterleib gewusst habt. Calvin bat um den Segen, die Liebe des Schöpfungsaktes erfahren zu dürfen, sie mitzunehmen und auf diese Weise einen Teil seines eigenen Karmas zu heilen. Calvin bat darum, dass ihm dies gewährt werden möge, um Kraft zu erhalten, für seine Wiederkehr in einem zukünftigen Leben mit mehr Vertrauen in die Menschheit und in die Liebe auf dieser Erde.«

»Du hast erwähnt, die Erfahrung, empfangen, aber nicht

geboren zu werden, könnte Calvin Heilung bringen. Würdest du das bitte näher erklären?«

»Das Gefühl des kleinen physischen Körpers, vollständig genährt, umhüllt, gehalten und in der Mutter bewahrt zu sein, ist die intensivste physische Liebeserfahrung eines Menschen. Alles, wonach Menschen später suchen – die Umarmung eines Kindes, Sex, eine Pyjamaparty vor dem offenen Kamin –, sind nur Versuche, diese allumfassende physische Liebe erneut zu erfahren. Befindet sich die Seele außerhalb des Körpers, ist sie sich der Liebe Gottes bewusst. Hat eine Seele jedoch Mühe, Liebe in einem Körper zu erspüren, ist das Empfangen-aber-nicht-geboren-Werden eine Möglichkeit, sie daran zu erinnern, zu welch unglaublicher, wunderschöner, allumfassender Liebe Menschen füreinander fähig sind, und die Persönlichkeit auf die nächste Inkarnation vorzubereiten. Wie eine Mutter ihr ungeborenes Kind in den Händen hält, so hält Gott uns in seinen Händen. Wir alle befinden uns im Mutterleib.«

Das war eine wichtige Offenbarung. Ich kenne Menschen, die ihre negativen Energien, beispielsweise ihre Angst, von einer Inkarnation in die nächste mitgenommen haben, um sie zu heilen, aber jetzt hörte ich zum ersten Mal, dass auch eine Energie wie Liebe wieder in den nächsten Körper mitgebracht werden kann. In früheren Leben hatte Calvin offensichtlich Probleme gehabt, sich geliebt zu fühlen. Im Mutterleib konnte er in Liebe baden und war sich aller Gedanken und Gefühle bewusst, die Rebecca für ihn hegte. Mit dieser Erfahrung beabsichtigte er in die geistige Welt zurückzukehren und die gefühlte Erinnerung mit ins nächste Leben zu übernehmen.

»Es war eine Möglichkeit, einem anderen Liebe zu zeigen, ein Akt des Dienens«, fuhr Rebeccas Seele fort. »So wurde eine enge liebevolle Bindung zwischen Calvin und Rebecca geschaffen, und wenn beide verkörpert sind, wird sie in einem anderen Leben viel Gutes bewirken. Man braucht ein großes Herz, um wie Rebecca zu handeln und dennoch den Glauben nicht zu verlieren.

Calvin wird, wenn er ins Fleisch zurückkehrt, sein Leben damit zubringen, sich auf jenes nebulöse Gefühl der Liebe zu besinnen, das er nach der Geburt vergessen hat, sich daran aber dunkel erinnert. Wenn er Rebecca in jenem Leben begegnet, öffnet sich in ihm eine Tür und er kann diese Liebe der ganzen Welt zeigen. Und die Welt kommt dadurch dem Verständnis des großen Geschenks näher, das ein aus (in einem anderen Leben) Liebe geborenes Leben ist. Beide werden davon profitieren. Rebecca, die noch eine schattenhafte Erinnerung an das Leben mit der Fehlgeburt besitzt, wird sich plötzlich geheilt fühlen und dies auf Calvin zurückführen. Somit offenbart sich der Persönlichkeit (Rebecca) ein tieferes Verständnis der Menschheit und der Liebe. Die beiden werden ein Kind haben, geboren aus wahrhaft bedingungsloser und selbstloser Liebe, und es wird ein ganz außergewöhnliches Ereignis sein.«

»Wir haben ja bereits darüber gesprochen, warum Calvin diese Erfahrung mit der Fehlgeburt machen wollte. Aber Rebecca, warum wollte sie es?«

»Mutterschaft, Kinder, die Weitergabe von Überzeugungen und Glaubensmustern sind schon die Themen in einigen ihrer letzten Leben gewesen. Ich sage ›in den letzten‹, weil ihr Leben in der neueren Vergangenheit fast immer weibliche Form angenommen hatte. Es gab schon ein Leben, wo es zu einer Fehlgeburt kam. Der Mann gab der Frau (Rebecca) die Schuld daran, sodass sie sich als Versagerin fühlte. Sie konnte danach keine Kinder mehr bekommen und verbrachte den Rest ihres Lebens mit einem leeren Schoß, wo eigentlich ihr

Herz saß. Die bittere Seite der Mutterschaft musste sie kosten, aber Mutterschaft ist sowohl bitter als auch süß. In jenem Leben war sie besonders der Jungfrau Maria zugetan. Sie bot ihren Schoß Gott an und wünschte sich viele Male, denselben Weg wie Maria zu gehen, nicht um dadurch erhoben zu werden, auch nicht, weil ihr Kind Gott wäre, sondern weil der Gedanke, Gott zu dienen, dieser einfache Akt der Hingabe, die Antwort auf alle Probleme zu sein schien. Und tatsächlich ist es ihr diesmal gelungen.«

»Aber war die Fehlgeburt in einem früheren Leben nicht auch in gewisser Hinsicht ein Dienst an Gott?«

»Ja, aber es wurde nicht so aufgefasst«, antwortete Rebeccas Seele. »Zudem sind nicht alle Fehlgeburten speziell Gott gewidmet und nicht alle dienen ihm. Einige Fehlgeburten sind eine emotionale Reaktion auf eine emotionale Wirkung. Bei manchen entdeckt die einströmende Seele einfach, dass sich das Gefäß nicht richtig ausformt, aber sie möchte in ein gut strukturiertes Gefäß einströmen. Es gibt nicht nur einen logischen, emotionalen oder spirituellen Grund, weshalb Dinge geschehen, gleich ob es sich um Fehlgeburt, Mord, Hungertod, um Beziehungen oder Liebe handelt, sonst würde eine Seele einfach drei- oder viermal zurückkehren und das Thema wäre erledigt. Es gibt auf Erden zu viel zu lernen, es gibt zu viele Facetten.«

»Du hast gesagt, dass eine Fehlgeburt manchmal als emotionale Reaktion auf eine emotionale Wirkung geplant wird. Kannst du das näher erläutern?«

»Wenn ein Partner den anderen verlässt, muss es nicht zu der exakt selben Situation kommen, um das Gleichgewicht wiederherzustellen. Wenn beide wieder im Fleisch sind, wird aber der eine den anderen auf irgendeine Weise verlassen. Eine Mutter, die sich verzweifelt nach einem Kind sehnt, kann es schon als Verlassenwerden empfinden, wenn der Fötus nicht vollständig ausgetragen werden kann.«

»Verstehe ich das recht, wenn ein Partner einen anderen in einem früheren Leben verlassen hat, dann ist derjenige, der verlassen wurde …«

»Das zu früh geborene Kind«, ergänzte die Seele. »Der Partner, der damals gegangen ist, wäre die trauernde Mutter. Das ist korrekt.«

Bei einem solchen vorgeburtlichen Plan wird die Mutter nicht dafür bestraft, in einem früheren Leben ihren Partner verlassen zu haben. Es gibt keine Bestrafung. Die Mutter hat sich einfach dafür entschieden, die Gefühle selbst zu spüren, die mit dem Verlassenwerden einhergehen und die sie in dem anderen ausgelöst hatte. Auf der Seelenebene streben wir danach, alle Aspekte einer Situation und alle Gefühle zu verstehen, indem wir sie selbst erfahren. Dadurch entwickeln wir Mitgefühl und Empathie. Aufgrund der begrenzten Sichtweise, die wir in einem Körper haben, konzentrieren wir uns häufig nur auf das damit einhergehende Leiden, aber wenn wir in die geistige Welt zurückkehren, entdecken wir zu unserer freudigen Überraschung, dass wir unser Herz geöffnet und unsere Seele erweitert haben.

»Kannst du mir sagen, aus welchen anderen Gründen eine Seele eine Fehlgeburt planen könnte?«, forschte ich weiter.

»Um sich selbst Hoffnung zu lehren, um zu fühlen, wie Mutterschaft sein könnte, ohne ein ganzes Leben als Mutter zu verbringen. Hat eine Seele mehrheitlich männliche Leben gelebt, kann es vorkommen, dass sie in den ersten Leben als Frau zwar schwanger wird, aber nicht gebärt, bis sie sich an die weibliche Schwingung gewöhnt hat. Männliches und weibliches Leben unterscheiden sich in Bezug auf Ernährung, Beruf oder Verhalten nicht so sehr, wie man annehmen könnte, aber nichts verdeutlicht den Unterschied zwischen Mann und Frau mehr als das Gebären eines Kindes. Ein Mann trägt Leben in sich, aber nur durch eine Frau nimmt es körperliche Form an.«

»Du hast die Hoffnung erwähnt. Wie trägt eine Fehlgeburt dazu bei, dass eine Seele sich selbst Hoffnung lehrt?«

»Wenn eine Frau sich ein Kind wünscht und es versucht und versucht und eine Fehlgeburt erleidet, warum zuckt sie dann nicht einfach mit den Schultern und sagt: ›Na ja, soll wohl nicht sein‹? Wie oft bemüht sich diese Frau, die Seele gemeinsam mit ihrem Mann zu sich zu rufen, wie viele Arztbesuche und Befruchtungsversuche nimmt sie auf sich? Eine Fehlgeburt kann Belastbarkeit, Hoffnung, Glaube an das Selbst und ewige Vergebung lehren. Eine Frau, die eine Fehlgeburt erleidet und sich nicht selbst die Schuld daran gibt, kann ein Vorbild für andere sein. Von fünf Frauen mit Fehlgeburten wird eine in früheren Leben diese Erfahrung schon öfter gemacht haben und kann denen, die noch nicht so daran gewöhnt sind, als Vorbild für Hoffnung und Belastbarkeit dienen. Alle, die eine Erfahrung öfter gemacht haben als andere, nutzen diesen Erfahrungsvorsprung, um zu lehren.«

»Du hast von Vergebung gesprochen«, sagte ich. »War ein Grund für diesen Plan, dass Rebecca lernen sollte, sich selbst für die Fehlgeburt zu vergeben?«

»Genau. Sie sollte verstehen, dass es nichts zu vergeben gibt. Sie hat nichts falsch gemacht. Im Gegenteil: Sie hat etwas geschenkt. Wenn etwas aus dieser Situation gelernt und durch dein Buch anderen mitgeteilt werden kann, dann ist es dies: Selbst wenn eine Frau das Leben in ihr nur vier Tage nach der Empfängnis aufrechterhalten kann, hat sie der Seele doch diese Zellen geschenkt. Sie hat auf ihre Weise die zarteste Berührung Gottes in ihrem Schoß gespürt. Das wird immer ein

Segen für sie sein. Ich hoffe für Rebecca, dass sie ihre Vollkommenheit erkennt, dass sie erkennt, wie sehr sie Calvin gedient hat und wie sehr sie ihren lebenden Kindern dient. Jede Frucht ihres Leibes war eine vollkommene, makellose Blüte, ganz gleich, wie sie der Welt erschienen seien mag.«

Ich warf ein: »Es gibt vielleicht Menschen, die deine Worte lesen, Frauen, die Fehlgeburten hinter sich haben, und die nun sagen: ›Ich habe alles Menschenmögliche versucht, um mir selbst zu vergeben, aber es gelingt mir noch immer nicht. Was kann ich weiter tun?‹«

»Man kann nichts erzwingen. Geh behutsam vor. Hättest du ein Kind, das ständig sagt: ›Ich bin nicht gut genug‹ oder ›Ich bin so dumm‹, was tätest du dann? Du würdest das Kind in den Arm nehmen. Du würdest ihm so viel Liebe und Vertrauen schenken wie du nur kannst, um es dann in der sicheren Gewissheit loszulassen, alles in deiner Macht Stehende getan zu haben. Genau so sehr muss Rebecca sich lieben. Wenn Liebe im Mutterleib erschaffen wird, kapselt sich die Liebe im Ei der Mutter ein. Das ist die Liebe, die wir füreinander als Seelen haben, in ihrer konzentriertesten Form.

Warum erkennen die Menschen so gern ihre Augen, ihre Gedanken, ihre Verhaltensweisen und Gewohnheiten in ihren leiblichen Kindern wieder? Weil dies eine akzeptierte Möglichkeit zu sein scheint, sich selbst zu lieben. Aber man braucht keine Kinder, um sich selbst zu lieben. Ihr seid eure eigenen Kinder. So wie Rebecca auch ihren Söhnen und Töchtern vergeben würde, so wie sie alles tun würde, um sie zu trösten und sie ihres Wertes zu versichern, so muss sie auch mit sich selbst umgehen. Das ist Teil der Lektion, und es ist das Geschenk, das Calvin ihr durch seinen kurzen Aufenthalt in ihrem Schoß gemacht hat.«

»Wie entwickelst du dich als Seele, wenn Rebecca lernt, sich selbst zu vergeben?«

»Wenn Seelen lernen, sich selbst zu vergeben, stärkt es spätere Inkarnationen. Es fällt der Welt dann schwerer, ihnen einzureden, dass sie wertlos sind, dass an ihnen etwas falsch ist. Es gibt gewisse Seelen, die ganz tief wissen, warum sie auf Erden sind und was sie dort tun sollen. Das sind die Seelen, die gelernt haben, sich selbst zu vergeben. Vergebung fungiert wie ein Schwamm, mit dem man eine Tafel abwischt. Auf einer sauberen Tafel ist mehr Platz, um Gedichte oder wissenschaftliche Formeln daraufzuschreiben oder Bilder zu malen, als auf einer Tafel vollgekritzelt mit ›wertlos‹, ›dumm‹ oder ›nicht gut genug‹.

Die meisten Lektionen, die wir auf Erden zu lernen haben, drehen sich um ›Ich genüge mir nicht selbst‹. Die Seele weiß, dass sie sich immer selbst genügt – selbst in den schwierigsten Leben. Aber die Persönlichkeit hat das vergessen. Dennoch ist sie Teil des Ganzen, ein Teil, der mit Allem-Was-Ist, mit dem kleinsten Augenblick der Liebe im Universum verbunden ist. Liebe genügt immer. Wenn ihr glaubt, nicht zu genügen, dann liegt das daran, dass ihr glaubt, ihr werdet nicht geliebt oder seid nicht liebenswert oder habt nicht genug Liebe in euch.«

»Lass uns noch über den Trauerprozess sprechen. Was kannst du Menschen, die deine Worte lesen, aber immer noch wegen einer Fehlgeburt trauern, raten, um ihre Heilung voranzubringen?«

»Es ist wichtig, dass sie verstehen, um was sie eigentlich trauern. Sie trauern nicht um das Kind, sie trauern um das verlorene Potenzial des Kindes. Sie trauern um ihre nicht erfüllten Hoffnungen. Wenn sie wüssten, dass das Kind ihnen nichts Böses wollte, dass sie nichts Falsches getan haben und keine Schuld tragen, würde es für sie viel leichter sein.

Manche Menschen betrauern den Tod ihrer Eltern, weil so vieles unausgesprochen geblieben ist. Wenn jene, die ihre Eltern verlieren – auch wenn sie diese über alle Maßen geliebt haben –, alles sagen würden, was es zu sagen gäbe und voller Dankbarkeit auf das schauen würden, was ihnen gegeben wurde, dann könnten sie die Erinnerung an ihre Eltern in ihrem Herzen bewahren. Sie würden sich freuen, dass die Eltern nun einen nutzlosen Körper oder ein schweres Leben hinter sich gelassen haben, und sie wüssten, dass die Liebe niemals verloren geht.

Damit will ich denen, die trauern, nicht sagen, sie hätten kein Recht dazu oder es sei unsinnig. Kein Gefühl ist unsinnig, wenn es euch hilft. Wenn es euch hilft, euch von Bedauern oder Hoffnungslosigkeit zu läutern, aber dann sollte man es loslassen. Trauer sollte nicht das Leben bestimmen. Ihr seid nicht auf Erden, um ständig das zu betrauern, was ihr nicht habt, sondern um euch an dem zu erfreuen, was ihr habt, und um diese Geschenke mit anderen zu teilen. Auf diese Weise vervielfachen sich diese Geschenke.«

»Lass uns einen Augenblick über die Trauer des Vaters sprechen«, bat ich, »weil Väter häufig nicht beachtet werden, wenn es zu einer Fehlgeburt gekommen ist.«

»Die Energie der Väter ist ganz anders, da sie die Leere in ihrem Körper nicht spüren. Sie spüren den Widerhall in der leeren Gebärmutter nicht. Männer denken: ›War mein Same unvollkommen?‹ Männer sind so geschaffen. Aber auch für sie gilt dieselbe Antwort: Es gibt keinen Verlust. Die Seele, die sich einverstanden erklärt hatte, eure Seele zu berühren, tut dies weiterhin. Das Potenzial des Kindes hat immer noch Auswirkungen auf euer Leben, ihr könnt es nehmen und es in Schönheit und Stärke in eure Welt einbauen. Vielleicht könnt ihr ja auch diese Gefühle auf ein anderes Kind übertragen, das im Fleisch ist und keinen Vater hat.«

Rebeccas Seele fuhr fort: »Wenn ein Kind empfangen wurde, so ist der Mann nun Vater, gleich ob das Kind geboren wurde oder nicht. Die Vaterschaft ist ihm eingeprägt, er wird immer die Energie eines Vaters haben. Er kann sie ausdrücken, indem er noch einmal versucht, ein eigenes Kind zu bekommen, oder indem er sie mit jenen Kindern teilt, die bereits auf Erden sind. Dieses Geschenk kann ihm niemals genommen werden. Die Energie der Elternschaft ist etwas, das ein ganzes Leben prägt. Sie ist eine sehr wirksame Medizin.«

»Du hast gesagt, es gibt keinen Verlust. Ich weiß, was du meinst, aber Mütter oder Väter, die gerade eine Fehlgeburt erlebt haben, können es möglicherweise nur mit Mühe verstehen. Kannst du noch mehr zu diesem Thema sagen?«

»Dass es sich wie ein Verlust anfühlt, wird niemand bestreiten, aber ich möchte die trauernden Eltern ermutigen, zu erkennen, dass das Kind immer noch das ihre ist. Die Menschen betrauern einen Tod, weil sie glauben, der Betreffende sei für sie verloren. Wenn jemand auf die andere Seite der Welt zieht, seht ihr ihn vielleicht nie wieder, aber ihr habt ihn doch nicht verloren. Auch das Kind ist auf die andere Seite der Welt gezogen. Ihr müsst verstehen, dass ihr der Liebe, welche die Welt enthält, etwas hinzugefügt habt. Nichts war umsonst. Nichts ist jemals umsonst, wenn es darum geht, Leben zu erzeugen und die Liebe Gottes in einem anderen Menschen zum Ausdruck zu bringen.

Du hast während der Zeit, in der du das Kind in dir getragen hast, deine eigene Seele und die Seele des Kindes gewiegt. Ihre Liebe bleibt bei dir. Betrachte das Ganze nicht aus einer zu engen Perspektive. Nimm deine Energie, deine Liebe, alles, was du dem Kind gegeben hättest, und lenke sie auf etwas anderes. Wenn ihr wahrhaftig eines Fleisches seid, dann liebst du das Kind, das du verloren hast, indem du ein anderes Kind liebst – und seine Seele wird es wissen. Sie wird sich nicht weniger geliebt fühlen, denn wenn sich das Kind außerhalb des Körpers befindet, weiß es, dass es nicht mehr oder weniger Liebe, sondern nur Liebe gibt. Liebe ein anderes Kind. Das Kind, das du verloren hast, wird es spüren. Die Menschen wissen nicht, wie wichtig dies ist. Wenn sie es täten, könnten sie sich alle auf jene Liebe einstimmen, die keine Trennung kennt. Dann wäre dein Buch auch nicht mehr nötig.«

Ich fragte Rebeccas Seele, ob sie gern noch irgendetwas sagen würde.

»Die Energie von Mutterschaft und Vaterschaft … Bitte geht mit ihr als einem der kostbarsten Geschenke um, die ihr der Welt überhaupt geben könnt. Diese Energie ist die Berührung Gottes im Menschen. Verschwendet das Geschenk nicht, indem ihr glaubt, schlecht zu sein, nur weil ihr eine Fehlgeburt oder eine Abtreibung erlebt habt. Ehrt euren Wunsch, Mutter oder Vater zu sein, entweder durch euren Leib oder durch euren Dienst, denn die Energie ist immer vollkommen. Die Energie ist niemals eine Fehlgeburt oder eine Abtreibung, die Energie ist eure Chance, eure Hand auszustrecken und der Finger Gottes zu sein, der einen anderen Menschen in Liebe berührt. Die Liebe, die ihr einander schenkt, heilt die Wunden der Welt. Und ihr alle tragt sie in euch.«

~

Liebe, Vergebung und Heilung sind die bestimmenden Themen in Rebeccas Leben und sie sind untrennbar miteinander verknüpft.

Rebecca liebte sich vor ihrer Geburt genug, um eine der

größten Herausforderungen überhaupt anzunehmen: die Mutter eines Kindes zu sein, das stirbt. Sie tat es, weil sie wusste, dass sie sich noch nicht für Calvins Tod in einem früheren Leben vergeben hatte. Aus Liebe gab sie sich selbst die Möglichkeit zu lernen, wie man sich selbst vergibt. Diese Vergebung ist die Heilung, die sie in diesem Leben anstrebte.

In meinen Gesprächen mit der geistigen Welt wird mir häufig gesagt: »Nichts ist so, wie es zu sein scheint.« Hier auf Erden, vom Standpunkt unseres Menschseins aus betrachtet, scheint der Tod eines ungeborenen Kindes eine absolute Tragödie zu sein. Aber Rebecca wusste bei ihrer Planungssitzung, dass Calvins Tod ihre Wiedergeburt sein würde. Sie wusste, dass sie sich selbst die Schuld an der Fehlgeburt geben würde und dass daraus Schuldgefühle entstehen würden. Wie Calvin uns sagte, hat dieser Mangel an Vergebung dazu geführt, dass sich Rebecca abgeschottet hat und die Trauer in sich abkapselte, die sie hätte ausdrücken müssen, um zu heilen.

Ein Gefühl ist Energie und Energie will immer fließen und einen Ausdruck finden. Aus diesem Grund tritt Heilung ein, wenn ein Gefühl zum Ausdruck kommt. Wird es aber unterdrückt, verstärkt es sich nur noch mehr. Wie ein Damm, der das Wasser eines reißenden Stromes zurückhält, hat Rebeccas Mangel an Vergebung den Fluss der Trauer blockiert, sodass er immer größer und mächtiger werden konnte.

Die Probleme, die Rebecca damit hatte, sich selbst zu vergeben, beruhten auf falschen Überzeugungen, zum Beispiel auf der, dass sie als Mutter etwas falsch gemacht, nicht das Richtige gegessen oder nicht angemessen für ihr ungeborenes Kind gesorgt hatte. Als sie bereit war, die Möglichkeit in Betracht zu ziehen, dass die Fehlgeburt geplant sein könnte, begann sie, diese Überzeugungen zu erforschen, und fand heraus, dass sie keine Substanz hatten. Um zu heilen ist es nicht nötig, an vorgeburtliche Lebensplanung zu glauben, es ist nur die einfache Bereitschaft erforderlich, die Möglichkeit in Betracht zu ziehen, in all unseren Erfahrungen könnte ein tieferer spiritueller Sinn verborgen sein.

Nun könnte man fragen, wie der Tod eines ungeborenen Kindes in die göttliche Ordnung hineinpasst. In seiner unendlichen Weisheit hat das Universum den sich inkarnierenden Seelen eine Art Probezeit gewährt, die wir Schwangerschaft nennen – eine Zeit, in der die Seelen der Eltern und des ungeborenen Kindes sich miteinander vertraut machen können, um zu entscheiden, ob ein gemeinsames Leben wirklich ein Segen für alle Beteiligten wäre. Dem höchsten Wohl aller wird aber ungeachtet der getroffenen Entscheidung immer Genüge getan. Wenn das Verweben mehrerer Leben der Entwicklung aller beteiligten Seelen nützt, der Fötus aber nicht voll funktionsfähig ist, wird dessen Seele in einer späteren Schwangerschaft zu denselben Eltern zurückkehren. Diese Erkenntnis an sich ist bereits heilend.

Warum wollen Seelen die Erfahrung einer Fehlgeburt machen? Neben dem Wunsch, Vergebung gegenüber sich selbst zu lernen, planen viele Seelen eine Fehlgeburt, um Mitgefühl zu entwickeln. Wird ein Herz durch großen Kummer gebrochen, kann aus ihm tiefes Mitgefühl hinausströmen. Die Seele des abgegangenen Fötus dient den Eltern liebevoll, indem sie ihnen die Chance bietet, sich für Mitgefühl anstelle von Wut, Verbitterung und Schuldzuweisung zu entscheiden. Wenn sich die trauernden Eltern für Mitgefühl für sich selbst und einander entscheiden, erhöhen sie die Schwingung des ganzen Planeten. Solche Eltern haben sich vor ihrer eigenen Geburt entschieden, der Welt auf diese Weise zu dienen, und die geistige Welt bewundert sie dafür.

Manchmal plant eine Seele, der es in früheren Leben schwergefallen war, ihre eigenen Gefühle wahrzunehmen, eine Fehlgeburt, um sich so zu zwingen, in die Tiefen ihres Wesens hineinzufühlen. Auf der Seelenebene stellt eine Fehlgeburt, die aus einem solchen Grund geplant worden ist, keine Strafe dar, sondern eine Chance zur Transformation. Lässt ein solcher Mensch den Schmerz zu, wird dadurch die Fähigkeit, Liebe, Frieden und Freude tiefer zu empfinden, auf ewig verstärkt. Das Herz erwacht zum Leben, und wenn der Schmerz geheilt ist, schlägt es im Rhythmus einer erweiterten Fähigkeit, sich verstärkt an der Schönheit des Lebens und der Freude am Leben zu erfreuen.

Gewisse Seelen, besonders jene, die Mitgefühl erfahren und sich so als Mitgefühl erkennen möchten, bauen eine Fehlgeburt als Vorsichtsmaßnahme in ihren vorgeburtlichen Plan ein, um eine neue Richtung einschlagen zu können, falls sie vom Weg abkommen sollten. Wenn ein Paar zum Beispiel durch die Jagd nach Geld, Macht oder Status von ihrem Plan abweicht, kann die Fehlgeburtsoption in ihrer vorgeburtlichen Abmachung aktiviert werden. Jahre nach einer Fehlgeburt erzählen solche Eltern häufig, dass sie sich nicht trotz der Fehlgeburt, sondern gerade wegen der Fehlgeburt wieder angenähert und wieder auf das konzentriert haben, was wirklich wichtig ist, und dass sie dadurch ein reiches, sinnvolles und von Mitgefühl erfülltes Leben führen konnten.

Die geistige Welt hat mir mitgeteilt, dass manche Seelen ihr Karma vollständig ausgleichen und auflösen können, indem sie das irdische Leben nur ganz kurz als Fötus erleben. Sie müssen nicht geboren werden. Diese Seelen werden dann frei, sich in höhere Dimensionen emporzuschwingen. Auch hier sehen wir, dass die Empfängnis bereits ein ganz außergewöhnliches Geschenk sein kann. Eine andere Seele auf diese Weise zu segnen, stellt einen der größten Akte der Nächstenliebe dar, den man überhaupt darbringen kann. Wenn Sie den Verlust eines ungeborenen Kindes betrauern, sollten Sie bedenken, Sie haben einer anderen Seele eines der größten Geschenke überhaupt gemacht.

Auf der Erde und überall im Universum wird die göttliche Ordnung durch Akte des Dienens erschaffen und aufrechterhalten, und der göttliche Wille drückt sich durch Akte des Dienens aus. Rebeccas Leben ist ein strahlendes Beispiel dafür, wie jemand dem eigenen Selbst und zugleich anderen Menschen dienen kann. Rebecca dient sich, wenn sie sich selbst die herrliche Gelegenheit der Heilung dessen gewährt, was in ihrem früheren Leben mit Calvin ungeheilt geblieben war. Sie dient aber auch Calvin auf ganz wunderbare Weise, weil sie ihm eine gefühlte Erinnerung an die bedingungslose Liebe einer Mutter geschenkt hat, die er mit in die geistige Welt nehmen und später in einem neuen Körper mit zurückbringen wird.

Calvin wiederum liebt Rebecca so sehr, dass er ihr dient, indem er seine Energie in den Fötus strömen lässt und seine Pläne ändert, sich schnell erneut zu inkarnieren. Aus Liebe zu Rebecca und aus seinem Wunsch heraus, ihr zu dienen, hat er sich stattdessen dafür entschieden, in der geistigen Welt zu verbleiben, von wo aus er über ihr Leben wachen und sie willkommen heißen kann, wenn sie heimkehrt.

Auch Rebeccas Geistführer, der aus Liebe die körperliche Gestalt ihres früheren Freundes Donny angenommen hatte, dient ihr. Da ihr Geistführer wusste, dass sein Erscheinen in dieser Gestalt Vertrauen und Ruhe in Rebecca bewirken würde, hat er in ein menschliches Leben direkt eingegriffen, was nur sehr selten vorkommt und als Wunder bezeichnet wird. Wenn wir uns als Seelen entscheiden, einen Teil unserer Energie an einen physischen Körper zu binden, erzeugen wir ein Gefühl der Trennung vom Geist, das mit der Überzeugung einhergeht, auf uns allein gestellt zu sein. Aber unsere Geistführer und unsere Lieben im Geiste gehen Hand in Hand mit uns durchs Leben. Sie sind sich unserer Gedanken, Gefühle und Lebensumstände bewusst. Niemals gehen wir unseren Weg allein.

Unterstützt von der Liebe und Weisheit von Calvin, ihrem Geistführer und anderen Wesen aus der nicht physischen Welt konnte sich Rebecca nach Jahren der Qual selbst vergeben. Diese Vergebung gegenüber sich selbst bereitet einen energetischen Pfad, auf dem andere Mütter und Väter sich selbst vergeben können. Tatsächlich wird so Vergebung gegenüber sich selbst für alle Menschen auf der Erde leichter, und zwar ungeachtet der konkreten Umstände. Und – wie Rebeccas Seele uns mitgeteilt hat – Vergebung macht sie in späteren Inkarnationen stärker und löscht in diesem Leben eine Tafel, auf der »wertlos« stand. An die Stelle von »wertlos« hat sie nun die Worte »geliebt«, »liebend« und »liebevoll« geschrieben.

Das ist es, worauf Rebeccas Seele gehofft hatte: Rebecca hatte sich an ihre eigene Vollkommenheit erinnert.

Abtreibung

Ein Kapitel über das vorgeburtliche Planen einer Fehlgeburt wäre nicht vollständig, wenn ich an dieser Stelle nicht auch auf das Thema Abtreibung eingehen würde. Bei einer Fehlgeburt entscheiden sich Mutter, Vater und die anderen Beteiligten (nach ihrer Inkarnation) nicht bewusst dafür, aber eine Abtreibung erfordert zumindest die bewusste Entscheidung seitens der Mutter. Wenn sich eine Frau entscheidet, eine Schwangerschaft zu beenden, erfüllt sie dann noch ihren vorgeburtlichen Plan? Trifft sie die Entscheidung in Absprache mit der Seele ihres ungeborenen Kindes? Wenn eine Seele wüsste, dass die Schwangerschaft vorzeitig beendet werden wird, würde sie dann noch ihre Energie in den Fötus strömen lassen?

Um Antworten auf diese und andere Fragen zu bekommen, bat ich Staci, ihren Geistführer zum Thema Abtreibung sprechen zu lassen.

»Ich spüre, dass noch andere bei ihm (dem Geistführer) sind«, begann Staci. »Er möchte für eine größere Gruppe von Wesenheiten sprechen, nicht nur für sich selbst.«

Stacis Aussage überraschte mich. In den vielen Sitzungen, die wir miteinander hatten, stand noch nie eine derartige Aussage am Beginn. Die Anwesenheit anderer Wesen ließ darauf schließen, dass die geistige Welt dem Thema Abtreibung eine große Bedeutung für die Menschheit beimisst.

»Was möchtet ihr zum Thema Abtreibung sagen?«, fragte ich. Ich wollte Stacis Geistführer und den anderen Anwesenden eine Plattform bieten und sie einladen, alle ihre diesbezüglichen Erkenntnisse mit uns zu teilen. Staci war einige Augenblicke lang still, als sie sich auf die Gegenwart ihres Führers einstimmte und seine ersten Worte erwartete.

»Wir grüßen dich, Robert«, kam die Begrüßung. »Wir sind heute hier in freudiger Erwartung des in Kürze erscheinenden Produkts (des Buches) erschienen, das das Ergebnis einer großartigen Zusammenarbeit darstellt. Wenn ich ›wir‹ sage, dann spreche ich für mich selbst als Stacis Geistführer, aber auch für das Konzil der Ältesten, also für jene, die einen Schutzring um alle existierenden Seelengruppen bilden, und die ihre besondere Aufmerksamkeit dem menschlichen Gefäß als Mittel zum Lernen widmen. Wir sind heute hier, um euch etwas über die Entscheidungen zu berichten, die zu einer individuellen Inkarnation führen, zu einer sich wiederholenden Erfahrung der physischen Form in dem Ausbildungssystem, das wir die Schule Erde nennen.

Eine Abtreibung findet niemals aus einem einzigen Grund statt. Es gibt verschiedene Gründe dafür, sowohl vonseiten der individuierten (inkarnierten) Persönlichkeit als auch vonseiten der Seelen von Mutter und Kind. Ihr müsst wissen, dass die Seele den Embryo zum Zeitpunkt der Empfängnis noch nicht vollständig bewohnt und es auch vorkommt, dass der Embryo während des ersten Trimesters ganz unbewohnt ist.

Oft begegnen sich die Seelen von Mutter und Kind im Laufe des ersten Trimesters im vorgeburtlichen Planungsbereich, um letzte Vorbereitungen und Abmachungen zu treffen – oder falls diese bereits getroffen wurden, um sie endgültig zu besiegeln. Diesen Ablauf könnte man als Normalfall bezeichnen, dennoch spüren viele Mütter die Verbindung zum Geist ihres ungeborenen Kindes vom Augenblick der Empfängnis an.

Wir würden sagen, dass dies bei etwa 20 Prozent aller Schwangerschaften der Fall ist, besonders in der heutigen Zeit. Gleichwohl erleben viele Frauen eine allmähliche Intensivierung der Verbindung zum Baby. Dies geschieht vor allem vom vierten oder fünften bis zum achten Monat der Schwangerschaft, also irgendwann im zweiten oder dritten Trimester. Manchmal liegt das an der Besorgtheit und der inneren Unruhe der Mutter, und manchmal daran, dass sich der Geist des Kindes noch nicht ausreichend im Fötus niedergelassen oder noch nicht genügend Zeit in der Gegenwart der Mutter verbracht hat.

Wir sagen euch das, um zu veranschaulichen, dass der Geist den Embryo während des ersten Trimesters, in dem die meisten Abtreibungen durchgeführt werden und sich die meisten Spontanabgänge ereignen, nicht dauerhaft bewohnt. Weil Spontanabgänge plötzlich auftreten, haltet ihr sie für natürlich und von Gott gewollt. Wir sagen euch, ihr gehört alle zu Gott. Wie könntet ihr dann etwas tun, das nicht von Gott gewollt ist? Wir empfehlen euch, über die begrenzte Auffassung hinauszugehen, welche die Menschheit hinsichtlich des Wesens des Lebens und des Beginns des Lebens hat, also hinsichtlich des Punktes, wo Seele und aus Materie bestehender Körper sich begegnen.

Wenn der Fötus ins Licht des Lebens geboren wird, das ihn umgibt (in die materielle Welt), hat es die Seele häufig sehr eilig, in den Körper einzuströmen und sich in diesen letzten Augenblicken vollständig in ihm niederzulassen. Diese Intensivierung der Verbindung zwischen der Seele und dem physischen Körper verursacht normalerweise eine große Verwirrung und führt zu einem Orientierungsverlust aufseiten der Seele, die nun den Körper des Babys bewohnt.

Wir sagen euch das, damit ihr besser versteht, wann die Seele die Verbindung zu den physischen und neurologischen Systemen des Körpers herstellt und wann die Kundalini (die Lebenskraft, die an der Wirbelsäulenbasis gespeichert ist) energetisiert wird, also die vielfachen Verbindungen zwischen Körper und Seele schnell und intensiv hergestellt werden.

Ihr solltet auch verstehen, dass sich die Seele zum Zeitpunkt des körperlichen Todes während des Abtreibungsprozesses nicht im Körper befindet, gleich ob die Abtreibung durch die Mutter, einen Arzt oder einen sonstigen Helfer eingeleitet wird, oder ob es auf natürliche, spontane Weise zu einem Abgang, üblicherweise als Fehlgeburt bezeichnet, kommt. Es gibt also keinen Schmerz, außer dem der Mutter, den sie infolge ihrer Schuldgefühle erleidet.

Wir möchten, dass deine Leser dies verstehen und ein umfassenderes Verständnis ihrer eigenen Erfahrung gewinnen und sich selbst für das vergeben, was sie für Mord hielten oder was sie bei jemand anderem als Mord betrachtet haben. Es gibt verschiedene Gefäße – mit anderen Worten Körper –, die dem Wachstum der individuierten Seele dienen können. Es gibt Seelen, die sehr stark an einigen anderen Seelen aus ihrer Seelengruppe hängen, eine Art Familiengefühl zu ihnen entwickeln und sich häufig mit ihnen als Familienmitglieder oder Freunde inkarnieren.

Es kommt vor, dass sich in einem solchen Fall die Seele, die spontan abgegangen ist oder abgetrieben wurde, kein neues Gefäß sucht, um sich zu inkarnieren, sondern darauf wartet, dass innerhalb dieser Seelenfamilie wieder eines zur Verfügung steht. Das liegt allein in der Entscheidung der Seele des betreffenden Kindes. Wir möchten, dass alle Mütter wissen, dass ihre Erfahrung nur die ihre ist. Sie können wählen, ob sie sich elend und schuldig fühlen möchten, weil sie glauben, jemandem die Chance auf ein Leben genommen zu haben, oder ob sie aufgrund einer höheren Sichtweise zu der Erkenntnis kommen wollen, für die Seele des betreffenden Kindes wird es stets eine andere Gelegenheit geben, ob nun bei derselben Mutter oder einer anderen.

Wir möchten, dass alle Mütter erkennen, dass sie dem Kind keinen Schaden zugefügt haben und die Seele nicht töten konnten. Die Seele existiert weiter, und wenn sie bereit ist, wird sie einen Teil von sich in eine physische Form einströmen lassen. Sie wird sich für die Erfahrung, die sie anstrebt, die geeignetsten Eltern aussuchen.

Wie Menschen können auch Seelen ihre Meinung ändern. Wenn sich also eine Seele eine Familie aussucht und die Mutter schwanger wird, der neue Körper aber nicht funktionsfähig ist und es zu einer Fehlgeburt kommt oder die Mutter die Schwangerschaft vorzeitig beendet, kann die Seele des Kindes entweder abwarten, ob die Mutter noch einmal schwanger wird, oder sie kann sich für eine andere Erfahrung entscheiden. Das Konzil wird sich dann die verfügbaren Optionen anschauen und der Seele durch ihren Geistführer die besten Möglichkeiten für die erwünschte Erfahrung und das notwendige Wachstum aufzeigen.

Es gibt keine Veranlassung, ein Urteil über die Entscheidung einer Mutter hinsichtlich einer Abtreibung oder der natürlichen Beendigung einer Schwangerschaft zu fällen. Natürlich gibt es Trauer angesichts der Hoffnungen und Träume, die nun unerfüllt bleiben, aber es sollte kein Leiden, kein Trauern angesichts des Todes einer Seele geben, denn so etwas gibt es nicht. Es gibt nur eine Art Vermischung, die viele Mütter in dem zweiten oder dritten Trimester spüren. Aber selbst dann bewohnt die Seele den Fötus nur zeitweise, manchmal nur ein paar Minuten oder ein paar Stunden am Tag, manchmal auch für einige Tage hintereinander.

So wie die Seele aus dem Körper ein- und austritt und dennoch mit ihm verbunden ist, wenn die Stunde seines Todes naht – so kommt und geht die Seele auch während der Schwangerschaft. Die Seele ist nicht oft im Körper, das ändert sich erst im siebten, achten und neunten Monat. Wir betonen noch einmal, dass sich die Seele des Fötus erst während der Entbindung vollständig im Körper niederlässt, in das neuronale Netz eindringt und damit den Körper belebt.

Während dieses Vorgangs wird der so häufig erwähnte Schleier zugezogen. Die Seele ist in den ersten Augenblicken des Geburtsvorgangs verwirrt, denn sie hat die Verbindung zum Leben zwischen den Leben nun aufgegeben. Sie kann sie nicht mehr wahrnehmen. Sie sieht nur noch, was vor ihr liegt und was sie umgibt, die Gebärmutter oder der Geburtskanal. Eine Geburt, gleich ob auf natürlichem Wege oder durch Kaiserschnitt, bedeutet für die Seele zu erwachen, ohne zu wissen, wer oder wo sie ist.«

Staci wurde ganz still. Ich wusste, dass die geistige Welt uns alle Informationen gegeben hatte, die wir haben sollten. Jetzt war die Zeit gekommen, Fragen zu stellen. Ich fragte Stacis Geistführer, ob er näher erläutern könnte, wie es zu der stärkeren Verbindung der Seele mit dem Körper im Verlauf des zweiten und dritten Trimenons kommt.

»Was ich hier sehe, Rob«, gab Staci zur Antwort, »ist eine Seele, die etwas bildet, das wie ein Schwanz aussieht, der sich um die Wirbelsäule des Fötus schlingt. Es ist etwas, das ich im fünften Monat sehe. Es scheint, als ergreife dieses Etwas Besitz von der Wirbelsäule. Obwohl der Geist den physischen

Körper noch nicht vollständig bewohnt, ist die energetische Verbindung doch bereits hergestellt.«

»Werden alle Abtreibungen mit der Zustimmung der Seele des betreffenden Kindes vorgenommen?«, fragte ich.

In diesem Moment trat Stacis Bewusstsein beiseite und ihr Geistführer fing an, wieder durch sie zu sprechen.

»Ja, immer«, stellte er klar. »Manchmal muss die Mutter ihre Entscheidung gegenüber der Seele genau begründen und sie von der Notwendigkeit überzeugen. Aber sobald die Seele des Kindes verstanden hat, dass dies die beste Entscheidung sei, stimmt sie immer zu. Wir können allerdings nicht behaupten, jede Seele wäre glücklich darüber. Es kommt gelegentlich vor, dass eine Seele ihre Enttäuschung zum Ausdruck bringt. Das ist aber einfach Teil der Anpassungsfähigkeit an neue Umstände, die mit dem Wachstum der Seele einhergeht.«

»Warum würde eine Seele ihre Energie in einen Embryo einströmen lassen, der abgetrieben wird?«

»Für manche Seelen lässt sich die Erfahrung einer derart verkürzten Schwangerschaft mit einem Schaufensterbummel vergleichen. Sie schaut einfach zum Schaufenster hinein, um zu sehen, was auf der anderen Seite angeboten wird und für was sie sich möglicherweise entscheiden kann. Einigen Seelen reicht das bereits. Ihnen genügt es, sich einmal umzusehen und eine Verbindung zu spüren, ganz gleich wie kurz diese auch sein mag. Wir sollten bedenken, dass es der Mensch ist, welcher der Zeitlänge ein Werturteil beimisst. Für jene von uns, die eine geistige Form haben, ist alles eins. Wir beurteilen die Erfahrung nicht aufgrund der verstrichenen Zeit. Sie ist einfach.«

»Danke«, sagte ich. »Vielleicht wisst ihr, dass sich hier auf Erden eine Reihe von Tragödien abspielen zwischen Abtreibungen durchführenden Ärzten und Krankenschwestern einerseits und andererseits Menschen, die vor Abtreibungskliniken demonstrieren, diese sogar in die Luft sprengen und vereinzelt andere ermorden, weil sie Abtreibungen vornehmen. Könnt ihr dazu etwas sagen?«

»Diese Seelen arbeiten an ihrer Wut, ihrer Angst und all den Verhaltensweisen, die daraus entstehen. So mag eine Frau beispielsweise ihren Mann bei einem Überfall auf eine Abtreibungsklinik verlieren, aber auf der Seelenebene legte man in ihrem vorgeburtlichen Plan bereits fest, sie würde ihren Mann plötzlich und unerwartet verlieren.«

Nach meinem Verständnis wollte Stacis Geistführer uns mitteilen, der Verlust des Mannes als Folge eines Überfalls auf eine Abtreibungsklinik sei als Potenzial im vorgeburtlichen Lebensplan der Frau vorgesehen gewesen. Auf der Seelenebene hatte sie zugestimmt, dass ihr Mann auf irgendeine Weise einen frühen Tod erleiden würde. Ob sich der Tod ihres Mannes tatsächlich im Rahmen eines solchen Überfalls ereignen müsste, hing davon ab, ob der potenzielle Mörder fähig sein würde, die Wut oder Angst zu heilen, die er mit in seinen Körper gebracht hatte.

»Obwohl großer Schmerz die Folge wäre«, schloss der Geistführer, »wurde auf der Seelenebene der höhere Sinn des Ganzen verstanden, nämlich, dass jene Menschen, die an einem solchen Ereignis beteiligt sind oder von ihm berührt werden, große Fortschritte in der Verbindung zu ihren Seelen erzielen würden. Das komplizierte Netzwerk energetischer Fäden zwischen den individuellen Lebensformen lässt sich mit einem Saiteninstrument vergleichen: Wenn wir an einer Saite zupfen oder sie anschlagen, entsteht eine Schwingung, die den ganzen Körper des Instrumentes erfasst.

Auf der Seelenebene gibt es ein größeres Verständnis dafür, aus welchem Grund ein solches Ereignis stattgefunden hat und welches Wachstum bei den Beteiligten oder Zuschauern damit ausgelöst wird. Ein solches Ereignis findet stets seinen Widerhall in niemals endender Liebe, in Mitgefühl und Erkenntnis. Alles wird im größeren Ganzen absorbiert. Niemand muss eine solche Last alleine tragen, weil niemand es jemals tut.«

KAPITEL 4

Häusliche Pflege

Lange bevor ich mit der Recherche zu diesem Buch begonnen habe, wusste ich, dass eines der Themen, die ich ansprechen wollte, die vorgeburtliche Planung von Pflegesituationen sein würde. Mein Interesse an diesem Thema war bereits stark, noch bevor mein Vater krank wurde. Heute, wo mein Vater täglich mit einer ganzen Reihe schwerer körperlicher Probleme und zusätzlich mit seiner Angst und Verwirrung zu kämpfen hat, und sich meine Familie und ich mich um ihn kümmern, suche ich nach dem verborgenen Sinn dieser Situation. Dieses Kapitel ist Teil meiner Suche.

Weil die Wissenschaft Wege gefunden hat, das Leben zu verlängern, und weil Krankheiten wie Alzheimer immer zahlreicher auftreten, pflegen immer mehr Menschen ihre Angehörigen oder werden von ihnen gepflegt, oft über einen längeren Zeitraum. Als Seelen können wir uns an jedem Ort und zu jedem Punkt linearer Zeit inkarnieren. Wir entscheiden uns für die Umstände, die unserer Entwicklung am förderlichsten sind. Wer sich für die gegenwärtige Phase der menschlichen Geschichte entschieden hat, weiß vor seiner Geburt sehr wohl, dass es jetzt viele Gelegenheiten gibt, zu pflegen und gepflegt zu werden. Unabhängig davon, ob ein alter oder ein junger, ein körperlich oder ein geistig behinderter Mensch gepflegt wird, es entsteht daraus ein enormer Wachstumsschub.

Warum sollte jemand planen, die anstrengende und emotional enorm anspruchsvolle Aufgabe des Pflegens zu übernehmen? Warum sollte sich eine Seele eine Situation wünschen, in der sie von anderen gepflegt werden muss? Um Antworten auf diese Fragen zu finden, sprach ich mit Bob Barrett. Bob war zur Zeit unseres Gesprächs 70 Jahre alt und pflegte seine Frau Kathryn bereits seit 14 Jahren. Er hatte einen Monat nach seiner Pensionierung damit begonnen. Sowohl die Dauer der Pflege als auch die auffällige zeitliche Übereinstimmung weckten in mir den Verdacht, dass alles Teil eines größeren Plans sein könnte.

Vor unserem Gespräch hatte Bob mir bereits gesagt, das Übernehmen von Kathryns Pflege hätte ihn auf einen spirituellen Weg geführt und auf dem wäre er zu der Überzeugung gelangt, dass Kathryn und er eine vorgeburtliche Abmachung erfüllten. Diese neue Sichtweise ermöglichte es ihm, auch in außerordentlich schwierigen Momenten, in denen er am liebsten aufgeben würde, durchzuhalten. Ich fragte mich, auf welche Weise Bobs Wissen um den Plan ihn in seiner Entschlossenheit bestärkt und seine Erfahrung verändert hatte.

Bob

»Ich begegnete Kathryn im April 1958«, erinnerte sich Bob, »als wir Studienanfänger an der Michigan State University waren. Sie war wunderschön, intelligent und voller Selbstvertrauen. Kathryn flirtete gern und genoss jede Minute davon; sie gab sogar damit an, während ihres ersten Studienjahres jeden Abend eine Verabredung gehabt zu haben. Ihren Freundinnen erzählte sie, sie hätte sechs Heiratsanträge bekommen – einen sogar noch nach meinem!

Ich verliebte mich schon am ersten Abend in sie. Ich hatte ein Blind Date mit ihr auf einem Fest meiner Studentenverbindung. Zwischen uns funkte es sofort. Wir erzählten uns alles voneinander, witzelten und lachten uns halbtot. Als ich sie zum Abschied küsste, lehnte sie sich zurück und sagte, ich hätte keine Ahnung vom Küssen. Auf meine Bitte, es mir beizubringen, erwiderte sie, ich solle es an einem Spiegel üben. Bei unserer nächsten Verabredung zeigte sie mir dann eine Stunde lang, wie man küsst. Von da an waren wir unzertrennlich.«

Bob und Kathryn verlobten sich im letzten Studienjahr und heirateten direkt nach ihrem Abschluss. Ihre einzigen materiellen Besitztümer waren ihre Kleider, ein Auto, das Bobs Eltern ihnen zur Hochzeit geschenkt hatten, und 100 Dollar von seinen Großeltern. Im Laufe der Zeit schmiedete der fehlende materielle Reichtum ein festes Band zwischen den beiden, während sie daran arbeiteten, ihr erträumtes Leben Wirklichkeit werden zu lassen.

Nach der Hochzeit blieben sie weiter in der Stadt. Kathryn unterrichtete Fünftklässler und verdiente den Lebensunterhalt, Bob machte seinen Magister in Betriebswirtschaftslehre.

»Sie war eine tolle Lehrerin«, schwärmte Bob. »Sie hatte bereits drei Jahre Erfahrung, weil sie im Sommer Kinder aus ärmeren Stadtvierteln unterrichtete. Kathryn war ein sehr aktiver, lebhafter, versierter Mensch, voller Selbstvertrauen und entschlossen, sich ein besseres Leben aufzubauen als dasjenige, was sie als Kind einer Arbeiterfamilie gehabt hatte. Ihr Vater riet ihr anfangs davon ab, auf die Universität zu gehen, aber sie lieh sich Geld und erreichte ihr Ziel. Ich liebte und bewunderte sie für ihre Entschlossenheit und für das, was sie erreicht hatte.«

Bob und Kathryn bekamen einen Sohn, Christopher, und zwei Töchter, Wendy und Holly. Da Bobs Anstellung bei Mobil Chemical es erforderlich machte, viel unterwegs zu sein, oblag Kathryn die Hauptverantwortung für die Erziehung der Kinder. In ihrer Freizeit betätigte sie sich ehrenamtlich bei kirchlichen Anlässen, war in Büchergemeinschaften aktiv und entwickelte sich zur Gourmetköchin.

»In den ersten 35 Jahren unserer Ehe war Kathryn immer sehr auf ihr Äußeres bedacht«, erzählte Bob. »Sie setzte ihr gutes Aussehen ein, um gelegentlich zu flirten, dennoch hatten wir eine stabile, liebevolle Beziehung. Keiner von uns ließ jemals irgendetwas oder irgendjemanden zwischen uns kommen.«

Nach seiner erfolgreichen Karriere ließ sich Bob im April 1994 pensionieren. Im Mai flogen Kathryn und er zu einer Hochzeit nach Kalifornien. Nach der Feier aßen sie vor ihrem Rückflug noch im Flughafenhotel zu Abend. Da passierte etwas, das den Verlauf ihres Lebens für immer verändern sollte.

»Kathryn sagte: ›Du meine Güte, ich hab vergessen, meine Allergiemedikamente zu nehmen‹«, erinnerte sich Bob und seine Stimme wurde plötzlich sehr ernst. »Sie bat mich: ›Würdest du sie mir bitte aus unserem Zimmer holen?‹ Ich ging und brachte sie ihr. Sie nahm sechs oder sieben verschiedene Tabletten, dann bestellten wir. Wir aßen und unterhielten uns dabei.

Plötzlich merkte ich, dass nur ich noch redete. Ich blickte sie an und sah, dass sie mich nur anstarrte. Ich sagte: ›Kathryn.‹ Keine Antwort. ›Kathryn, ist alles in Ordnung?‹ Keine Reaktion. Ich langte über den Tisch, ergriff ihren Arm und schüttelte ihn ein bisschen. ›Was ist denn los, Liebes?‹ Keine Reaktion.«

Bob rief einen Krankenwagen und man brachte Kathryn ins Krankenhaus. Sie wurde mehrere Stunden lang beobachtet und dann entlassen, weil die Ärzte nichts Ungewöhnliches feststellen konnten.

Die beiden kehrten nach Hause zurück, aber Kathryn war ein anderer Mensch geworden. Sie kümmerte sich nicht mehr um den Haushalt, Bob musste dies übernehmen. Sie verlor das Interesse an ihren Freunden und ihren üblichen Aktivitäten. Eine chronische Skoliose, die bisher sehr leicht verlaufen war, wurde plötzlich extrem schmerzhaft. Die Ärzte vermuteten einen Schlaganfall, konnten dafür aber keine Hinweise finden.

»Ich konnte nicht mehr mit ihr kommunizieren«, berichtete Bob mit trauriger Stimme. »Sie sank immer tiefer in den Schmerz hinein. Sie bekam ein Medikament nach dem anderen, von Kodein über Valium bis hin zu Morphium.

Seit dem Vorfall in Kalifornien hat sich Kathryn dramatisch verändert. Ich weiß nicht mehr, wer sie ist. Wir hatten auf dieser Reise 1994 zum letzten Mal Sex. Sie würde die Intimität gern aufrechterhalten, die wir einst genossen haben, aber für mich ist das unmöglich, weil sie mir wie eine vollkommen Fremde erscheint.«

Bob erzählte weiter, dass Kathryn mittlerweile 18 Stunden am Tag schläft. Sie leidet aufgrund einer rheumatischen Polymyalgie und Osteoarthritis unter chronischen Schmerzen. Sie hat seit 15 Jahren nicht mehr gekocht, zeigt nichts von ihrem früheren Interesse am Essen oder der Zubereitung.

»Kathryn bewegt sich nur noch sehr wenig. Sah sie früher aufgrund ihrer Attraktivität jünger aus, wirkt sie heute älter, als sie ist. Verglichen mit früher wirkt sie kleiner, denn sie geht vornübergebeugt.«

Bob und Kathryn haben ein frustrierendes morgendliches Ritual entwickelt. Sobald sie aufwacht, fragt Bob, ob sie auf die Toilette müsse. Normalerweise gibt sie darauf keine Antwort. Bob wiederholt die Frage. Wenn Kathryn Ja sagt, begleitet er sie. Er fragt sie, ob sie danach wieder ins Bett möchte. Auch jetzt gibt sie meistens keine Antwort. Bob geht in die Küche und trinkt eine Tasse Kaffee. Wenn er ins Bad zurückkommt, fragt er sie, ob sie fertig sei. Wieder erhält er keine Antwort. Dann wartet er zehn Minuten, hilft ihr von der Toilette auf und bringt sie langsam zurück ins Bett.

»Dann verabreiche ich ihr die morgendliche Tablettendosis. Nachdem ich ihr das Valium gegeben habe, rühre ich die anderen Medikamente unters Apfelmus und gebe sie ihr mit dem Löffel. Sie fragt mich, was im Apfelmus ist. Zum tausendsten Mal sage ich es ihr. Wenn sie die Tabletten im Apfelmus eingenommen hat, fragt sie mich, wo ihr Valium ist. Zum tausendsten Mal erkläre ich ihr, dass sie es vor 15 Minuten genommen hat. Das führt normalerweise zum Streit, weil sie glaubt, ich würde ihr das Valium vorenthalten. Schließlich sage ich, es interessiere mich nicht, ob sie mir glaubt oder nicht, und sie bekäme kein zweites Valium.

Hat sich die Situation beruhigt, frage ich sie, ob sie Hunger habe. Keine Antwort. Nach ein paar Minuten frage ich wieder. Dann sagt sie: ›Warum? Hast du Hunger?‹ ›Bitte‹, sage ich, ›beantworte mir nur die Frage: HAST DU HUNGER? JA ODER NEIN?‹ Dann sagt sie: ›Was gibt es denn?‹ Ich antworte nicht, weil sie sich sowieso nicht erinnern kann an das, was ich ihr nenne.

Also gehe ich in die Küche, nehme alles Mögliche und zeige es ihr. Sie fragt, was das ist und was das ist. Dann probiert sie eine Zeit lang verschiedene Sachen, ohne mir zu zeigen, was sie möchte. Das kann bis zu 30 Minuten dauern. Frustriert verlange ich von ihr, sich zu entscheiden. Was sie schließlich auch tut, aber dann denkt, ich sei böse auf sie.«

Auch die Gespräche im Laufe des Tages sind nicht befriedigender. »Weil sie nicht mehr am Leben teilnimmt, hat sie auch keine Basis für irgendeine Unterhaltung«, merkte Bob an. »Unsere gemeinsame Zeit sieht so aus, dass ich ihr entweder erzähle, was ich gemacht, gelesen oder im Fernsehen gesehen habe, oder sie an irgendwelche Termine erinnere. Ich möchte ihr aus Büchern vorlesen, aber sie hat Mühe im Gedächtnis zu behalten, was ich ihr gerade vorgelesen habe.«

Bob sieht sich auch mit anderen Problemen konfrontiert, die über die tägliche Routine hinausgehen. Seit vielen Jahren ist er mit Kathryn regelmäßig in ihr Ferienhaus auf Marthas Vineyard gefahren. Jetzt sagt Kathryn die Reise häufig in letzter Minute ab, weil sie ihre Brille oder ihr Gebiss nicht finden kann. Als sie Bob kürzlich auf die Insel begleitete, zog sie sich während der gesamten zwei Wochen nicht an und verließ das Haus kein einziges Mal.

Zudem leidet Kathryn zuweilen unter Wahnvorstellungen. Einmal wachte Bob mitten in der Nacht auf, weil ihn Polizeibeamte mit ihren Taschenlampen blendeten. Kathryn hatte sie gerufen und behauptet, er würde eine Frau auf dem Dachboden gefangen halten. Sie forderte die Polizisten auf, das Haus zu durchsuchen. Als die Beamten ihr sagten, dass auf dem Dachboden niemand wäre, erzählte sie ihnen, die Frau müsse über eine geheime Treppe geflohen sein, die Bob gebaut habe. Bis heute ist Kathryn überzeugt, dass jemand auf dem Dachboden wohnt. Vermisst sie ein Kleidungsstück oder ein Schmuckstück, glaubt sie, die Frau habe es gestohlen.

Nach einigen solchen Erlebnissen war Bob in Tränen aufgelöst, und vor Jahren hatte er sich ernsthaft überlegt, Kathryn zu verlassen. Vor allem, weil die Kinder den Großteil der Pflege ihm überließen. Obwohl er es nicht ganz ernst meinte, spielte er doch von Zeit zu Zeit mit Selbstmordgedanken. Aber statt Kathryn zu verlassen oder sich etwas anzutun, traf Bob die Entscheidung, sich auf eine intensive spirituelle Forschungsreise einzulassen.

»Da ich eine Menge Fragen, aber keine Antworten hatte, begann ich zu lesen«, sagte er.

Bob begann, Bücher über körperlichen Schmerz zu lesen, und studierte die Werke von Norman Cousins und John Sarno. Er erfuhr von der engen Verbindung zwischen Körper und Geist, Gefühlen und Gesundheit. Dann schickte ihm sein älterer Bruder eines Tages das Buch *Gespräche mit Gott.*[11] Das führte zu einem Durchbruch.

»Ich las das Buch – und alles, was darin stand, schien auf mein Leben zuzutreffen«, erklärte Bob. »Also las ich auch die anderen Bücher von Neale Donald Walsch. Ich las jedes seiner neun Bücher wohl ein halbes Dutzend Mal. Und dadurch *erinnerte* ich mich an Reinkarnation. Das führte mich zu der Überzeugung, dass das, was ich erlebte, kein Zufall sein konnte.«

Bob wollte seinen geistigen Horizont erweitern und beschäftigte sich mit den Schriften von Brian L. Weiss, Gary Zukav und vielen anderen. Er las und las und las. Zudem begann er über die Veränderungen zu meditieren, die er an Kathryn bemerkte, und gewann weitere tiefe Einsichten.

»Ich bekam das Gefühl, als ob Kathryn dies alles tat, damit ich spiritueller würde, damit ich lernen würde, dass ich nicht

[11] Neale Donald Walsch: *Gespräche mit Gott. Vollständige Ausgabe.* Goldmann Arkana, München 2009

alles unter Kontrolle haben kann, und das Leben so anzunehmen, wie es ist«, erklärte er mir. »Daraus entstand die Überzeugung, dass Kathryn zugestimmt hatte, dies aus Liebe zu mir zu tun. Sobald ich einmal verstanden hatte, dass alles Teil eines Plans war, veränderte sich alles. Etwas, das vorher unerträglich frustrierend gewesen war, wurde zum einen erträglich und zum anderen sogar wünschenswert.«

»Bob«, fragte ich, »was würdest du jenen Menschen sagen, die nicht an Reinkarnation oder vorgeburtliche Lebensplanung glauben?«

»Ob man nun daran glaubt, dass es einen Plan gibt oder nicht, der Plan wird sich erfüllen – zu unserem Nutzen. Mir hilft es, von der Existenz der Reinkarnation überzeugt zu sein und zu wissen, dass Kathryn vor unserem Eintritt in diese Inkarnation zugestimmt hat, pflegebedürftig zu werden und es mir so zu ermöglichen, ihr Vollzeitpfleger zu werden und die Lektionen der Güte und Geduld, des Mitgefühls und der Liebe zu lernen. Ich bin überzeugt, wenn wir dabei bleiben, werden sich unsere Seelen weiterentwickeln.«

Bobs Sitzung mit Barbara und Aaron

Es war offensichtlich, dass Bob die tiefere Bedeutung und den Sinn seiner Erfahrung mit Kathryn erkannt hatte. Aber er und Kathryn hätten doch auch an anderen Lebensthemen arbeiten können und dies gemeinsam mit anderen Seelen. Warum hatten sie einander ausgesucht und warum hatten sie sich ausgerechnet für diese Lektionen entschieden? Ich hoffte, Aaron würde mir diese Fragen beantworten können. Ich hoffte zudem, dass er uns Einsichten gewähren würde, von denen viele Menschen, die Angehörige pflegen, profitieren könnten. Was können sie tun, um die Bedeutung dieser anstrengenden Arbeit zu erkennen, einen Sinn darin zu finden und sie vielleicht sogar umzuwandeln?

Unsere Sitzung begann mit einigen Augenblicken der Stille, in denen Barbaras Bewusstsein beiseitetrat und Aaron ihren Körper übernahm.

»Ich sende euch meinen Segen und meine Liebe. Ich bin Aaron.« Sofort spürte ich, dass von ihm eine große Wärme ausging. »Was ich euch geben kann, ist meine persönliche Sichtweise. Ich kann nicht garantieren, dass dies die absolute Wahrheit ist, es ist das, was ich als Wahrheit erkannt habe. Wenn es für euch nicht wahr klingt, dann ignoriert es einfach.«

Aaron bat Bob um seine und Kathryns Geburtsdaten, damit er einen Anhaltspunkt hatte, wo er in der Akasha-Chronik suchen sollte. Durch das »Lesen« der Chronik würde er alles über die Gedanken, Worte und Handlungen dieses und früherer Leben erfahren, die für Bob und Kathryn wichtig sind.

Wir warteten einige Sekunden, während Aaron die Einzelheiten verarbeitete. Obwohl er jetzt im Besitz aller Informationen war, stellte er Bob dennoch eine Reihe von Fragen über Kathryns Gesundheitszustand und ihr gemeinsames Leben. Auf diese Weise versuchte er wohl, eine Vertrauensbasis herzustellen und zusätzliche Einsichten zu gewinnen, indem er die Gefühle wahrnahm, die Bobs Antworten zugrunde lagen. Als er fertig war, erzählte er uns von seinen Eindrücken.

»Das alles ist für dich sehr schwer, denn du hast tatsächlich deine Frau verloren«, sagte Aaron zu Bob. »Du bist an eine Frau gebunden, die dir in vielerlei Hinsicht vollkommen fremd geworden ist. Du musst oft einsam, wütend, verwirrt und frustriert sein. Deshalb möchte ich, dass du deine Aufmerksamkeit darauf richtest, auf welche Weise dies alles vor eurer Inkarnation geplant war.

Aber ich will dein Augenmerk auch auf Kathryns Situation lenken, weil ich glaube, dass eine gewisse Heilung möglich ist. Barbara, durch deren Körper ich spreche, war in einem brasilianischen Heilzentrum bei einem Mann namens John of God. Viele verschiedene Heilwesen bewohnen Johns Körper und arbeiten durch ihn.

Jeder Mensch hat positive und negative Anteile, bei den meisten Menschen halten sich diese Anteile in etwa die Waage. Menschen versuchen, positiver zu werden und einige ihrer alten negativen Eigenschaften abzulegen. Das ist Teil dessen, was du tust, indem du Kathryn pflegst. Ein Mensch muss nicht besonders negativ sein, um die Tür zur äußeren Negativität zu öffnen. Mir gefällt das Wort ›Besessenheit‹ nicht, aber ich kenne kein anderes Wort für dieses Phänomen. Ich sehe deutlich, dass eine Wesenheit Kathryns Körper mit ihr teilt, und da könnte die Arbeit von John of God sehr nützlich sein. Dort würdet ihr Hilfe finden, um diesen Geist zu befreien. Das wäre nicht nur ein Dienst an Kathryn, sondern auch an dem Geist, der sich in ihrem Körper niedergelassen hat und sich von ihr lösen muss.«

Ich war angesichts dieser Enthüllung vollkommen schockiert. Ich war noch nie jemandem begegnet, der seinen Körper ohne sein Wissen und ohne sein Einverständnis mit einem anderen Bewusstsein geteilt hat. Eine ausführliche Erörterung negativer Wesenheiten würde den Rahmen dieses Buches sprengen, aber ich sollte vielleicht doch erwähnen, dass jemand, dessen aurisches Feld durch Krankheit, Drogen oder Alkohol geschwächt ist, leichter »besessen« werden kann. Einem Menschen mit gesundem Energiekörper wird so etwas kaum zustoßen.

Angst ist ein sehr starker Magnet, und wenn man Angst vor solchen Wesenheiten hat, zieht man sie geradezu magisch an.

Aus diesem Grund sollte man mit Ängsten auf dieselbe Weise verfahren, wie man sein Auto parkt. Man zieht den Zündschlüssel, verschließt die Türen und macht mit seinem Leben weiter, ohne auch nur eine Sekunde daran zu denken, dass der Wagen womöglich gestohlen werden könnte. Wir befassen uns mit einem Problem, wenn es auftaucht, aber wir rufen es nicht herbei, indem wir Angst davor haben oder uns ständig damit beschäftigen.

Unsere Angst kann auch gemildert werden, sobald wir Mitgefühl mit der negativen Wesenheit empfinden. Mitgefühl kann entstehen, wenn wir uns in Erinnerung rufen, dass eine solche Wesenheit ja selbst leidet. Sich an ein anderes Wesen klammernd, versucht sie, ihr Leiden zu lindern und Erleichterung zu finden. Eigentlich sollten wir deshalb den Begriff »negative Wesenheit« durch »leidendes Wesen« ersetzen.

»Aber nun wollen wir zu Kathryn und dir und zu eurem Karma aus früheren Leben zurückkommen«, fuhr Aaron fort. »Jeder von euch hat ein bestimmtes Karma, und ihr habt euch vorgenommen, ein Leben mit bestimmten Herausforderungen anzunehmen, aber das Wesen der Herausforderung ist nicht genau festgelegt. So hätte Kathryn nicht unbedingt krank werden müssen, vielleicht wäre sie von einem Lastwagen angefahren worden oder sie hätte einen genetischen Defekt haben können, der erst später in ihrem Leben zum Vorschein gekommen wäre. Aber das alles ist für eure Situation ziemlich irrelevant, wohingegen es in anderen Fällen entscheidend sein kann. So hatte Barbara ja ihre Taubheit aus einem bestimmten Grund. Sie entschied sich vor ihrer Geburt, taub zu sein.[12] Kathryn hat sich nur entschieden,

[12] Weitere Informationen über Barbaras vorgeburtlichen Plan finden Sie in der Einführung.

auf Hilfe angewiesen zu sein, aber nicht, wie es dazu kommen sollte, und für dich gab es nur die Entscheidung, dich um sie zu kümmern. Warum? Warum habt ihr euch dafür entschieden?

Ihr inkarniert euch nicht, um es euch hier gemütlich oder bequem zu machen. Ihr inkarniert euch vor allem, um zu lieben, um altes Karma auszugleichen und aufzulösen und neue, gesündere Muster zu erschaffen.«

Aaron hatte eine wichtige Unterscheidung zwischen »Karma ausgleichen« und »Karma auflösen« getroffen. Wir gleichen unser Karma aus, wenn wir so handeln, dass wir das, was wir in früheren Leben getan haben, ins Gleichgewicht bringen. Wir lösen Karma auf, indem wir die diesen Handlungen zugrunde liegenden Glaubensmuster, Einstellungen und Charaktereigenschaften korrigieren, die überhaupt erst dazu geführt haben, dass Karma entstanden ist. Ohne das Letztere werden wir höchstwahrscheinlich alte Verhaltensmuster wiederholen und mehr vom selben Karma erzeugen.

»Ich werde euch etwas über zwei frühere Leben erzählen«, fuhr Aaron fort. »Im ersten dieser beiden Leben waren Kathryn und du verheiratet, aber ihr wart vom jeweils anderen Geschlecht. Du warst weiblich (die Mutter) und sie war männlich (der Vater). Ihr hattet ein wunderschönes Kind, das bis zum Alter von fünf Jahren vollkommen gesund war. Dann zog sich eure Tochter eine Krankheit vergleichbar der Kinderlähmung zu. Sie war gelähmt und ihr habt sie rund um die Uhr gepflegt. Ihr hattet noch zwei weitere Kinder, die, damit sie sich nicht ansteckten, für eine Weile weggeschickt wurden und einige Monate später wiederkamen. Euer ganzes Leben drehte sich um die Pflege des kranken Kindes, das du sehr geliebt hast. Aber da du es nicht ertragen konntest, das Kind in dieser Lage zu sehen, hast du die beiden jüngeren Kinder genommen, bist gegangen und hast die Pflege des kranken Kindes dem Vater überlassen, der heute Kathryn ist. Tief im Innern warst du sehr unglücklich über diese Entscheidung. Ein Teil deines vorgeburtlichen Lebensplans bestand darin, dieses Mal zu bleiben und dich um sie zu kümmern. So einfach ist das.

Du sollst nicht lernen, dies alles stoisch zu ertragen, Bob, du sollst lernen, es aus Liebe zu tun. Ich sehe, dass du es aus Liebe tust. Du kümmerst dich um sie und sie weiß es. Bis zum jetzigen Zeitpunkt hast du schon einen großen Teil des Karmas ausgeglichen und aufgelöst. Du wirst sie nicht verlassen.«

Ich war hocherfreut, als ich dies hörte. Durch die Liebe zu Kathryn und seinen Dienst an ihr hatte Bob nicht nur einen Großteil des im früheren Leben erzeugten Karmas ausgeglichen, er hatte auch die verborgene Neigung geheilt, aus schwierigen Situationen zu flüchten. In seinem jetzigen Leben hat er eine andere Entscheidung getroffen.

»Eure Situation muss nicht so schwierig sein, wie sie jetzt ist«, gab Aaron bekannt. »Ich werde gleich noch darauf zu sprechen kommen. Zuerst möchte ich aber über das andere Leben reden. In jenem Leben war Kathryn die Mutter und du, Bob, warst ihr Sohn. Sie war eine sehr liebevolle und wunderschöne Frau. Dein Vater war ein paar Jahre zuvor gestorben. Du hattest keine Geschwister. Als du 16 warst, wurden deine Mutter und du in einen Kutschenunfall verwickelt, demzufolge sie teilweise gelähmt war.

Du hattest bereits die Aufgaben deines Vaters übernommen und musstest dich nun auch noch um deine Mutter kümmern, die in diesem Leben Kathryn ist. Und du hast es getan, Bob. Einige Jahre später hast du zwar geheiratet, aber deine Mutter zog bei euch ein. Du warst gezwungen, deine Aufmerksamkeit zwischen deiner Mutter und deiner Frau zu teilen. Aufgrund der gesamten Situation hast du tief im Innern starke Ressentiments gehegt. Du hattest zwar deinen Lebensplan insoweit erfüllt, als du deine Mutter gepflegt hast, aber du warst nicht in der Lage, es aus und mit Liebe zu tun. Vereinfacht gesagt, in deinem jetzigen Leben solltest du es aus und mit Liebe tun. Aus und mit Liebe bedeutet nicht, dass du niemals Groll oder Schmerz spüren wirst. Und die Liebe muss nicht nur dem anderen gelten, sondern auch dir selbst. Du musst dich um dich selbst ebenso kümmern wie um Kathryn. Ein großer Teil des Planes für dieses Leben bestand darin, sich in eine schwierige Situation zu begeben und diese Schwierigkeiten mit Liebe zu meistern.«

»Aaron, welchen Anteil hatte Kathryn an diesen Plänen?«, fragte ich. »War sie einverstanden, behindert zu sein, um Bob die Möglichkeit zu geben, diese Herausforderung in Liebe zu meistern?«

»Ja«, antwortete Aaron. »Im Grunde, ja. In diesem Leben war laut ihrer Abmachung vorgesehen, dass für Kathryn irgendetwas zu einer Behinderung führen würde, damit Bob die Chance zum Üben bekäme. Das mag scheinbar eine große Last für Kathryn sein, aber denkt bitte daran, dass in absoluten Maßstäben gemessen ein Leben so kurz wie ein Fingerschnippen ist.

Auch Kathryn lernt etwas. Im ersten Leben, das ich erwähnt habe, war der Vater (Kathryn) sehr zornig, weil er sich im Stich gelassen fühlte. Im zweiten Leben – als Mutter, die den Unfall hatte – fühlte sie sich unwürdig, um Pflege und Liebe zu erbitten. Sie wäre am liebsten einfach verschwunden. Sie wollte ihrem Sohn nicht zur Last fallen. Und weil du Groll empfunden hast, Bob, verspürte auch sie Groll. Sie nutzte deine negative Energie, um damit ihre Wut auf ihre Behinderung zu füttern.

In diesem Leben scheint es wieder so, als ob sich Kathryn erneut in die Finsternis begeben hätte. Du trägst nichts dazu bei, aber es gibt Möglichkeiten, wie du ihr aus der Finsternis heraushelfen kannst. Rede immer mit der alten Kathryn, auch wenn du nicht viel von ihr zu sehen bekommst. Versuche, sie aus dieser Finsternis herauszuholen. Lade sie ein herauszukommen.«

Bob antwortete: »Ich habe das starke Gefühl, dass ich ihre Entscheidungen akzeptieren soll. Ich frage mich, inwieweit ich darauf bestehen oder sie dazu überreden soll, Dinge zu tun, die sie aus der Finsternis herausbringen würden.«

»Das ist eine wichtige Frage«, gab Aaron zu. »Du kannst sie nicht zwingen, aber Liebe hält die Tür immer offen. Es ist in Ordnung, zwei- oder dreimal am Tag, wenn sie wach ist, zu sagen: ›Es ist so schön draußen. Komm lass uns doch spazieren fahren.‹ Diese Art des ständigen, liebevollen Aufforderns trägt dazu bei, ihre Aufmerksamkeit von der Negativität abzulenken, die in ihr steckt. Wir sollten die Negativität nicht als externe Wesenheit verstehen, die von ihr Besitz ergriffen hat, sondern einfach als Negativität. Je stärker du Negativität mit Negativität und Anspannung begegnest, desto mehr Energie gibst du ihr. Je mehr du Negativität mit Güte begegnest, desto rascher verliert sie ihre Energie.«

Aaron hatte damit auf einen wichtigen Punkt hingewiesen. Negative Geister, die an die Erde gebunden sind, können aus dem Haus eines Menschen vertrieben werden, indem man ihnen Liebe schickt. Ihr Unbehagen angesichts der hohen Schwingung der Liebe führt dazu, dass sie das Haus verlassen. Wir sollten auch noch Folgendes beachten: Wenn ein geliebter Mensch krank ist, dann sollte man seinen negativen Gefühlen, die er in Bezug auf seine Krankheit hat, keine Nahrung geben.

»Denke bitte daran«, sagte Aaron zu Bob, »es gibt etwas Positives in Kathryn. Stell dir vor, sie wäre ein Fenster, das so verschmutzt ist, dass du nicht hindurchschauen kannst. Du musst es immer wieder putzen und weißt doch, seinem Wesen nach ist das Fenster durchsichtig und strahlend klar. Lass sie wissen, dass du diese Klarheit und dieses Strahlen in ihr siehst. Sei ihr ein Spiegel. Hilf ihr, sich selbst darin zu sehen.«

Aaron erinnerte Bob daran, wie jeder von uns ist Kathryn ein Wesen, das aus Licht besteht und in seiner Essenz heilig ist. Er erinnerte uns daran, dass wir in anderen jene Eigenschaften hervorbringen können, auf die wir unser Augenmerk richten. Wenn wir uns auf das Licht in einem Menschen konzentrieren, verstärken wir es.

»Aaron«, fragte ich, »gab es noch andere Leben, die eine wichtige Rolle für den vorgeburtlichen Lebensplan von Bob gespielt haben, sich um Kathryn zu kümmern?«

»Es gibt viele frühere Leben. Denk einmal an eine Computersuchmaschine. Tippst du ein Wort ein, erhältst du vielleicht 327 000 Treffer, wobei die wichtigsten ganz oben auf der Liste stehen. Ich habe nur die herausgesucht, die am wichtigsten sind. In einem Jahr oder vielleicht schon nächste Woche kommt ein anderes früheres Leben zum Vorschein. Ändert sich etwas an der Beziehung von Bob und Kathryn, rutscht womöglich ein anderes früheres Leben auf die Spitzenposition.«

»Du hast gesagt, dass die Details der Herausforderung nicht vorher festgelegt werden. Warum ging es hier um eine Krankheit und nicht zum Beispiel um einen Autounfall?«

»Es war nicht völlig willkürlich«, antwortete Aaron, »verschiedene Faktoren spielten eine Rolle. Im zweiten Leben mit Bob hatte Kathryn einen schweren Unfall und war fortan behindert. Sie hatte damals starke körperliche Schmerzen, daher gab es beim Planen dieses Lebens einen starken Drang in ihr, der gleichsam sagte: ›Ich erkenne an, dass es notwendig ist, funktionsunfähig zu sein, aber dieses Mal bitte ohne die furchtbaren körperlichen Schmerzen.‹

Außerdem war Kathryn in einem Leben ohne Bob eine Frau, deren Mann einen Schlaganfall erlitt und halbseitig gelähmt blieb. Kathryn pflegte zwar ihren Mann, war aber sehr ungeduldig, da er sich nur mehr schlecht bewegen konnte, und frustriert angesichts dessen genereller Bedürftigkeit. Deshalb musste sie die Erfahrung eines Lebens machen, in dem sie funktionsunfähig war, um Mitgefühl für sich selbst und für den Mann aus dem früheren Leben zu entwickeln.«

»Kannst du noch etwas darüber sagen, inwiefern die Krankheit und die Pflegebedürftigkeit Kathryns Wachstum gefördert haben?«, bat ich.

»In jenem Leben, wo die Mutter (Bob) den Vater (Kathryn) mit dem an Kinderlähmung erkrankten Kind im Stich gelassen hatte, wollte Kathryn ebenfalls gehen, besaß aber genug Verantwortungsbewusstsein, um zu bleiben. Dennoch hegte sie einen tiefen Groll auf das kranke Kind und behandelte es oft sehr grob. Kathryns Seele war sich bewusst, dass sie eine Einschränkung ihrer Möglichkeiten erfahren und Angst vor der Grobheit eines anderen haben müsste. Genau das tat sie im nächsten Leben, von dem ich erzählt habe: Sie hatte einen Kutschenunfall. Weil sie selbst unterschwelligen Groll auf sich spürte, war sie hilflos. Sie ließ zu, dass sie tiefer in die Gefühle der Wertlosigkeit sank, verschiedene ungesunde Eigenschaften entwickelte und anderen die Schuld an ihrer Situation gab. Zwar musste sie in die Beziehung zu Bob zurückkommen, aber sie entschied sich für eine weniger schmerzhafte und weniger einschränkende Behinderung. Sie wusste nicht, was sie von Bob bekommen würde, ob er ihr gegenüber wieder Ressentiments verspüren oder ob er diese jetzt überwunden haben würde. Was auch immer sie bekommt, ihre Aufgabe besteht darin, nicht in Selbstmitleid zu versinken und sich in Gefühlen der Wertlosigkeit und Verzweiflung zu ergehen.«

Jetzt waren wir bei einem Thema angelangt, dem ich bei der vorgeburtlichen Lebensplanung immer wieder begegnen sollte: Eine Seele, die auf eine Herausforderung in einem früheren Leben reagiert hat und Gefühle oder Überzeugungen der eigenen Wertlosigkeit entwickelte, strebt eine ähnliche Erfahrung in einem anderen Leben an, um sich darüber zu erheben und ihren eigenen unbegrenzten Wert zu erkennen. Unabhängig von den konkreten Umständen oder Herausforderungen einer Inkarnation wünschen wir uns als Seelen vor unserer Geburt, die Erinnerung an die uns innewohnende Herrlichkeit zu bewahren, während wir im Körper sind.

»Warum fing Kathryns Krankheit einen Monat nach Bobs Pensionierung an?«, fragte ich. »Das kann doch kein Zufall gewesen sein.«

»Sie begann zu diesem Zeitpunkt, weil sich die beiden entschieden hatten, das Leben zuvor nicht durcheinanderzubringen, und Bobs Karriere, die Möglichkeit Geld zu verdienen, das Familienleben und die Erziehung der Kinder nicht zu gefährden. Bob, du würdest vielleicht sagen, dir wurde der Teppich unter den Füßen weggezogen, weil alles so plötzlich geschah und weil du dich so sehr auf deine Pensionierung gefreut hattest, aber das alles war Teil des Plans. Bob hatte vor der Geburt Angst gehabt, er könnte Kathryn im Stich lassen, wenn das alles zu früh in ihrem Leben geschehen würde. Es musste zu einem Zeitpunkt geschehen, an dem klar war, dass er sie nicht verlassen würde und könnte.«

»Die Pflegevereinbarung wurde mit Kathryn, aber nicht mit den Kindern getroffen«, fügte Aaron noch hinzu. »In einer anderen karmischen Situation hätte sie auch mit einem der Kinder getroffen werden können.«

»Manche Menschen verurteilen möglicherweise Bobs Kinder, die sich nicht aktiver an Kathryns Pflege beteiligen.«

»Da keiner von euch die vorgeburtlichen Lebenspläne bis ins letzte Detail kennt, stellt sich die Frage: Wo bleibt euer Mitgefühl? Wenn jemand merkt, wie er über andere urteilt, kann er sich fast sicher sein, dass es ein Teil seines Lebensplans war, in eine Situation zu geraten, in der er urteilt, um geschickt mit seiner Kritik umzugehen, sich von ihr zu lösen und tiefere bedingungslose Liebe gegenüber sich selbst und anderen zu entwickeln.«

»Aaron«, sagte ich, »bitte sag etwas zu den Menschen, die ihre Angehörigen pflegen und sich dabei überfordert fühlen und wütend sind oder die einfach nicht verstehen können, was geschehen ist.«

»Meine Lieben, es ist kein Wunder, dass ihr wütend seid; es ist kein Wunder, dass ihr Groll verspürt. Bitte denkt daran, das Leben möchte euch immer etwas lehren. Es gibt immer etwas, das ihr lernen sollt, und es hat fast immer damit zu tun, sich selbst und andere mehr zu lieben. Wenn Ressentiments hochkommen, beobachtet einfach, wie ihr darauf reagiert. Möchtet ihr dem anderen die Schuld an der Krankheit geben? Meldet sich dann das Selbst und sagt: ›Sie können nichts dafür, ich sollte ihnen nicht die Schuld geben‹?

Achtet darauf, wie der Verstand versucht, irgendjemanden anzugreifen: entweder den anderen oder euch selbst. Ihr könnt euch sicher sein, dass ihr in der Situation seid, weil ihr euch entschieden habt, auf neue, gesündere Weise mit Wut und Groll umzugehen. Könnt ihr euer Herz für euch selbst und euer eigenes Wesen öffnen? Könnt ihr es für die anderen und ihren Schmerz öffnen? Könnt ihr in die Weite des

Mitgefühls eintreten und aus dieser Weite heraus beobachten, wie der Verstand anfängt zu urteilen? Macht euch dieses Wissen zu eigen: ›Ich muss nicht alles glauben, was ich denke. Nur weil der Verstand einen Gedanken des Grolls oder der Wut auf mich selbst denkt, muss ich mich doch nicht auf diese Geschichte einlassen.‹ Wenn ihr das tut, wird daraus größeres Mitgefühl resultieren.«

»Aaron«, hakte ich nach, »viele Menschen pflegen Angehörige mit Alzheimer. Was kannst du ihnen sagen? Und warum ist die Alzheimerkrankheit heutzutage so weit verbreitet?«

»Alzheimer kommt in der Gegenwart so häufig vor, weil die Menschen lange genug leben, um die Krankheit zu bekommen«, antwortete Aaron. »Wenn jemand in eine Inkarnation eintritt, dann gibt es vorher eine Abmachung, jedoch besitzt jedes Wesen auch einen freien Willen. Verpflichtet einen die Abmachung, eine Pflegeperson zu sein, kann sich diese entscheiden zu gehen. Alzheimer entwickelt sich nur allmählich, ganz im Gegensatz zu einem Schlaganfall oder einem Unfall, die plötzliche Hilflosigkeit zur Folge haben können. Wenn es offensichtlich wird, dass der andere sich als Pflegeperson zurückzieht, kann die Person, die Alzheimer entwickelt, damit aufhören und die Krankheit nicht ausbilden oder nur in einer milderen Form.«

Aarons Aussagen stimmten mit meinen Erkenntnissen über die vorgeburtliche Planung überein. Für eine Seele, welche die Erfahrung machen möchte, sich von einem anderen pflegen zu lassen und von ihm abhängig zu sein, sich aber vor der Geburt nicht sicher ist, wie der Pflegende später darauf reagieren wird, kann das allmähliche Einsetzen der Krankheit eine Art Probezeit darstellen, um herauszufinden, ob die erwünschte Erfahrung tatsächlich erschaffen werden kann.

»Viele Menschen haben sich vor der Geburt entschieden,

Alzheimer zu bekommen, weil die Krankheit das Leben in gewisser Hinsicht vereinfacht«, fuhr Aaron fort. »Man muss dann nicht mehr planen; es gibt keine Vergangenheit oder Zukunft mehr; man muss sich also nicht mehr so viele Sorgen wegen gestern oder für morgen machen. Die Absicht kann darin bestehen, zu lernen, wie man in der Gegenwart lebt.

Du hast mich gefragt, welchen Rat ich den Menschen geben kann, die einen Angehörigen mit Alzheimer pflegen. Einfach den, sich stets bewusst zu sein, eine wunderschöne Seele zu pflegen. Die Pflegeperson erhält das Geschenk, beobachten zu können, wie Groll, Trauer und Wut immer wieder hochkommen, und sie die Gelegenheit hat, sich dafür zu entscheiden, ihre liebevollen Worte und Handlungen nicht durch den eigenen Schmerz, durch Groll, Trauer und Wut verdrängen zu lassen. Das Verhalten des Alzheimer-Patienten wird sich damit nicht immer verändern, aber manchmal tut es genau das. Je besser der Pflegende in der Lage ist, auf die Bedürfnisse des Kranken zuverlässig und mit Geschick und Güte einzugehen, desto mehr wird sich die Angst des Kranken auflösen. In gewisser Hinsicht ist die Angst ein Gradmesser der eigenen Gefühle. Aber manchmal sind die Gefühle einfach sehr stark, ganz gleich, was ihr auch tut. Dann habt ihr die Gelegenheit, euch daran zu erinnern, es nicht persönlich zu nehmen.«

»Aaron, wie kann Bob wissen, wann er sein ganzes Karma mit Kathryn ausgeglichen und aufgelöst hat? Und wie können wir generell wissen, wann wir das Karma, das wir mit der zu pflegenden Person haben, ausgeglichen und aufgelöst haben?«

»Rob, wenn du Stress oder Angst hast, zieht sich dein Körper zusammen. Das äußert sich manchmal in Form von Herzproblemen, erhöhtem Blutdruck, Weichteilrheumatismus oder Erkrankungen des Immunsystems. Wenn du die Fähigkeit besitzt, geschickt mit Stress umzugehen, kannst du die Offenheit, also die Abwesenheit von Enge im Körper, spüren. Du kannst lernen, dieses ›Körper-Barometer‹ zu lesen. Die Frage ist: Reagiere ich nur auf den Stress oder bin ich in der Lage, ihn zu beobachten, ohne dass sich der Verstand zwanghaft damit beschäftigt, aggressiv wird, sich vor Angst zusammenzieht?

Das wird einem ganz klar, wenn man einfach von Tag zu Tag mit so viel Güte wie möglich in Liebe, Anmut und Leichtigkeit lebt. Jemand, der einen Kranken eine Zeit lang pflegt, und dessen Verstand sich nicht mehr zwanghaft mit der Situation beschäftigt, weder den anderen noch sich selbst angreift, der kann sich ziemlich sicher sein, dass das Karma ausgeglichen und aufgelöst ist.«

Aaron wandte sich nun direkt an Bob, der seinen Worten still gelauscht hatte.

»Bob, lass mich noch etwas hinzufügen. Wenn Kathryn einen ihrer klareren Momente hat, kannst du sie an Folgendes erinnern: ›Manchmal wirst du wütend, bist ängstlich und verhältst dich feindselig. Ich möchte, dass wir uns jetzt, wo wir einen klaren Moment haben, darauf einigen, was ich tun kann, um dir in einer solchen Situation zu helfen, dein wahres, liebendes Zentrum zu finden.‹ Vielleicht reicht es ja schon aus, wenn du einfach bei ihr sitzt und mit ihr redest, ihr über das Haar streichst, sie hältst und sagst: ›Ich liebe dich‹. Wenn du das tust und sie dann wütend wird, dann musst du natürlich nicht sitzen bleiben und dich schlagen lassen. Aber wenn du das oft genug wiederholst, wird sie sich vielleicht entspannen können. Wenn sie ruhig ist, musst du ihr erklären, was du vorhast, wenn sie erregt ist.«

»Wenn ich in die Zukunft schaue«, erwiderte Bob, »dann hoffe ich, dass Kathryn vor mir auf die andere Seite geht, damit ich sie bis zum Ende pflegen kann. Steht im Plan irgendetwas darüber?«

»Ich höre deine Frage«, sagte Aaron mit sanfter Stimme, »und so leid es mir tut, aber in dieser Hinsicht wurde keine Entscheidung getroffen. Es gibt einfach zu viele Möglichkeiten. Es ist deine Absicht, bei ihr zu bleiben. Es ist wichtig für dich, dass du Vertrauen entwickelst, da du dir dies nun einmal vorgenommen hast. Wenn es in irgendeiner Weise anders kommen sollte, dann gibt es dafür einen Grund.

Bob, du arbeitest schwer daran, das alte Karma auszugleichen und es aufzulösen. Dafür wirst du geehrt und respektiert. Bitte ehre und respektiere dich auch selbst.

Ich danke dir, Rob, mein Bruder. Meinen Segen und meine Liebe für euch alle. Wenn ihr keine weiteren Fragen habt, überlasse ich nun Barbara wieder ihren Körper.«

Bobs Sitzung mit Staci

Dank seiner Liebe und seines Mitgefühls hatte Aaron uns geholfen, Bobs und Kathryns vorgeburtlichen Lebensplan zu verstehen. Um herauszufinden, was wir sonst noch über das Pflegen erfahren könnten, baten Bob und ich Staci und ihren Geistführer, sich auf die Unterhaltung einzustimmen, die zwischen Bob und den Mitgliedern seiner Familie vor ihrer Geburt stattgefunden hatte. Staci und ihr Geistführer taten dies zweimal: Auf eine längere Sitzung folgte noch eine ergänzende, sehr kurze zweite. Die beiden Sitzungen werden hier nacheinander wiedergegeben.

Welche karmischen Themen Staci wohl in Bobs Leben entdecken würde, fragte ich mich. Was würde uns die vorgeburtliche Planungssitzung offenbaren? Da wir mit Aaron kaum über Bobs und Kathryns Kinder gesprochen hatten, wollte ich, dass Staci ihren Worten bei der Planungssitzung besondere Aufmerksamkeit schenkte. Warum hatten sie vor der Geburt zugestimmt, ein Elternteil zu haben, das behindert ist? Und was würde Stacis Geistführer uns darüber erzählen, wie unsere nicht physische Heimat Pflegen und Gepflegtwerden betrachtet?

»Bob«, begann Staci, »du wirst gleich etwas über die karmischen Lektionen erfahren, auf die sich deine Seele in diesem Leben konzentrieren wollte, und über jene Aspekte deiner Persönlichkeit, die deine Seele ändern oder einfach nur ausleben wollte. Betrachte dein Leben und deine früheren Leben einfach als die Handlung eines Buches und dein Karma als dessen Thema. Dein Karma ist die Grundlage all deiner Erfahrungen, die einfache Wahrheit hinter allem. Es gibt zwei Begriffe, die ich als Synonyme verwende: karmische Lektion und karmische Herausforderung.

Bob, denke bitte daran, dass dies etwas ist, das du selbst beschlossen hast. Wir selbst entscheiden, was wir erleben möchten und aus welchem Grund.

Deine wichtigste karmische Lektion beschreibe ich mit dem Schlüsselbegriff ›Persönlichkeitsreifung durch Verantwortung für die Familie‹. In anderen Leben war es eine gewaltige Herausforderung für dich, für deine Familie da zu sein und sicherzustellen, dass sie umsorgt, gekleidet und ernährt wurde. Du hast es dir dabei sehr schwer gemacht und wolltest die Aufgabe dieses Mal meistern, weil du das Gefühl hattest, dadurch reifer zu werden. Auch hattest du das Gefühl, du könntest dir auf diese Weise den mitfühlenden Aspekt deiner Persönlichkeit aneignen. In einigen deiner früheren Leben wie auch in diesem hast du an deinen Führungsqualitäten gearbeitet. Als Führer warst du früher arrogant und nur auf den eigenen Vorteil bedacht. Von diesem Aspekt deiner Persönlichkeit hattest du genug. Du wolltest größeres Mitgefühl entwickeln und deiner Familie auf mitfühlende Weise dienen.«

»Das löst etwas in mir aus«, sagte Bob zu Staci. »Nicht nur, dass ich Kathryn pflege, ich habe auch als Einziger ihre Mutter gepflegt. Das hatte ich zwar nicht vor, als ich pensioniert wurde, dennoch ich war froh, es tun zu können, und fand es mit der Zeit zudem sehr erfüllend.«

»Dein Plan«, fuhr Staci fort, »bestand darin, dass du dich in der letzten Phase deines Lebens intensiv auf diese karmische Herausforderung konzentrieren würdest. Du wolltest dich selbst als geduldig, kooperativ, diplomatisch, verständnisvoll und kompromissbereit erfahren. Ich höre, wie du in deiner vorgeburtlichen Planungssitzung darüber sprichst. Ich höre immer wieder, dass du es allein tun willst und dass du in dieser Phase deines Lebens nicht die Hilfe bekommen würdest, die du bis dahin gewöhnt warst.«

»Ich kann mit diesem ›Ich mache das allein‹-Aspekt viel anfangen«, erwiderte Bob, »weil meine Kinder, so liebevoll sie auch sind, sich praktisch nicht an Kathryns Pflege beteiligen. Aber ich verspüre kein Selbstmitleid. Mehr als alles andere verspüre ich Frustration. Und aus Frustration kann leicht Wut entstehen, besonders wenn ich müde bin. Ich muss mich immer wieder daran erinnern, dass ich es bin, der sich für die Wut entscheidet, und dass es auch andere Dinge gibt, für die ich mich entscheiden kann.«

»Das macht dich zu einer reiferen Persönlichkeit«, merkte Staci an. »Ich weiß noch andere karmische Lektionen, die du meistern wolltest, vor allem zwei, die ich als deine zweit- und drittwichtigsten Herausforderungen bezeichnen möchte. Deine zweitwichtigste Herausforderung besteht darin, deine ausgeprägte Impulsivität kontrollieren zu lernen. Dir ist deine persönliche Freiheit sehr wichtig. In vielen deiner früheren Leben besaßest du absolute Kontrolle über dich selbst, niemand stand über dir, abgesehen von deinen Eltern. Man lernt manchmal aber am besten, wenn die persönliche Freiheit eingeschränkt wird. Man lernt durch Einschränkungen und Begrenzungen.

Ich habe noch nie Menschen erlebt, deren karmische Lektion darin bestand, ihre ausgeprägte Impulsivität zu kontrollieren, und die nicht außerordentlich intelligent und geistreich waren – gelegentlich zu ihrem eigenen Nachteil. Große geistige Fähigkeiten sind Teil dieser Lektion und verführen dazu, sehr sprunghaft zu sein und sehr rasch Urteile zu fällen. Bedenke bitte, zu rasch zu voreiligen Schlüssen zu kommen, ist nicht gut, und genau das versuchst du nun zu lernen.«

»Ein anderes Element dieser karmischen Lektion, das ich bei vielen entdecke, ist die Realitätsflucht«, fuhr Staci fort, »entweder durch den Gebrauch oder Missbrauch von stimmungsverändernden Substanzen, durch Untreue oder selbst Sport. Die meisten Menschen mit dieser karmischen Herausforderung werden nach schnellen Lösungen suchen, statt sich daranzumachen, diese schwere Aufgabe dauerhaft zu bewältigen. Bei dir spüre ich keinen dieser negativen Aspekte. Der Wunsch deiner Seele, deine Liebe zum Ausdruck zu bringen, ist so stark und in deinen Handlungen strebst du so sehr nach Ausgewogenheit, dass ich glaube, diese Richtung wirst du nicht einschlagen. Dafür bist du zu weit entwickelt, zu bewusst.

Deine drittwichtigste karmische Lektion heißt emotionale Unabhängigkeit. Warum war emotionale Unabhängigkeit für dich so wichtig? Du hast eine ganze Reihe von Leben geführt, in denen du ein Führer warst, und kein besonders netter. Du hast Menschen getötet, sie körperlich misshandelt, sie zu deinen Zwecken manipuliert. Mit Beginn der Planung dieses Lebens wolltest du mehr von dir, du wolltest eine höher entwickelte Form der Führung. Du hast begriffen, dass du kein effektiver Führer gewesen bist, nur einer, der zu sehr an sich selbst gedacht hat. Deshalb versuchst du heute ein gütigerer und sanfterer Führer zu sein, der auf Überzeugung setzt statt auf Manipulation. Du hast dich für emotionale Unabhängigkeit als eine deiner karmischen Herausforderungen entschieden, und wenn du dieses Thema gemeistert hast, wirst du ein besserer Führer sein. Du musst Menschen nicht mehr dominieren, um sie dazu zu bringen, deine Bedürfnisse zu erfüllen oder das zu tun, was du selbst tun solltest.

Die meisten Menschen, die an der karmischen Lektion der emotionalen Unabhängigkeit arbeiten, verbringen viel Zeit in Beziehungen, in denen ihr Wohlbefinden tatsächlich von der anderen Person abhängt«, fügte Staci hinzu. »Bei der emotionalen Unabhängigkeit gilt es zu verstehen, dass du die einzige Quelle deines eigenen Glückes bist.«

Nachdem Staci über Bobs wichtigste karmische Lektionen gesprochen hatte, richtete sie ihr Augenmerk nun auf Kathryn.

»Wenn Kathryn schläft, verbringt sie viel Zeit mit ihrer Familie und ihren Freunden auf der anderen Seite«, erzählte uns Staci. »Dort ist sie glücklich. Sie ist von den Fesseln ihres Körpers befreit. Sie spürt die Leichtigkeit des Seins, die sie hier nicht mehr hat. Dort spürt sie Freude und Liebe.

Kathryn arbeitet vor allem daran, sich mehr auf sich selbst zu beziehen und sich selbst als Quelle aller Dinge zu betrachten. Ihre wichtigste karmische Herausforderung in diesem Leben ist ihr spirituelles Wachstum und ihre Entwicklung durch die Stärkung ihrer Beziehung zu sich selbst. Sie lernt sich selbst zu nähren und auch sie arbeitet an emotionaler Unabhängigkeit. Bob, wie du arbeitet auch Kathryn daran, durch Verantwortlichkeit gegenüber der Familie mitfühlender zu werden. Sie hat das in diesem Leben sehr gut gemacht.

Ich spüre nicht, dass dieses Thema in dieser Phase ihres Lebens noch von Bedeutung ist.«

Nun, da uns Staci Informationen über die wichtigsten karmischen Thema von Bob und Kathryn gegeben hatte, war es an der Zeit, in die vorgeburtliche Planungssitzung hineinzuhören. Ich bat Staci, uns auch die Gespräche Bobs mit seinen Kindern hören zu lassen, besonders das mit Wendy, die laut Bobs Aussagen am härtesten von Kathryns Krankheit betroffen ist. Bob und ich warteten ein paar Minuten, inzwischen trat Staci in einen meditativen Zustand ein. Als sie bereit war, begann sie uns zu erzählen, was sie sah und hörte.

»Bob, während du deine Persönlichkeit aufbaust und Pläne für dieses Leben schmiedest, spüre ich Freude, Vergnügen und eine Vorfreude darauf, wieder physische Gestalt anzunehmen«, begann Staci. »Du empfindest großes Vergnügen.«

Diese Bemerkungen überraschten mich nicht. Auch wenn wir als verkörperte Persönlichkeiten unser Leben nicht immer als Vergnügen betrachten, unter den Seelen herrscht während der vorgeburtlichen Planungsphase doch das Gefühl der Freude auf die kommende Zusammenarbeit vor.

»Ich stehe direkt neben Bob«, fuhr Staci fort. »Ich sehe einen dunklen Holzfußboden, der zum Teil mit einem Teppich bedeckt ist, einen Tisch auf einer Seite und ein Fenster, von dem aus man in den Garten sehen kann. Das Zimmer befindet sich im zweiten Stock des Gebäudes. Ja, Bob, in der anderen Welt gibt es Gebäude und wir erschaffen sie durch unsere Gedanken. Große Gebäude wie dieses errichten wir durch gemeinsames Denken.

Auf einer Seite des Zimmers haben sich einige Mitglieder von Bobs Seelengruppe eingefunden. Auf der anderen Seite ist ein kleines Zimmer vorgelagert. Zwischen dem kleineren und dem größeren Raum, wo Bob und die anderen aus seiner

Seelengruppe sich versammelt haben, steht eine halbhohe Trennwand, ähnlich einer Abgrenzung zwischen Wohnzimmer und Küche. Dieses kleine Vorzimmer bietet den Geistführern einen Raum, um sich zu unterhalten, während Bob sein Leben plant.

Ich sehe Bobs Hauptgeistführer. Er sagt, er sei in früheren gemeinsamen Leben sowohl Bobs Kumpel als auch sein Diener gewesen. Er hat einen ausgeprägten Sinn für Humor. Der Hauptgeistführer steht hinter mir, ich sitze zwischen ihm und Bobs Planungstafel. Bob beginnt, den Mantel der Persönlichkeit überzustreifen. Die Form seines Lichtkörpers wird größer und kantiger. Ich sehe dunkle Flecken, wo sich die Augen entwickeln. Ich sehe, wie sich ein Gesicht zu formen beginnt. Ich spüre während dieser Phase der Planungssitzung eine männliche Energie bei Bob. Gegenüber sehe ich Kathryn in einem ähnlichen Verwandlungsprozess begriffen. Ihre Gestalt hat eine weibliche Qualität, eine Sanftheit und Rundheit.

Sie sind mitten in einer Unterhaltung, ich trete hinzu.«

Kathryn:	In diesem Leben werde ich unsere Kinder gebären, sie bemuttern und auch dich bemuttern.
Bob:	Das weiß ich und ich bin dir dankbar dafür. Ich schätze dich für diese Fähigkeit ganz außerordentlich. Ich war nie die Art von Mutter, die du bist. Ich habe nie die Fähigkeit entwickelt, mich wirklich um andere zu kümmern.
Kathryn:	Möchtest du denn dieses Mal Gelegenheit dazu haben?
Bob:	Was meinst du?

Kathryn: Ich würde mein Karma erfüllen, wenn ich mit dir noch einmal den Weg der Funktionseinschränkung gehen könnte. Das würde mir helfen, meine Aufmerksamkeit mehr nach innen zu richten, wo ich erfahren kann, wer ich bin, wo ich mein Wesen ausdrücken und mich selbst trösten kann. Das ist eine Stärke, die ich nun schon seit einigen Leben entwickle.

Bob: Ja, ich weiß.

Kathryn: Ich habe vor, auf diesem Weg weiterzugehen.

Bob: Aber willst du denn wirklich wieder ein Baby (hilflos) sein?

Kathryn: Das ist doch ein ganz natürlicher Vorgang auf der Erde. Was ich erfahren möchte, ist der Verlust meiner persönlichen Unabhängigkeit.

Bob: Gern wiederhole ich diesen Prozess noch einmal mit dir, um mich selbst zu testen, um zu sehen, was ich gelernt habe, und um etwas wiedergutzumachen. Ich habe mich ziemlich mies gefühlt, weil ich dich (in gewissen früheren Leben) vernachlässigt habe. Ich habe erkannt, dass dies die Folge meiner eigenen Egozentriertheit und meiner Arroganz war. Ich hatte erwartet, dass du etwas bist, was du nicht bist. Ich hatte erwartet, dass du immer stark und immer für mich da sein würdest. Ich war unfähig, vollkommen für dich da zu sein und dir dieselbe Liebe und dasselbe Mitgefühl zuteilwerden zu lassen, die du mir geschenkt hast. Ich würde das sehr gern wiedergutmachen.

Staci fuhr fort: »In der Unterhaltung geht es nun um das Planen von Kindern. Sie dreht sich darum, Bobs Sohn Christopher mit einzubeziehen. Bob, Christopher hat andere gemeinsame Leben mit dir verbracht und mehr als alles andere möchtest du ihn in diesem Leben zum Kumpel haben. Er war vorher noch nie eines deiner Kinder.«

Kathryn: Er wird schon lange ausgezogen sein, wenn dies geschieht.

»Während sie dies sagt, zeigt sie auf eine Stelle von Bobs vorgeburtlicher Planungsskizze, die wie eine Art Flussdiagramm aussieht. Man erkennt eine Linie, die zu etwas hinführt, das wie ein Haus oder ein Gebäude aussieht, es könnte aber auch ein Wort sein und für ein bestimmtes Ereignis stehen. Die Linie läuft dann weiter zum nächsten Punkt und wieder zum nächsten und so weiter. Wo es Kreuzungen und Abzweigungen gibt, wird die Möglichkeit eingeplant, eine Entscheidung zu treffen, die dem Leben eine andere Richtung geben wird.

Der Teil von Bobs Diagramm, den ich anschaue, betrifft Kathryns Erkrankung. Er sieht wie ein weißer Lichtklecks aus. Ich frage die Geister: ›Was hat das zu bedeuten?‹ Ich höre, wie Bobs Geistführer antwortet: ›Das ist eine Schutzzeit.‹ Das weiße Licht dient als Schild, der über der Zeit liegt, damit nichts anderes auf sie einwirken kann. Es sieht aus wie ein Klecks, weil nicht bekannt ist, auf welche Weise Bob reagieren wird. Auf der Seelenebene kannte Bob seinen Hang zur Egozentriertheit. Diese Phase von Bobs Leben war daher nicht spezifisch geplant, lediglich die Erfahrung, der Rest blieb offen. Wie Bob auf die Situation reagieren würde, blieb seiner Entscheidung in diesem Leben überlassen.

Lass mich nun wieder über die Unterhaltung sprechen. Sie nehmen sich das nächste Kind vor, Wendy. Kathryn und Bob sitzen sich gegenüber, dann kommt Wendy hinzu, links von Bob und rechts von Kathryn. Wendy ist eine hell strahlende Blase aus Sonnenlicht, Freude, Begeisterung, Neugierde und Spaß. Sie liebt die Seele, die ihre Mutter ist, sehr. Ich sehe, wie sich ihre Lichtkörper einen Moment lang berühren, es sieht aus, als würde eine Person die andere unterhaken. Es gleicht einer Begrüßung und einer intimen, vertrauten Berührung.

Wendy bringt zum Ausdruck, wie froh sie über Kathryns Zustimmung ist, in diesem Leben ihre Mutter zu sein. Sie ist vor Begeisterung völlig aus dem Häuschen. Kathryn spricht das Thema Pflege an.«

Kathryn (zu Wendy): Eine der größten Freuden meines Lebens war immer meine Stärke, meine Fähigkeit, auch die schlimmsten Zeiten durchzustehen.

Wendy: Ja, ich weiß. Ich habe ja einige davon miterlebt.

Kathryn: Ja, das hast du. Dieses Mal habe ich geplant, ab einem gewissen Punkt im Leben an einer schweren körperlichen Erkrankung zu leiden, die auch Auswirkungen auf mein Bewusstsein haben und die unser ganzes Leben auf den Kopf stellen wird – und dein Vater hat zugestimmt. (Sie weist auf einen bestimmten Punkt der Planungsskizze hin.)

Wendy: Aha.

Kathryn: Dies dient nicht nur meiner Entwicklung, sondern auch der deines Vaters. Ich möchte nicht, dass du dich persönlich dafür verantwortlich fühlst, und ich möchte nicht, dass du dich für mich verantwortlich fühlst.

Wendy: Aber Mutter, du weißt doch, wie wichtig du mir bist, und wie schwer es mir fällt, dich schwächer zu sehen, als du tatsächlich bist.

»Während Wendy dies sagt, sehe ich ein Leben im 16. Jahrhundert in Schottland. Kathryn und Wendy waren damals verheiratet, und Wendy war der Mann. Wendy spricht von dem damaligen Leben, weil Kathryn (Wendys Frau) nach der Geburt eines Jungen lange im Bett bleiben musste, um sich zu erholen. Das Kind war sehr groß und zerriss sie innerlich fast, aber sie blieb am Leben. Wendy glaubte jedoch, sie zu verlieren. Das frühere Leben sehe ich als ein holografisches Bild, das neben Wendys Lichtkörper erschienen ist. Ich und alle Anwesenden können es sehr deutlich erkennen. Man kann hindurchschauen und es aus jedem Blickwinkel betrachten.«

Wendy: Du weißt, Mutter, dass ich Angst haben werde, dich zu verlieren.

Kathryn: Und du weißt, dass eine Zeit kommen wird, wo du mich verlierst, aber das wird nicht zu Beginn der Erkrankung sein, in welcher Form sie auch immer kommen mag.

Wendy: Ja, Mutter.

»Ich habe das Gefühl, sie ist beruhigt. Einen Moment lang sagt sie nichts.«

Wendy: Aber was, wenn du nicht mehr kommunizieren kannst?

Kathryn: Wir werden immer noch durch Berührungen und Worte, die in Stille gesprochen werden, kommunizieren können. Du weißt das.

Wendy: Ja, ja, aber was ist, wenn Vater dich nicht pflegen kann?

Kathryn: Das wird nicht geschehen, Liebes. Dein Vater und ich haben bereits alles geplant. Es wird deinem Vater nützen, zu bleiben und für mich zu sorgen. Das ist unsere Abmachung. Es gibt keinen Grund, daran zu zweifeln.

Wendy: Ja, ich weiß. Aber Mutter, ich habe Angst, mit dir allein zu sein.

Kathryn (lachend): Warum hast du dann eingewilligt, meine Tochter zu sein?

Wendy: Damit ich wieder mit dir zusammen bin. Damit ich die Rolle deiner Tochter spielen kann, statt der deines Sohnes oder deines Mannes.

Kathryn: Warum hast du dich entschieden, eine Tochter zu sein und nicht ein Sohn?

Wendy: Damit ich mich fürsorglicher und sensibler verhalte und damit ich die Möglichkeit habe, selbst Kinder zu bekommen und mich um sie auf eine Weise zu kümmern, die mir die weibliche Gestalt ermöglicht und die ich in der männlichen Gestalt nicht ausüben kann.

Kathryn: Warum hast du dann Angst vor etwas, das nur eine Möglichkeit ist?«

Wendy: Das ist ja mein Problem. Ich versuche mich davor zu drücken zu lernen, dass alles in Ordnung ist, selbst wenn ich auf mich allein gestellt bin, und dass ich auch ohne deine

Anwesenheit ein gesundes Leben voller Weisheit, Vertrauen und Hoffnung führen kann.

Kathryn: Deshalb gebe ich dir jetzt Gelegenheit, dich um mich zu kümmern. Ich tue dies aus Liebe und aus freien Stücken.

Stacis ergänzendes Reading für Bob

Als ich Stacis erstes Reading für Bob hörte, war ich erstaunt, wie schnell Bob und Kathryn anscheinend ihre Entscheidung getroffen hatten, dass sie irgendeine Form der Behinderung erfahren sollte. Später erzählte Stacis Geistführer, Kathryns und Bobs Planungssitzungen hätten gleichzeitig stattgefunden, aber nicht im selben Zimmer. Sie waren energetisch in der Lage, beim jeweils anderen hereinzuschauen, wenn es erforderlich gewesen wäre. Da einige der Gespräche über Kathryns Erkrankung in ihrer vorgeburtlichen Planungssitzung geführt wurden, war es nicht nötig, sie in Bobs Sitzung noch einmal zu wiederholen.

In einem ergänzenden Reading konnte Staci das folgende Gespräch aus Kathryns Planungssitzung hören. Ihr Geistführer wies sie hin auf den Schluss und wichtigsten Teil der Unterhaltung zwischen Bob und Kathryn.

Kathryn: Im Kern geht es darum, dass ich eine größere Erfahrung brauche, um mich stärker in Richtung Bewusstheit zu entwickeln und um mich selbst besser zu verstehen. Ich habe gesehen, dass du diesen Wachstumsprozess in anderen Leben verwirklicht hast. Ich möchte dies nachholen, indem ich den größten Teil meines Lebens und besonders die letzten 30 Jahre mit dir verbringe.

Bob: Ich werde dir als Auffangnetz dienen, dich beschützen und halten, während du dich selbst findest. Ich tue dies, weil ich weiß, dass ich so Vertrauen in mich selbst, in meine Persönlichkeit gewinnen kann, die ich in diesem Leben und den folgenden erschaffen und formen möchte. Ich bin mir wohl bewusst, welchen Einfluss ich auf viele Menschen haben werde. Unser gemeinsames Leben wird mich lehren, wie ich anderen Menschen helfen und ihnen als Lehrer dienen kann.

Du hast mich in vielen Leben unterstützt. Du hast es mir gestattet, die Führung zu übernehmen und zu tun, was ich glaubte, tun zu müssen. Du hast es mir viele Male ermöglicht, anderen zu helfen, aber du hast es fast immer unbemerkt getan. Ich erkenne und verstehe jetzt den Groll, den du in der Vergangenheit bei unseren gemeinsamen Bemühungen gehegt hast, das Beste, was wir sein können, hervorzubringen.

Im nächsten Leben werde ich wohl das Gefühl haben, zu kurz zu kommen. Ich werde mich von deiner Form schlecht behandelt fühlen. Ich werde mich ignoriert fühlen. Aber ich werde mir auch meiner Bestimmung und meines Platzes an deiner Seite gewahr werden. Meine größte Hoffnung ist es, dass mir die Liebe, die wir in der Vergangenheit füreinander empfunden haben, hilft,

> weiterhin die Verbindung zu dir zu spüren. Ich glaube, es wird von meiner Seite einigen Widerstand geben, Widerstand gegen den Verlust meiner persönlichen Freiheit, aber das kann ich ertragen. Ich verstehe, wie viel du in den anderen Leben für mich aufgegeben hast. In dem Leben, das du jetzt planst, werde ich dir dienen, indem ich dich pflege und mich um dich kümmere, was in wirklich bedeutet, dass ich mich um mich selbst kümmere und für mich selbst da bin.

Als Stacis Vision von Kathryns Planungssitzung hier endete – dieser Dialog war demnach das Einzige, was uns der Führer von dieser Sitzung zeigen wollte –, fragte ich sie, ob sie nicht zu Bobs Planungssitzung zurückgehen und möglicherweise etwas hören könne, was seine Absichten und seine Motive noch mehr erhellen würde. Der Geist reagierte auf meine Bitte, indem er Staci Bilder aus einem von Bobs früheren Leben zeigte.

»Der Geist zeigt mir ein Leben«, begann Staci, »in dem Bob ein Gelehrter, Lehrer und Heiler war. Er zeigt mir sein erstes Leben als Arzt in Griechenland in der Zeit der römischen Antike. Bob geht lächelnd eine Straße entlang und wird freundlich von allen gegrüßt. Er weiß, dass er das Leben vieler Menschen verbessert hat. Das Gefühl der Warmherzigkeit und Großzügigkeit seiner Seele ist überwältigend und sehr erfüllend. In jenem Leben hatte er sein am stärksten mitfühlendes Selbst verwirklicht.

Bob entschied sich, diese Erfahrung noch zu vertiefen. Daher stammt sein Entschluss, in seinem jetzigen Leben noch mehr Mitgefühl zu entwickeln und seine Fähigkeit zu verbessern, andere so zu sehen, wie sie sind, statt darüber zu urteilen, wie sie sein sollten oder sein könnten. Bob weiß, dass diese Bewusstheit und Akzeptanz es ihm ermöglichen werden, anderen stärker auf mitfühlende Weise zu dienen und neue Erfahrungen zu machen und diese zu genießen – zum Beispiel größere intellektuelle Fähigkeiten und mehr Einfluss im Leben. In seinen Leben mit männlicher Identität, die den Großteil seiner Menschleben ausmachen, hat er sich immer wieder dafür entschieden, Gelehrter zu sein.

Bobs Seele hat in ihm die Erkenntnis gefördert, dass er in sich selbst größere Freude findet, wenn er anderen dient. Daher strebt er danach, Kathryn ganz umfassend zu dienen. Aber er lernt noch, wie er mit seinen eigenen Gefühlen umgehen kann, ohne andere zu manipulieren. Die Situation mit Kathryn stellt also seine größte Herausforderung dar.

Ich fühle mich nun wieder zu Bobs vorgeburtlicher Planungssitzung hingezogen. Ich sehe, dass eine der hier versammelten Seelen von einer Galerie herunterkommt und Bob ein Geschenk überreicht, einen Blumenstrauß.

Dann sehe ich, wie Bob sich mit einem Wesen unterhält, das sich bereit erklärt hat, sein Vater zu sein.

Bob: Bring mir alles bei, was ich wissen muss. Bring mich zu mir selbst zurück. Erinnere mich daran, wer ich bin. Du bist immer gut darin gewesen, mein wahres Ich zu sehen, Bruder.

Dieses Mal möchte ich, dass du mein Vater wirst. Ich muss in den frühen Phasen meines Lebens mehr über mich selbst herausfinden. Ich brauche dich, weil du mir eine stabile Basis geben wirst, damit ich die Rolle von

Zielen im Leben und den Sinn dahinter verstehen kann, damit ich weitermachen kann, selbst wenn mir jeder einzelne Schritt schwerfällt.

Vater: Warum möchtest du das tun?

Bob: Ich habe ein Leben unglaublichen Wachstums geplant. Der Weg, der vor mir liegt, ist sehr steil, aber ich spüre, dass er notwendig ist, um Selbstbestimmung und Weisheit in mir zu fördern und größere Kraft zu entwickeln.

Das größte aller Geschenke ist die Liebe. Das weiß ich jetzt. Ich verstehe es auf eine Weise, die mir vorher nicht möglich war. Ich möchte denen, die ich kenne und die mir in anderen Leben geholfen haben, zeigen, dass ich dies verstanden habe. Mein größter Herzenswunsch ist Kathryn zu dienen, die zugestimmt hat, meine Frau zu werden.

Dass du mir diesen Gefallen tust, diesen großen Gefallen, dich bereit zu erklären, mein Vater zu sein, wird es mir ermöglichen, mit einer Schwingung anzukommen (mich zu inkarnieren), auf deren Grundlage ich schnell Vertrauen entwickeln kann – Vertrauen in meine Familie und in mich selbst. Das ist für das, was ich tun muss, von allergrößter Bedeutung. Alles, was ich in der Welt tun möchte, hat einzig und allein den Zweck, anderen besser zu dienen.

In mir sind große Freude und Demut verborgen, aber ich habe vergessen, was Demut

> ist. Ich muss mich daran erinnern, damit ich mehr ich selbst sein kann.
>
> Dass Kathryn Teil meines Lebens ist, wird mir helfen, meine Fähigkeit zu vervollkommnen, anderen zu dienen, und es wird mich in eine Situation bringen, größeres Verständnis und mehr Bewusstheit zu entwickeln und besser wachsen zu können. Ich werde, so glaube ich, kurz nach diesem Leben bereits wieder zurückkehren, da ich durch diese Erfahrung mehr Wissen und größere Erkenntnis erlangt und enorm davon profitiert habe. Ich werde danach hungern und dürsten, in die Welt hinauszugehen und anderen bei ihrer Heilung zu helfen.

»Der Geist sagt mir, dass Bob sich zurückgezogen hat und anderen nicht mehr als Heiler und Autorität dient«, fügte Staci hinzu.

Dann veränderte sich ihre Sprache plötzlich. Ihr Geistführer redete nun direkt durch sie.

»Es gab einmal ein Leben«, berichtete Stacis Geistführer, »in dem das Wesen (Bob) eine Persönlichkeit erschaffen hatte, die behindert war und dadurch feststeckte und nicht nur die wahre Essenz des Selbst aus den Augen verloren hatte, sondern auch die Erkenntnis und die Freude, die sich einstellen, wenn man den Bedürfnissen anderer dient. Diese Persönlichkeit war außer sich vor Wut, sie war verärgert und anmaßend und verharrte in dieser Haltung für den Rest ihres Lebens. Das wirkte sich auf sie selbst und auch auf andere sehr zerstörerisch aus.

Diese Persönlichkeit starb bei einem Feuergefecht, das sie selbst provoziert hatte. Seit jenem Leben zog sich dieses

Wesen zurück, weil es sich seiner Fähigkeit, anderen wirklich zu dienen, nicht mehr sicher war, weil es Angst hatte, den Weg wieder aus den Augen zu verlieren, Angst, sich zu inkarnieren und die Verbindung zum Selbst erneut zu verlieren und hochmütig, überheblich und seelenlos zu werden, weil es vergessen hat, dass es eine Seele gibt. Davon ist Bob stark beeinflusst, obwohl er im Verlauf des Prozesses (also in Leben, in denen er anderen nicht gedient hat) lernen konnte, seine wahre Leidenschaft und sein Mitgefühl besser auszudrücken. Kathryns Anwesenheit ist nun das i-Tüpfelchen.«

Im Gespräch mit Staci und ihrem Geistführer

Die Informationen, die uns Staci und ihr Geistführer gegeben hatten, warfen von meiner Seite mehrere Fragen auf. Deshalb wandte ich mich an Staci: »Warum haben Bob und Kathryn nicht etwas weniger Extremes geplant?«

»Weil Bob und Kathryn wussten, dass sie unfähig sein würden, eine weniger extreme Situation zu erschaffen. Beide sind sehr leidenschaftlich und neigen von ihrem emotionalen Charakter her zu Extremen. Sie haben den mittleren Weg noch nicht gemeistert.«

Dann fragte ich, warum sich Kathryns gesundheitlicher Zustand nur einen Monat nach Bobs Pensionierung plötzlich verschlechtert hatte.

»Bob wollte sich zu diesem Zeitpunkt pensionieren lassen, weil ein Teil von ihm wusste, dass der folgende Lebensabschnitt völlig von Kathryns Pflege in Anspruch genommen werden würde«, gab Staci zur Antwort. »Es war eine geplante Veränderung. Er handelte in Übereinstimmung mit der inneren Stimme, die er zwar spürte, aber nicht bewusst wahrnehmen konnte.«

Staci machte eine Pause. Als sie wieder zu reden begann, hatte sich ihr Sprechrhythmus erheblich verlangsamt. Wieder sprach ihr Geistführer durch sie.

»Das als Kathryn bekannte Wesen ist von einer solchen mitfühlenden und verständnisvollen Intelligenz, dass ihr bewusst war, Bob in dem, was ihr als andere Leben bezeichnen würdet, nicht mit einer so extremen und dramatischen Veränderung belasten zu können, bevor er dazu bereit wäre«, sagte der Geistführer. »Für Kathryn war diese (Bobs) Pensionierung wie das Umlegen eines Schalters. Sie aktivierte eine Energie in ihren Nervenbahnen und das besagte Ereignis trat ein. Dieses Ereignis war aus zwei Gründen als dramatische und plötzliche Veränderung des Status quo geplant.

Zum einen ziehen Bob und Kathryn es vor, dramatische, ausdrucksstarke Persönlichkeiten zu sein, wenn sie sich in einer physischen Gestalt befinden. Zum anderen würde damit ein Weg eröffnet – eine energetische Verbindung –, um die Resonanz zu den Herausforderungen augenblicklich herzustellen, ohne bewusst erkannt zu werden. Auf diese Weise konnte Bob sich um sie kümmern und ganz in der Gegenwart leben. Der Rest würde sich automatisch ergeben und Bobs und Kathryns große intellektuelle Fähigkeiten würden sich nicht in den natürlichen Lauf der Dinge einmischen.«

»Staci, wir haben zwar schon darüber gesprochen, aber ich möchte gern noch mehr wissen. Haben Bobs Kinder vor der Geburt eingewilligt, keinen Anteil an der Pflege ihrer Mutter zu haben, sodass Bob es allein tun konnte?«

»Mal sehen, was zu mir kommt … Den Kindern wird gesagt, dies wäre nicht ihre Herausforderung, sondern sie sei vor allem für Bob gedacht. Wendy und Holly haben das Gefühl, gebraucht zu werden, und verspüren den Wunsch zu helfen. Bei Christopher kann ich nichts davon spüren. Aber Bob hebt (in der vorgeburtlichen Planungssitzung) den Arm und sagt: ›Diese Rolle muss ich übernehmen. Es ist meine Verantwortung. Es ist meine Pflicht und es ist mir eine Ehre, dies für jemanden zu tun, den ich so liebe und verehre.‹ Ich höre, wie Wendy und Holly Ja sagen und sich zurückziehen. Wenn ich auf die Planungsskizze und den weißen Fleck schaue, sehe ich nicht, dass die Kinder dort mit hineingezogen werden. Es geht nur um Bob und Kathryn.«

»Staci, hätte Bob die Pflegesituation nicht auch in einer anderen Zeitperiode oder an einem anderen Ort planen können? Warum gerade in den Vereinigten Staaten in dieser Zeit?«

Wieder trat Stacis Geistführer in den Vordergrund. »Du betrachtest die Sache aus einer historischen Perspektive. Für Bob und Kathryn ist es einfach eine Fortsetzung (ihrer anderen gemeinsamen Leben). Diese Zeit und dieser Ort eignen sich gut für Bob, um sich als erfolgreich erleben zu können, und sie geben ihm die Chance, Verantwortung und Führerschaft zu übernehmen. Bob und Kathryn wussten, dass an diesem Punkt der menschlichen Evolution und angesichts der Kultur und Technologie Nordamerikas ihre Bedürfnisse sozial und physisch am besten befriedigt werden könnten.

Vor allem würde Bob genug Geld verdienen, um ihnen einen angenehmen Lebensstandard zu sichern und Kathryn eine optimale medizinische Versorgung zu ermöglichen. Für die jetzige Zeitperiode war jedoch nicht ausschlaggebend, dass die medizinische Versorgung historisch gesehen besser sein würde als in früheren Leben, denn es ging doch vor allem um die Erfahrung von Erkrankung und von Pflege. Diese Erfahrung hätte zu jeder Zeit und an jedem Ort gemacht werden können, aber um die Annehmlichkeiten des Lebens genießen und ein langes Leben führen zu können, war es notwendig, dass das Paar sich auf dem nordamerikanischen Kontinent inkarnierte.«

»Bitte sag etwas zu denen, die Angehörige pflegen und Groll dabei hegen, die wütend sind und überlastet.«

»Tut alles aus dem Herzen heraus, dann wird alles andere wegfallen«, hob der Geistführer an. »Impulsive Reaktionen wie Frustration, Wut und Schuldzuweisung sind kindisch, sie entstehen außerhalb des Herzens. Die letztendliche Bestimmung aller irdischen Inkarnationen ist es, die Angst loszulassen und bedingungslos zu lieben, und deshalb möchten wir die Pflegenden daran erinnern, dass sie voller Liebe sind und diese Liebe teilen können. Stellt euch vor, ihr wärt in einer ähnlichen Lage. Wenn ihr euch mit dem Menschen identifiziert, den ihr pflegt, dann werden die alltäglichen Bedürfnisse der Egobefriedigung von euch abfallen und ihr werdet eure Verbindung zu dem Wesen erkennen, das man eurer Obhut anvertraut hat, damit ihr es pflegt und seine leiblichen wie emotionalen Bedürfnisse erfüllt.

Ihr werdet euch der mitfühlenden Seite eures Wesens öffnen, wenn ihr versteht und zu der Erkenntnis gelangt, dass wir alle eins sind. Was dem anderen geschehen ist, kann auch euch geschehen. Daher bitten wir euch, die Pflegenden, euch in die Lage des anderen zu versetzen und seine Machtlosigkeit, Hilflosigkeit und seine Frustration darüber zu verstehen, in einer physischen Form festzustecken, die nicht mehr richtig funktionsfähig ist. Euch wurde einfach eine weitere Chance gegeben, bedingungslose Liebe in all ihren Ausdrucksformen zu erlernen. Wir bitten alle Pflegenden, sich von ihrem Ego und ihrer Angst abzuwenden und sich ungeachtet der Umstände ganz auf ihr Herz, auf das Herz der Liebe und des Mitgefühls zu konzentrieren.«

»Was ist mit den Menschen, die gepflegt werden und sich schuldig fühlen, weil sie den anderen zur Last fallen?«

»Seid nett zu euch selbst. Bitte versteht, dass eure physische Funktionsbeeinträchtigung dem Wohl des Ganzen dient, auch wenn ihr es nicht erkennen könnt. In jeder Situation existiert Harmonie, ein einziger harmonischer Ton, der euch alle miteinander verbindet. Mit ›euch alle‹ meinen wir euch und die, die euch pflegen, gleich ob es sich nun um Familienangehörige, Freunde oder professionelle Helfer handelt. Ihr gebt jedem von ihnen eine ganz besondere Gelegenheit, ihre Liebe zum Ausdruck zu bringen und etwas wiedergutzumachen, von dem die betreffende Person glaubt, es in einem anderen Leben falsch gemacht oder schlecht ausgeführt zu haben.

Versteht bitte, dass von euch Vergebung gefordert wird: Vergebung gegenüber euch selbst, damit ihr anfangen könnt, eure Situation zu akzeptieren und auf jede nur erdenkliche Weise von ihr zu profitieren. Dann können auch die Menschen, die euch dienen, von der Erfahrung auf jede nur erdenkliche Weise profitieren. Ihr könnt euch sicher sein, dass ihr denen, die euch pflegen, eine großartige Möglichkeit bietet, die sie auf keine andere Weise haben könnten.

Liebt euch selbst genug, damit ihr die Situation mit einem gütigen Herzen akzeptieren könnt.

Und manche von euch«, schloss der Geistführer, »die der falschen Vorstellung anhängen, die einzigen wertvollen Menschen auf eurem Planeten seien jene sogenannten produktiven Mitglieder der Gesellschaft und Familie, können lernen, dass alle Menschen ein Existenzrecht haben, da sie den Wunsch hegten, in einem physischen Körper zu leben. Es gibt nicht das ›lebenswerte Leben‹: Wir, ihr und alle Wesen entscheiden sich, ob sie physisches Leben erfahren wollen. Niemand sonst entscheidet für uns und niemand urteilt daher auch darüber, ob irgendjemand das Recht hat, sich eine physische Form zuzulegen und seinen Platz auf dem Planeten einzunehmen. Nutzt eure Zeit, um eure Mitmenschen besser zu verstehen und sie wirklich zu akzeptieren, und strebt danach, den gemeinsamen Faden zu finden, der uns alle miteinander verbindet.«

In unserem Bestreben, bedingungslos zu lieben, nehmen wir körperliche Form an und gewähren uns selbst die einzigartige Freude, die Liebe auf der physischen Ebene zu erfahren und auszudrücken. Durch ihr Geben und Nehmen segnen die Pflegenden und die Gepflegten einander im Ausdruck und in der Erfahrung der Liebe. In dieser heiligen Beziehung gewähren sie einander die Möglichkeit, sich selbst als liebende und ewige Seelen zu erkennen.

Häufig besteht die Herausforderung für die pflegebedürftige Person darin zu glauben, dass sie diese Liebe verdient hat. Wie Aaron uns sagte, hatte sich Kathryn in einem früheren Leben, in dem sie Bobs pflegebedürftige Mutter war, als seiner Liebe unwürdig gefühlt. Wenn wir fühlen oder glauben, unwürdig zu sein, streben wir häufig als Seelen vor unserer Geburt an, uns völlig der Obhut eines anderen Menschen anzuvertrauen. Solange wir körperlich sind, streben wir nach Erkenntnis unseres eigenen und unbegrenzten Wertes. Wir bringen uns daher in eine Situation, wo wir der Pflege bedürfen, um zu lernen, ihrer würdig zu sein.

Wie eine Kerze in einem dunklen Raum am sichtbarsten ist, so mag auch unser inneres Licht in der Dunkelheit einer Erkrankung oder Behinderung am hellsten erstrahlen. Wenn wir unseren unbegrenzten Wert erkennen – das heißt, wenn wir ihn fühlen –, dann mag die Pflegesituation ihr Ende finden oder als Dienst am Pflegenden weiter bestehen.

Wie aber dient die Situation dem Pflegenden? Pflegepersonen entwickeln häufig Empathie und erhalten die Möglichkeit, ihre Liebe auf eine Weise auszudrücken, wie sie es in früheren Leben nicht konnten. Wie Bob uns erzählte, hat Kathryn ihm sowohl die Gelegenheit als auch die Motivation gegeben, Güte, Geduld und Mitgefühl zu »erlernen«. Diese göttlichen Tugenden sind schon in der Seele angelegt und werden folglich nicht neu erlernt, vielmehr entdecken wir sie in uns selbst, indem wir sie zum Ausdruck bringen. Wenn wir unsere göttlichen Eigenschaften auf der irdischen Ebene ausdrücken, dann ziehen wir den Vorhang, den Schleier des Vergessens zur Seite, der unser wahres Wesen vor uns verbirgt. Wie die Tasten eines Klaviers bereits existieren, um Töne hervorzubringen, aber der menschlichen Berührung bedürfen, so befinden sich in jedem von uns die Eigenschaften der Seele und warten nur darauf, dass wir uns entscheiden und sie zum Ausdruck bringen.

Die Pflegenden sind aufgerufen, ebenso viel Güte, Geduld und Mitgefühl gegenüber sich selbst aufzubringen wie für die Person, die ihrer Pflege bedarf. Wie hatte Aaron doch so weise bemerkt: »Liebe bedeutet nicht, dass du niemals Groll oder Schmerz spüren wirst.« Diese Erkenntnis führt zu tiefer Selbstvergebung und zu Mitgefühl mit sich selbst.

Wenn Sie einen Angehörigen pflegen und sich selbst verurteilen, weil sie Groll oder Wut spüren, fragen Sie sich doch einmal, was Sie einem Freund in ähnlichen Umständen sagen würden. Sicherlich würden Sie dem Freund sagen, dass er sehr liebevoll sei und viel von sich selbst gebe. Sie würden ihm gewiss sagen, dass er sein Bestes gebe. Sie würden ihn auch daran erinnern, dass er nur ein Mensch sei. Wir können anderen nur das geben, was wir auch uns selbst zu geben bereit sind. Wenn Sie einem lieben Angehörigen, der Ihrer Pflege bedarf, Güte, Geduld und Mitgefühl entgegenbringen möchten, beschenken Sie sich zuerst selbst damit. Dann werden sie vollkommen natürlich aus Ihnen herausströmen.

Eine Pflegesituation führt nur zu leicht zum Urteilen. Abgesehen davon, dass Pflegepersonen über sich selbst urteilen, urteilen sie häufig über die zu pflegende Person, wenn diese nicht so reagiert, wie sie es gern möchten – wie auch Bob gelegentlich Kathryns Verhalten beurteilt. Die Hauptpflegeperson und Menschen von außerhalb der Familie kritisieren oft die anderen Familienmitglieder dafür, nicht genug mitzuhelfen. Jemand, der nichts von der vorgeburtlichen Abmachung zwischen Bob und Kathryn weiß, könnte die Kinder durchaus dafür kritisieren, dass sie Bob den Hauptteil der Pflege überlassen. Aber auch diejenigen, die gepflegt werden, kritisieren. Sie kritisieren ihre Pflegepersonen, weil diese nicht geduldig oder verständnisvoll genug sind, oder sie kritisieren sich selbst dafür, zu bedürftig oder zu anspruchsvoll zu sein.

Wir können erst aufhören, über andere zu urteilen, wenn wir aufgehört haben, über uns selbst zu urteilen. Wenn wir wissen, in welchen Bereichen wir uns selbst verurteilen, können wir es beenden und diese Tendenz heilen. Wenn wir leugnen, bestimmte eigene Aspekte zu beurteilen, ist garantiert, dass wir andere kritisieren und über sie urteilen, denn das, was man leugnet und verdrängt, wird zwar mit Sicherheit nach außen projiziert, aber es kann nicht geheilt werden. Wie Sie über einen anderen Menschen urteilen, so urteilen Sie auch über sich selbst.

Das Ausmaß des Urteilens, das jeder Pflegesituation innewohnt, ist einer der Hauptanziehungspunkte für die sich inkarnierende Seele. Ich habe gesagt, dass Heilung eines der

Hauptmotive ist, wenn die Seele eine bestimmte Herausforderung plant. Wenn Sie in anderen Leben über sich selbst und andere geurteilt haben, und wenn es Ihr Wunsch war, geboren zu werden, um diese Neigung zu heilen, dann würden Sie eine Pflegesituation als einen klaren Spiegel betrachten und darin Ihre Neigung zu urteilen erkennen.

Vielleicht ist es Ihre Rolle, wie Bob eine Angehörige zu pflegen, oder wie Kathryn gepflegt zu werden, oder man hat Ihnen gesagt, Sie sollten sich (wie Wendy) heraushalten – aber Ihre eigentliche Aufgabe in dieser Zeit der menschlichen Evolution besteht immer darin, alles Urteilen aufzugeben und sich selbst und somit auch allen anderen bedingungslose Liebe entgegenzubringen. Das alte Gebot, seinen Nächsten so zu lieben wie sich selbst, war eigentlich als Aufruf gedacht, sich selbst zu lieben. Tatsächlich, ungeachtet des Maßes an Liebe zu uns selbst, lieben wir unsere Nächsten immer wie uns selbst. Etwas anderes ist nicht möglich.

Liebe zu sich selbst gedeiht auf dem Boden der Selbsterkenntnis und Selbstvergebung. Wenn wir des uns innewohnenden Guten gewahr werden, wie Bob es tut, können wir uns daran erfreuen, wer wir sind. Wenn wir uns die eigenen scheinbaren Fehler und Makel vergeben, wie Bob sich seine Frustration vergibt, dann ersetzen wir die Selbstverurteilung durch die Unterscheidungsfähigkeit und es entsteht ein sicherer Raum, in dem wir uns anders entscheiden können. Bob und Kathryns Erfahrung der Pflegesituation ist somit ein starker Impuls für die Selbsterkenntnis, die Selbstvergebung und letztendlich für die Selbstliebe.

Das Mitleid ist eine subtile Form des Urteilens. Hinter jedem Mitleid verbirgt sich ein Urteil: Du bist schwach oder sogar machtlos. Wie es zutrifft, dass Pflegebedürftigkeit Mitleid erzeugt, trifft es ebenso zu, dass Mitleid zur Pflegebedürftigkeit führt. Wer bemitleidet wird, spürt bewusst oder unbewusst das Mitleid. Und wer nicht richtig wach ist, wird dieses Mitleid unbewusst verinnerlichen und selbst daran glauben, schwach und möglicherweise ein Opfer von Mächten zu sein, die außerhalb seiner Kontrolle liegen.

Dieser falsche Glaube wird dann in einem anderen Leben geheilt werden müssen, in dem Umstände geplant werden, die sich anscheinend ebenfalls der Kontrolle entziehen, damit man die Möglichkeit hat, sich seine Macht wieder anzueignen. Wenn Sie sich selbst dafür bemitleiden, dass Sie jemanden pflegen müssen, oder wenn Sie einen anderen bemitleiden, weil er gepflegt werden muss, sollten Sie dies wissen: Wir leben in einem gütigen, äußerst liebevollen Universum, wo jede Veränderung am Schluss für etwas gut ist und von uns selbst in unser Leben gerufen wird. Wenn wir das Erstere leugnen, leugnen wir die grundlegende Natur des Universums; wenn wir das Zweite leugnen, leugnen wir unsere unbegrenzte schöpferische Macht.

Schließlich und endlich bricht es einem das Herz, einen geliebten Menschen behindert und pflegebedürftig zu sehen. Genauso soll es sein. Nur das, was brüchig ist, kann brechen. Als Seelen, die sich danach sehnen, bedingungslos zu lieben, wollen wir die brüchigen Teile unseres Herzens aufbrechen. Nur dann kann unsere Liebe ungehindert daraus hervorströmen – wie wir bei Bob und Kathryn gesehen haben.

Kapitel 5

Missbrauch und Misshandlung in Beziehungen

In diesem Kapitel werden Sie eine andere Kathryn kennenlernen, eine 53-jährige Autorin, Rednerin und Lebensberaterin, die mit Frauen arbeitet, die Missbrauch in Beziehungen erlebt und sich davon gelöst haben und nun Heilung suchen. Kathryn wurde von ihrem Exmann Tim misshandelt. Sie war zwölf Jahre mit ihm verheiratet und gemeinsam haben sie einen Sohn und eine Tochter.

In den Vereinigten Staaten werden jedes Jahr circa vier Millionen Frauen von ihrem Partner körperlich misshandelt und fast 21 Millionen erleben verbalen Missbrauch. Natürlich leiden auch Männer in Beziehungen unter Missbrauch.

Die Statistiken über Missbrauchsfälle zeichnen ein falsches Bild, denn verbaler Missbrauch ist auch körperlicher Missbrauch und diese Zahlen müssten hinzugenommen werden. Weitgehend ohne Kenntnisse darüber, wie Energie funktioniert, trifft die moderne Gesellschaft eine willkürliche und ungenaue Unterscheidung zwischen diesen beiden Formen. Worte sind Energie und die Energie der Schimpf- und Schmähworte dringt in die Chakras (Energiezentren) ein und trifft den Körper mit derselben Wucht wie ein Faustschlag. Es kann keinen verbalen Missbrauch ohne körperlichen Missbrauch geben, auch wenn die Auswirkungen der Worte keine sofort sichtbaren Spuren am Körper hinterlassen.

In Kathryns Geschichte geht es um mehr als nur um Missbrauch. Sie handelt von dem äußeren Kampf, eine Beziehung zu retten, und von dem inneren Kampf, sich aus dieser Beziehung zu lösen. Es geht um emotionale Intimität: wie sie entsteht, was an ihrer Substanz zehrt und was sie schlussendlich zerstört.

Als Seelen sehnen wir uns nach der Erfahrung, Liebe auf der physischen Ebene zu geben und zu empfangen. Würden wir planen, missbraucht zu werden, wo wir uns doch nach Liebe sehnen? Würden wir jemanden misshandeln, wenn wir ihn doch eigentlich lieben möchten? Oder sind Beziehungen, die durch Missbrauch und Misshandlung gekennzeichnet sind, nicht Teil eines vorgeburtlichen Lebensplans, sondern Anzeichen dafür, dass mit dem Plan etwas schiefgelaufen ist? Kathryn und ich versuchten diese Fragen anhand einer Sitzung beim Medium Staci Wells und – weil Kathryn hellhörend ist – im Rahmen einer direkten Unterhaltung mit ihren Geistführern zu beantworten.

Kathryn

Kathryn erzählte, in ihrer Kindheit hatte ihr Vater das Bedürfnis, alles zu kontrollieren. Er war ein Perfektionist.

»Er wollte, dass alle nach seiner Pfeife tanzten«, erzählte sie mir. »Papa hatte mich völlig unter Kontrolle. Ich hatte Angst vor ihm, obwohl er mich niemals schlug oder anschrie. Ich wollte ihm gefallen. Ich wollte von ihm geliebt werden.«

In ihrer Jugend trafen sich Kathryn und ihre Freunde häufig in einem Park in der Innenstadt. Oft tauchte ihr Vater dort unangemeldet auf, um zu sehen, was sie so trieb. Sie musste immer zu einer bestimmten Zeit zu Hause sein und ihrem Vater stets sagen, wohin sie ging und was sie dort machte.

Kathryn genoss das Gefühl der Freiheit, als sie endlich von zu Hause auszog, um ihr Studium aufzunehmen. In der Universitätsstadt lernte sie Tim kennen. Zwar waren sie gleichaltrig, aber Tim arbeitete bereits. Kathryn fühlte sich von seiner rauen männlichen Erscheinung und von der Zuneigung, mit der er sie überschüttete, angezogen.

»Ich kann mich nicht erinnern, je gesehen zu haben, dass sich meine Eltern umarmt oder geküsst hätten«, berichtete Kathryn. »Das war für mich alles vollkommen neu und es war wunderbar!«

Auch für Tim war dies alles völlig neu, denn wie Kathryn noch herausfinden sollte, hatte er von seinen Eltern nie viel Zuneigung bekommen.

»Tim hatte eine dominierende Mutter, die häufig ausfallend wurde, und einen Vater, der ihm beibrachte, sich wie ein Macho zu verhalten und für seine Handlungen keine Verantwortung zu übernehmen«, erklärte Kathryn. »Man brachte ihm bei, dass immer andere Menschen an seinen Problemen Schuld wären.«

Im zweiten Jahr an der Universität wurden Kathryn und eine Handvoll anderer Studenten für das Skiteam ausgewählt. Sie war sehr stolz und freute sich darauf. Tim hingegen fühlte sich durch ihre neuen Freundschaften mit den anderen Teammitgliedern und die Reisen, die sie ohne ihn unternehmen würde, bedroht. Er verbot ihr die Teilnahme. Kathryn sagte dennoch zu, entwickelte aber Schuldgefühle. Im Rückblick war Tims Reaktion ein deutliches Warnsignal, dem sie besser Beachtung hätte schenken müssen.

Kurz darauf fragte eine Freundin Kathryn, ob sie bei ihrer Hochzeit eine der Brautjungfern sein möchte. Am Abend vor der Hochzeit ließ Tim eine Verabredung mit Kathryn platzen und ging stattdessen mit seinen Freunden saufen. Als er in der Nacht zu Kathryn kam, wurde er wütend, als er hörte, dass sie ebenfalls mit Freunden ausgegangen war.

»Er fragte mich, warum ich ausgegangen sei«, erinnerte sich Kathryn. »Ich durfte so etwas nicht. Wenn er mir eine Frage stellte und ihm die Antwort nicht gefiel, schlug er mich. Weinte ich dann, sagte er nur: ›Ach, das tut doch gar nicht weh‹ und schlug mich nochmals.«

Am nächsten Tag fand die Hochzeit statt. »Ich hatte eine große Prellung am Arm, sie war schwarz, blau und lilafarben und tat fürchterlich weh. Um sie zu bedecken, zog ich den Ärmel meines Kleides herunter, da es jedoch sehr windig war, wurde der Ärmel hochgeweht. Ein Freund fragte mich: ›Hat Tim das getan?‹ ›Nein‹, log ich. Daraufhin sagte er: ›Ich glaube, er war es doch. Das darfst du dir nicht gefallen lassen.‹ Sein Rat ging zum einen Ohr rein und zum anderen raus. Ich schämte mich so sehr, weil ich dachte, ich wäre schuld daran, dass Tim mich geschlagen hatte.«

»Kathryn«, hakte ich nach, »da du dich nach diesem Vorfall weiter mit Tim getroffen hast, musst du ihn sehr gemocht haben. Du hast erwähnt, dass Tim seine Zuneigung offen zeigte. Welche anderen Eigenschaften haben dir noch an ihm gefallen? Welche guten Seiten hatte eure Beziehung?«

»90 Prozent der Zeit war er nett zu mir«, antwortete sie. »Er war gütig und fürsorglich und sehr verschmust. Wir haben stundenlang zu Abend gegessen. Wir haben nächtelang über unser Leben geredet, über unsere Kindheit, über die Dinge, die wir uns für die Zukunft erhofften. Ich war so verliebt in ihn. Ich fühlte mich in seiner Gegenwart so wohl.«

Sie seufzte traurig. »Ich habe noch nie jemanden so sehr geliebt.«

Kathryn und Tim waren jahrelang zusammen. Gelegentlich kam es zu Misshandlungen, aber für Kathryn wurden diese Vorfälle durch die glücklichen Zeiten mehr als ausgeglichen. Als Kathryn Anfang 30 war, heiratete sie Tim.

Zwei Jahre nach der Geburt ihres ersten Kindes begann Kathryn unter postpartalen Stimmungskrisen zu leiden. Tim war unfähig, ihre Depressionen zu verstehen, und wurde jedes Mal wütend, wenn sie sie auch nur erwähnte. Außerdem zeigte er wenig Interesse, sich um das gemeinsame Kind zu kümmern. »Ich trug die gesamte Verantwortung und er übernahm keine«, sagte sie traurig. Kathryns Aussage sollte später noch größere Bedeutung zukommen, als wir uns ihre vorgeburtliche Lebensplanung ansahen.

Ich bat Kathryn zu beschreiben, wie Tim mit ihr redete.

»Tim sagte zum Beispiel: ›Bist du bescheuert? Was stimmt denn mit deinem Kopf nicht? Du denkst einfach nicht nach.‹ Oder er sagte: ›Wenn du glaubst, du könntest einen besseren finden, dann täuschst du dich. Du wirst nie jemanden finden, der dich so gut behandelt wie ich. Du wirst nie jemanden finden, der so gut aussieht wie ich.‹ Er sagte, dass ich nicht klug genug, nicht hübsch genug, nicht schlank genug sei. Wenn ich ein Stück Kuchen essen wollte, pflegte er zu sagen: ›Willst du wie deine Schwester aussehen? Hör sofort damit auf.‹«

»Einmal«, erinnerte sie sich, »las ich in einem Artikel, wie unfrei die Frauen in Pakistan sind und sagte: ›Ich wünschte, ich könnte etwas tun, um ihnen zu helfen.‹ Daraufhin Tim: ›Was glaubst du denn, wer du bist? Warum zum Teufel willst du denen denn helfen?‹ Ich musste immer sehr vorsichtig sein. Ihm gefiel es nicht, wenn ich Mitgefühl mit irgendjemandem hatte.«

Dann schilderte Kathryn einen besonders verstörenden Vorfall. Sie war mit Tim im Badezimmer und sagte etwas, woraufhin er völlig ausflippte.

»Ich dachte, er würde mich umbringen. Er packte mich an den Schultern und stieß mich gegen die Badewanne. Die Kinder kamen ins Bad gerannt und schrien: ›Papa, Papa! Hör auf, hör auf!‹ Er war so wütend, dass er nicht mehr wusste, was er tat. Schließlich gelang es den Kindern, seine Aufmerksamkeit zu erregen, und er hörte auf. Alles war voller Wasser. Ich weinte und konnte nicht mehr atmen. Die Kinder schrien: ›Mami, Mami! Geht es dir gut?‹«

Die Ehe ging noch einige Zeit so weiter. Erst als Kathryns Bruder nach einem Herzinfarkt überraschend starb, veränderte sich etwas in ihrer Beziehung zu Tim.

»Ich ließ nicht zu, dass Gefühle wegen meines Bruders Tod in mir hochkamen, weil ich zu viel damit zu tun hatte, mich um meine Kinder und meine Eltern zu kümmern. So ignorierte ich meine eigenen Bedürfnisse vollkommen«, bekannte Kathryn. In der Folge begann sie unter Angstzuständen zu leiden. Sie machte eine Therapie, in der auch ihre Beziehung zu Tim zur Sprache kam.

»Am Ende der Therapie hatte ich erkannt, dass er mich besser behandeln müsste«, erzählte mir Kathryn. »Ich begann mich zu wehren.«

»Hast du damals angefangen, darüber nachzudenken, ihn zu verlassen?«

»Ja, ich kämpfte mit mir selbst und trug einen inneren Kampf aus. Je mehr ich lernte, mich selbst zu respektieren, desto weniger liebte ich ihn. Ich kämpfte trotzdem, weil ich an meine beiden Kinder dachte. Schließlich hatte ich diesen Mann geheiratet mit der Absicht: ›bis dass der Tod uns scheidet‹.«

»Wir hatten schon lange aufgehört, über unsere Gefühle zu reden«, fügte sie hinzu. »Eines Tages fragte mich Tim: ›Du hast doch nicht etwa vor, mich zu verlassen, oder?‹ Und bevor ich noch lange nachdenken konnte, kamen aus meinem Mund die Worte: ›Doch, genau das habe ich vor.‹ Ich sagte ihm, dass unsere Ehe vorbei sei.«

Kathryn ließ sich von Tim scheiden und baute sich allmählich ein eigenes Leben auf. »Einen Tag nach dem anderen und einen Schritt nach dem anderen nahm ich mein Leben langsam wieder in die eigenen Hände«, sagte sie. Heute lebt ihre Tochter bei ihr und Kathryn hilft ihr hingebungsvoll bei der Erziehung ihres Enkelsohns. Kathryns Sohn lebte einige Jahre beim Vater und besucht heute die Universität.

Ich fragte Kathryn, wie sie aufgrund dieser Erfahrung gewachsen wäre.

»Ich habe im Laufe der Jahre viel Heilung erfahren. Ich habe häufig in den Spiegel geschaut und erkannt, welchen Teil ich selbst zu dieser Situation beigetragen habe. Ich habe erkannt, dass die Angst nur in mir selbst lebt. Sobald ich wieder Angst verspüre, stelle ich mich ihr und dann verschwindet sie wieder. Ich spüre meine Gefühle stärker als je zuvor. Früher habe ich so getan, als wären sie gar nicht da. Heute gestatte ich mir, sie zu fühlen.«

Kathryns Sitzung mit Staci

Angesichts der Reichweite und Komplexität vorgeburtlicher Lebensplanung zweifelte ich nicht daran, dass Kathryn und Tim diese gemeinsame Erfahrung geplant hatten. Die wichtigen Beziehungen in unserem Leben – und selbst jene, die weniger wichtig anmuten – entstehen nicht zufällig, ganz gleich, wie zufällig die erste Begegnung auf der physischen Ebene auch erscheinen mag.

Ich wusste allerdings nicht, ob Kathryn den Missbrauch vorhergesehen und verstanden hatte, wie emotional aufreibend die Situation sein würde. Falls dies zutreffen sollte, warum hatte sie sich dann in eine solche Lage gebracht? Und worauf hatte Tim gehofft? Hatte er verstanden, dass er möglicherweise gewalttätig werden würde?

Mit diesen Fragen im Hinterkopf hörte ich zu, während Staci ihre medialen Fähigkeiten einsetzte und Kathryn und Tim bei der vorgeburtlichen Lebensplanungssitzung belauschte. Damals wusste ich noch nicht, dass Staci uns eine der umfangreichsten und erstaunlichsten vorgeburtlichen Unterhaltungen schildern würde, die im Verlauf unserer gemeinsamen Arbeit auftauchen sollten.

»Ich sehe etwas, das ich in einer vorgeburtlichen Planungssitzung noch nie erlebt habe«, erklärte Staci gleich zu Beginn der Sitzung. »Ich sehe Kathryn und Tim und noch zwei andere Seelen in männlicher Form, die mit Kathryn sprechen wollen. Die beiden möchten sie ebenfalls heiraten oder wenigstens eine Liebesbeziehung zu ihr haben. Es ist ungewöhnlich, aber sie schiebt die beiden beiseite und erlaubt Tim, sich ihr zu nähern. Natürlich ein eindeutiger Hinweis, dass die Beziehung zu ihm geplant war. Nun wollen wir mal sehen, was ich noch herausfinden kann, wenn ich näher herangehe.

In dieser Planungssitzung hat Tim noch nicht den Mantel der Persönlichkeit übergestreift, den er im kommenden Leben erhalten wird. Er trägt noch immer den Mantel eines früheren, aber nicht seines letzten Lebens. Jenes Leben fand in Italien im 15. Jahrhundert statt. Er trägt diese Persönlichkeit, weil es sein letztes Leben ist, in dem er mit sich selbst zufrieden war.«

In der geistigen Welt kann jede beliebige Gestalt angenommen werden. Wenn jemand einen verstorbenen Angehörigen entdeckt, der genauso aussieht wie zu Lebzeiten, dann beruht dies auf der Entscheidung der Seele, in der vertrauten Form zu erscheinen. In vielen Planungssitzungen, die Staci beobachten konnte, haben die Seelen entweder ganz oder teilweise diejenigen Erscheinungen angenommen, die sie im kommenden Leben haben würden. In einigen wenigen Fällen zogen die Seelen es vor, in ihrem Lichtkörper oder ihrer geistigen Gestalt zu bleiben. In diesem Fall hatte Tim die Gestalt eines weiter zurückliegenden Lebens gewählt, als er noch so etwas wie Selbstrespekt zu fühlen vermochte. Wie wir bald herausfinden sollten, spiegelte diese Entscheidung seine Absicht wider, mit Kathryn an einem bestimmten Thema zu arbeiten.

»Kathryn spricht davon, wie sehr sie sich nach ihm verzehrt, und dass sie ihn schon in früheren Leben gewollt hätte, aber nie bekommen konnte«, fuhr Staci fort. »Es war ihr nie gelungen, sein Interesse zu erregen. Er lebte immer schon mit jemand anderem zusammen.

Kathryn war sich stets über Tims Verlangen nach Selbstbestätigung im Klaren. Sie hat ihn in anderen Leben beobachtet und seine große Unsicherheit bemerkt. Sie wollte ihn lieben. Sie erzählt, wie sie über Jahrhunderte eine große Leere in ihm spürt. Nun möchte sie diese Leere füllen. Sie haben verabredet, dass sie ihm zeigen wird, wie viel Gutes in ihm ist, damit er dieses Gute ebenfalls erkennen kann.«

Tim: Ich möchte nicht von jemand anderem abhängig sein, um mich gut zu fühlen. Ich habe so lange um mich geschlagen. Die Leere, die du in meinen Erdenleben siehst, spiegelt das wider. Ich möchte dich nicht aussaugen, weiß aber nicht, ob ich es schaffe, besonders da du vorhast, mir so viel zu geben. Ich mache mir Sorgen, dass ich vergessen könnte, dich zu respektieren und die Liebe, die du mir geben willst, wertzuschätzen. Ich habe das schon bei anderen nicht geschafft. Es wäre dir gegenüber einfach nicht fair.

Kathryn: Ich möchte dich aber lieben, ich möchte in deinen Armen liegen und von dir geliebt werden.

Tim: Aber ich werde dich möglicherweise verletzen. Außerdem bin ich noch nicht wirklich bereit, mich wieder auf ein Leben einzulassen. Deshalb bin ich mir nicht sicher.

(Hier legt Tim eine Pause ein, um über Kathryns Bitte nachzudenken.)

Tim: Ich werde es tun. Es gibt viele, mit denen ich leben könnte (die ich mir als Eltern aussuchen könnte), und diese Erfahrung wird mich auf den Weg zur Ganzheit zurückführen.

Als ich hörte, wie Staci Tims Entschluss bekannt gab, war ich überrascht, denn er schien sich sehr schnell entschieden zu haben. Dann erinnerte ich mich an etwas Wichtiges, das ich über die vorgeburtliche Lebensplanung herausgefunden hatte: Entscheidungen werden nicht immer und nicht vollständig aufgrund rationaler Überlegungen – wie wir es nennen würden – getroffen. Es ist eher so, dass sich eine Entscheidung *richtig* anfühlt, alle Pläne beruhen auf derartigen Gefühlen. Und dann fiel mir ein weiterer wichtiger Grund ein: Zeit, wie wir sie kennen, existiert in der nicht physischen Welt nicht. Tims »Pause« schien zwar kurz gewesen zu sein, hatte ihm aber reichlich Gelegenheit gegeben, mit Kathryn mittels Gefühlen zu kommunizieren.

Kathryn: Ich werde den Großteil der Verantwortung für die Familie übernehmen. Ich bin nicht perfekt. Es mag vorkommen, dass auch ich wütend werde, aber wir beide wollen doch schließlich Selbstkontrolle lernen. In dir werde ich mich selbst sehen. Und ich hoffe, dass du dich in mir sehen wirst. Mehr will ich nicht. Ich sehe eine solche Schönheit in dir und habe es immer gesehen. Ich möchte dir deine eigene Schönheit zeigen. Deine Sanftmut und dein Mitgefühl könnten mit mir so viel stärker werden.

Tim: Ich arbeite ja an all diesen Dingen, aber ich kann nicht versprechen, dass ich immer so sanftmütig sein werde. Ich hoffe, dir so sehr helfen zu können, wie du mir helfen wirst.

Kathryn: Ich bin stark. Ich weiß, wer ich bin. Ich besitze großen Mut. Ich habe genug Mitgefühl, um dich zu verstehen und zu akzeptieren. Sei dieses Mal mit mir zusammen.

Tim: In Ordnung.

»Im Raum wird es ganz still«, sagte Staci und beobachtete die anderen Mitglieder der Seelengruppe und die anwesenden Geistführer. »Ich sehe, dass Kathryns und Tims Köpfe sich in

Höhe des Dritten Auges berühren. Das ist der Augenblick, in dem die Seelen miteinander verschmelzen. Mein Geistführer sagt mir, auf diese Weise besiegeln sie ihr Versprechen und versichern sich ihrer gegenseitigen Zuneigung.«

Das Energiezentrum zwischen den Augenbrauen wird als Drittes Auge bezeichnet und gilt als Ort der parapsychischen Sicht. Kathryns und Tims Geste ist zum einen ein klares Zeichen der Zuneigung, zum anderen symbolisiert es vielleicht den gemeinsamen Blick auf das kommende Leben und die gemeinsame Vision dafür.

Zum Teil hatte ich nun Kathryns Motive verstanden, sich zusammen mit Tim zu inkarnieren, jedoch nicht, wie sie in diesem Leben zu wachsen hoffte, oder wie der Missbrauch durch Tim diesem Wachstum helfen sollte. Ich fragte Staci, ob Kathryn darüber mit ihren Geistführern Gespräche führte.

»Sie spricht mit einer Geistführerin darüber«, antwortete Staci, als sie sich eine andere Szene aus Kathryns vorgeburtlicher Planungssitzung ansah. »Diese Geistführerin verkörpert Mitgefühl. Alles an ihr ist weich und doch gleichzeitig stark. Es ist aber eine sanfte Stärke. Die beiden haben miteinander geredet, bevor Kathryn in den Raum der Seelen ging, wo sie die eigentliche vorgeburtliche Planungssitzung abhalten. Dieser Name – Raum der Seelen – wurde mir gerade von meinem Geistführer mitgeteilt. Einer jener Begriffe, mit dem sie den Ort beschreiben.

Ich sehe, wie Kathryn und die Geistführerin das Gebäude mit dem Raum der Seelen verlassen und in einen Garten hinausgehen. Ich sehe, wie sich Kathryns Geistführerin von einem Licht in eine menschliche Gestalt verwandelt. Die beiden sprechen über Mitgefühl. Diese Geistführerin ist mit Kathryn seit … Das Wort, das ich hier empfange, lautet ›seit vielen Generationen‹.«

Geistführerin: Ich habe nochmals über einige Gespräche nachgedacht, die wir geführt haben. Ich bin mir bewusst, wie sehr du dir Tim als Ehemann wünschst. Möchtest du diesen Weg wirklich gehen? Möchtest du die Herausforderung dieser Beziehung wirklich annehmen?

Kathryn: Ja, ja, auf jeden Fall.

Geistführerin: Was ich sehe, zeigt mir, dass sich die Dinge nicht so entwickeln werden, wie du es dir vorstellst. Wirst du Mitgefühl mit jemandem haben können, der dich anbrüllt, die Hand gegen dich erhebt und beim geringsten Anlass völlig außer sich gerät?

Kathryn: Sein Wunsch nach Vervollkommnung ist so groß wie mein eigener. Er ist für mich so lange Ziel meiner Wünsche gewesen, dass ich bereit bin, diese Herausforderung um jeden Preis anzunehmen. Ich spüre in meinem Herzen, dass ich ihm Liebe geben kann, wenn andere sich von ihm abwenden. Ich spüre in meinem Herzen, dass er diese Art der Stärke, diese Unterstützung braucht und dass er sie von mir nehmen und seinem eigenen Selbst hinzufügen kann. Meine Stärke wird für uns beide ausreichen.

(Kathryns Geistführerin schüttelt den Kopf.)

Geistführerin: Ich fürchte, du bist verwirrt. Ich mache mir Sorgen, du könntest die möglichen Konsequenzen nicht sehen.

(Kathryn bleibt stehen und legt eine Hand auf den Arm ihrer Geistführerin.)

Kathryn: Nein, ich weiß, wohin das alles führen kann. In meinem Herzen wird es das Versprechen erfüllen, das ich ihm gegeben habe, als er mein Sohn war, mein Baby, das ich nicht beschützen konnte.

»Ich sehe jetzt das Bild eines sehr weit zurückliegenden Lebens in einer Höhle«, sagte Staci. »Ihr Sohn wurde von einem Mann getötet, der ihm mit einem Stein den Schädel einschlug. Dieser Mann war ein einsamer Wanderer und nicht mit ihnen verwandt. Er war zornig und wild. Kathryn hat das starke Bedürfnis, etwas wiedergutzumachen, denn sie konnte Tim damals nicht beschützen. Sie hat ihm noch immer so viel Liebe zu geben. Das ist ein Teil ihrer Motivation.

Die beiden gehen weiter und unterhalten sich. Dann setzen sie sich neben einigen Büschen ins Gras. Die Geistführerin nimmt die Tafel (das Planungsdiagramm) mit den schwarzen und weißen Feldern heraus und deutet auf ein Feld.«

Geistführerin: In diesem Leben hast du als Frau im antiken Rom gelebt. Du hattest sehr wenig Mitspracherecht in Bezug auf dein eigenes Leben. Du warst anspruchslos und zuerst vom guten Willen deines Vaters und anschließend von dem deines Mannes abhängig. Und das in einer Zeit, in der Frauen sowohl verehrt als auch verachtet wurden. Möchtest du diese Erfahrung wiederholen? Möchtest du wieder verehrt und verachtet, erhöht und erniedrigt werden? Frag dich selbst, ob das deine Entwicklung positiv beeinflussen wird.

Kathryn: Ich habe starke Gefühle, auch wenn sie nicht immer klug sein mögen.

Geistführerin: In diesem Leben wird deine Essenz, werden dein Herz und deine Seele immer wieder infrage gestellt. Du wirst lernen müssen zu ignorieren, was man dir über dich selbst erzählt und dich an deine eigene Wahrheit zu erinnern. Bist du hierzu stark genug?

Kathryn: Falls ich es nicht sein sollte, wird es mich dann nicht stark machen?

Geistführerin: Nein, das steht nicht fest. Es liegt ganz bei dir. Du kannst dich wieder dafür entscheiden, zu Boden zu blicken und niemandem ins Gesicht zu schauen, du kannst dich wieder dafür entscheiden, auf deine Hände und Füße zu blicken und vollkommen machtlos zu sein.[13]

Kathryn: Nein, das ist nicht, was ich will. Ich war machtlos in jenem Leben, in dem er erschlagen wurde. Ich weiß, dass meine Liebe zu ihm über alle Maßen stark sein wird.

Geistführerin: Aber was ist mit deiner Liebe zu dir selbst? Ist das nicht dein vorrangiges Ziel im nächsten Leben? Nicht nur andere zu lieben, nicht nur geliebt zu werden, sondern dich selbst zu lieben?

[13] Dies ist ein Hinweis auf mehrere frühere Leben, darunter auch auf eines als Frau im antiken Rom. In jenem Leben war Kathryn angesichts ihrer Erfahrungen so machtlos, dass sie ihr Leben wortwörtlich mit niedergeschlagenen Augen verbrachte und ständig auf ihre Hände und Füße blickte.

Kathryn: Ja, ich weiß, dass es darum und um noch viel mehr geht.

Geistführerin: Nicht um mehr, dies ist der Kern, um den sich alles dreht und aus dem heraus alles andere entstehen wird. Deine Liebe zu dir selbst, deine Freude, die aus deinem Innern erwächst, und deine Fähigkeit, diese Liebe und Freude mit anderen zu teilen, folgen alle aus dieser Lektion. Wenn du heranwächst und selbst eine Familie hast, ist es die Liebe in dir, die du mit ihr teilen wirst. Bist du wirklich bereit, das zu erleiden, was du mit dieser Person erleiden wirst, die bekannt dafür ist, impulsiv zu sein, um sich zu schlagen und die Ursache seiner Probleme und die Antworten auf seine Fragen nicht in sich selbst zu suchen? Bist du wirklich bereit, die möglichen Konsequenzen zu tragen?

Kathryn: Ich möchte ihn unterstützen und ihn fördern, weil ich dazu (im früheren Leben) nicht fähig war.

Geistführerin: Warum willst du dann nicht seine Mutter sein?

Kathryn: Das wird mir nicht die Art von Freude bereiten, nach der ich mich sehne. Ich möchte mit ihm eine Liebesbeziehung eingehen. Vielleicht sehne ich mich danach, ihn auf diese Weise zu fühlen. Ich habe ihn schon einmal geboren. Dieses Mal möchte ich ihn haben, wenn er erwachsen ist. Er wird als Mann zu mir kommen und ich zu ihm als Frau und unsere Charaktere werden sich bereits geformt haben. Die Freude, die wir miteinander teilen werden, wird mich mehr als genug für einen Verlust entschädigen, der möglicherweise eintreten wird. Ich bin bereit, lass uns nun in den Raum der Seelen gehen.

Ich war von diesem vorgeburtlichen Dialg und den Details, die Staci wiedergab, vollkommen fasziniert. Als Kathryn und ich später darüber sprachen, sagte sie: »Diesem armen Mann wurde der Schädel eingeschlagen, als er mein Kind war, und ich wollte ihn lieben, wie es noch keine andere getan hatte. Und ich habe es getan. Ich habe es ihm gezeigt.«

Als ich sie darauf ansprach, dass sie dem Rat ihrer Geistführerin nicht gefolgt war, erwiderte sie: »Ich springe immer zuerst ins Wasser und schaue dann, ob ich eine Schwimmweste dabei habe. So bin ich eben auch auf der anderen Seite. Deshalb kriege ich manchmal eben etwas aufs Dach.«

Stacis Geistführer hatte das Reading geleitet und sie direkt zu den Bildern und Unterhaltungsfetzen geführt, die unsere Fragen am besten beantworten würden. Da mir klar war, welche wichtige Rolle er gespielt hatte, bat ich ihn um einige abschließende Bemerkungen in Bezug auf Kathryns vorgeburtliche Pläne eines Lebens mit Tim.

»Die Persönlichkeit schwankt zwischen extremen Verhaltensweisen hin und her, bevor sie ihre Mitte in ihrem eigenen Selbst findet«, antwortete der Geistführer. Staci sprach wieder sehr langsam, wie sie es immer macht, wenn ihr Geistführer durch sie spricht, aber dieses Mal hatte ihre Stimme auch einen ungewöhnlich feierlichen Ton angenommen.

»Als Kinder beginnt ihr als liebevolle Individuen. Wenn die verschiedenen karmischen Energien in eurem Leben aktiviert werden, fangt ihr an, eure Erfahrungen durch diese karmischen Filter zu sehen. Manchen Menschen gelingt es, in der Gegenwart zu bleiben, aber die meisten betrachten ihre gegenwärtigen Erfahrungen im Lichte alter Erfahrungen, in denen ihnen gesagt wurde, wie schlecht sie seien. Tim wurde schon in einem sehr frühen Alter gesagt, er wäre schlecht. Wir urteilen nicht über die Frau, die Tims Mutter ist, und ihm diese Botschaft überbrachte. Es war Tims Herausforderung, sich mithilfe bedingungsloser Liebe zu sich selbst über diese Botschaft zu erheben.«

Er fuhr fort: »Kathryn und Tim arbeiten an ähnlichen karmischen Themen. Keiner sollte verurteilt werden. Es geht um Herzensfragen, es geht um Heftigkeit und Leidenschaft, also um Themen, die bei beiden vorhanden sind. Kathryn kam emotional entwickelter und stabiler in dieses Leben und hatte das große Bedürfnis, geliebt zu werden und Tim und viele andere zu lieben. Dafür sollte man sie nicht verurteilen. Beide Individuen waren sich bewusst, dass dies (der Missbrauch) geschehen könnte, und doch haben sie sich entschieden, die Beziehung einzugehen.«

Kathryn empfängt Durchsagen ihrer Geistführer

Um noch weitere Erkenntnisse über Kathryns Lebensplan zu gewinnen, fragte ich sie, ob ich mit ihren Geistführern sprechen könnte. Zum jetzigen Zeitpunkt der menschlichen Evolution sind die meisten Menschen nicht fähig, ihre Geistführer bewusst zu hören. Dass Kathryn es kann, gab uns die seltene und äußerst spannende Gelegenheit, direkt mit den Wesen zu sprechen, die an der vorgeburtlichen Lebensplanung beteiligt waren.

Intuitiv spürte ich, dass Kathryns Entscheidung, sich Tim als Partner auszusuchen, etwas mit der Wahl ihres Vaters in diesem Leben zu tun hatte. Also stellte ich die erste Frage in dieser Richtung.

»Warum hat sich Kathryn einen so dominierenden Vater ausgesucht?«

»Kathryn suchte sich einen dominierenden Vater aus, um als Kind zu lernen, das zu tun, was man ihr sagt – als Vorbereitung für einen späteren dominanten Mann«, antworteten die Geistführer. »Obwohl Kathryn mit großer Intelligenz geboren wurde, wenn ein Mann die Bühne beträte, würde sie nicht mehr in der Lage sein, klar zu denken.

Die Kindheit Kathryns war dergestalt, dass sie sich vor ihrem Vater, damals die dominanteste männliche Figur in ihrem Leben, fürchtete. Die Angst, die sie verspürte, ließ sie nicht mehr klar denken. Als sie Tim begegnete, empfand sie angesichts seiner Aggressivität dieselbe Angst, und tat bis zu ihrer Heilung alles, was man von ihr verlangte. Selbst lange nach Beendigung der Situation war sie noch unfähig, klar zu denken. Diesen entscheidenden Vorteil setzte Tim ein, um Kathryn in dem Maße zu misshandeln. Ohne diese geistigen Probleme hätte sich Kathryn wohl von Tim nicht alles gefallen lassen. Seine Aggressivität hätte sich dann verändert und die Beziehung eine völlig andere Richtung genommen.«

»Ich habe das Gefühl«, sagte ich, »Kathryn hat sich nach einer Erfahrung gesehnt, in der sie sich von jemandem befreien konnte, um dann auf eigenen Füßen zu stehen. Da ihr dies mit ihrem Vater nicht gelungen ist, zog sie einen dominierenden Freund beziehungsweise Ehemann in ihr Leben, um so die Lektion der Unabhängigkeit zu lernen.«

»Das ist wahr«, bestätigten die Geistführer. »In früheren Leben ist Kathryn immer dominiert worden. Wenn man sich selbst wertlos fühlt, kann man sehr leicht von anderen Menschen beherrscht werden. Weil man sich selbst nicht wertschätzt, versucht man ständig, es allen recht zu machen. Kathryns Themen sind daher Freiheit und Selbstwertgefühl.

Kathryn und Tim wollten einander unbedingt helfen. Kathryn wollte stark sein, sich selbst wertschätzen und lernen, mit erhobenem Kopf durchs Leben zu gehen. Sie wollte Tim helfen, sein Herz der Liebe zu öffnen und seinen eigenen Wert zu erkennen. Sie hatten vereinbart, dass Kathryn sich aus der Ehe zurückziehen würde, wenn er seine Lektion nicht lernen sollte, um ihn so in seinen Grundfesten zu erschüttern.«

»Wenn es eins von Kathryns Zielen war, stark und unabhängig zu sein, warum hat sie sich statt liebevoller Eltern, die ihr beibringen würden, selbstständig zu sein, dann einen dominierenden Vater ausgesucht?«, fragte ich.

»Ihr Vater war sowohl sehr fordernd und dominant als auch ein gutes Vorbild für Stärke, ihre Mutter dagegen sanftmütig, gütig und großzügig. So bekam Kathryn das Potenzial für eine gute Charaktermischung. Im Verlauf ihres persönlichen Wachstums sollte Kathryn lernen, die Stärke ihres Vaters mit der Güte ihrer Mutter zu kombinieren und sich zu der Person zu entwickeln, die sie sein musste, um ihre Lebensaufgabe meistern zu können.«

»Hat Kathryn geplant, Tim nur dann zu heiraten, wenn sie in jungen Jahren weder Stärke noch Selbstwertgefühl entwickeln sollte?«

»Nein, sie hätte Tim ohnehin geheiratet. Sie musste die Erfahrung machen, damit sie anderen dabei helfen konnte, durch Erfahrungen zur Erkenntnis der eigenen Stärke zu gelangen.«

»Wenn Tim sich entschlossen hätte, nicht so dominant zu sein und sie nicht so schlecht zu behandeln, wie wäre Kathryn dann zu der Heilerin und Lehrerin geworden, die sie heute ist?«, hakte ich nach.

»Sie wäre es nicht. Sie würde anderen immer noch zeigen, wie man innere Stärke entwickelt, aber sich nicht auf Menschen konzentrieren, die Missbrauch erlitten haben. Sie würde eine andere Zielgruppe ansprechen.«

»Als Kathryn und Tim dieses Leben planten, war ihnen da klar, dass er sich wahrscheinlich auf diese Weise verhalten würde?«

»Es war immer klar, dass Tim Kathryn auf irgendeine Weise schlecht behandeln würde, aber nicht, dass es *so* schlimm würde«, antworteten die Geistführer. »Es bestand durchaus die Möglichkeit, dass es später in der Beziehung zu einer Heilung kommen könnte. Wäre dies geschehen, hätte ihre Beziehung sicherlich eine vollkommen andere Richtung eingeschlagen.«

»Wenn ich recht verstehe, fühlen sich Seelen während der vorgeburtlichen Planungsphase auf der Schwingungsebene durch ihre emotionalen Verletzungen zueinander hingezogen. Das klingt für mich so, als hätten beispielsweise sowohl Kathryn als auch Tim ein niedriges Selbstwertgefühl besessen und sich daher voneinander angezogen gefühlt. Verstehe ich das richtig?«

»Seelen fühlen sich aus vielerlei Gründen zueinander hingezogen. Manchmal aufgrund emotionaler Verletzungen, manchmal aufgrund bestimmter Erfahrungen und Lektionen, die die Seelen brauchen, um Meisterschaft zu erlangen. Bei der vorgeburtlichen Lebensplanung geht es immer darum, dass beide Seiten davon profitieren. Niemand würde eine Abmachung allein aus selbstsüchtigen Motiven treffen und nur an sich selbst denken. Seelen möchten geben und empfangen. Das war auch bei Kathryn und Tim so. Kathryn wollte Tim unbedingt ihre Liebe schenken und Tim wollte Kathryn unbedingt bei der Arbeit an ihrem Selbstwertgefühl helfen. Aber Tim war nicht wirklich wohl dabei, denn er sorgte sich, Kathryn zu sehr zu verletzen. Es war Kathryn, die darauf bestand, dieses Leben mit Tim zu verbringen.«

»Stimmt es, dass Menschen, die ihre emotionalen Verletzungen heilen, während sie sich in einem Körper befinden – wenn sie zum Beispiel lernen, sich selbst zu lieben und ihren eigenen Wert zu erkennen –, in kommenden Leben nicht mit jemandem zusammen sein werden, der sie vermutlich misshandeln wird?«

»Ja, das stimmt bis zu einem gewissen Grad«, antworteten die Geistführer. »Kathryn hat sicherlich ihre Verletzungen geheilt und ihren eigenen Wert erkannt. Dieses Gefühl der Wertschätzung hat sich ihrer Seele jetzt tief eingeprägt. Es ist daher unwahrscheinlich, dass sie sich je wieder für ein Leben entscheiden könnte, in dem sie schlecht behandelt wird. Allerdings sagen wir niemals nie. Es kann nämlich durchaus geschehen, dass sie sich für ein Leben mit einem Menschen entscheidet, der sie misshandelt, weil sie dem Betreffenden helfen möchte, eine bestimmte Lektion zu lernen. Sollte Kathryn sich auf so etwas einlassen, dann wird sie nicht mehr wie in diesem Leben leiden, denn sie besitzt keine offenen Wunden mehr.«

»Bitte sagt den Menschen, die sich selbst heilen möchten, etwas, damit sie nie wieder planen müssen, einen Partner zu treffen, der sie schlecht behandelt.«

»Alle, die sich heilen möchten, um nie wieder missbraucht zu werden, müssen zunächst einmal anerkennen, wie mutig sie gewesen sind, sich vor der Geburt auf so etwas einzulassen. Wenn sie ihr Herz und ihr Bewusstsein öffnen und fest daran glauben, die Kraft zur Heilung zu besitzen, dann wird die Heilung beginnen. Sie müssen diesen Wunsch nur in ihrem Herzen wachrufen. Wir rufen euch auf, daran zu glauben, dass auf euch ein besseres Leben wartet, nicht nur während ihr auf Erden wandelt, sondern auch jenseits des Schleiers. Glaubt und habt Vertrauen in das Universum und euren eigenen vorgeburtlichen Plan.

Viele Seelen, die heute auf Erden wandeln, sind bereit, all jenen zu helfen, die nach Wissen dürsten und sich nach Wachstum sehnen. Euer persönliches Wachstum auf der Erde verwandelt sich in das zeitlose Wachstum eurer Seele. Es gibt viele Wege der Heilung, die Möglichkeiten sind zu zahlreich, um sie aufzuzählen. Bittet und euch wird gegeben werden.

Wir senden euch unsere Liebe und drücken euch unseren Dank für eure Arbeit aus. Namaste.«

~

Zum großen Teil ist Kathryns und Tims Geschichte die zweier Seelen, die sich ihre Eltern und Liebespartner aufgrund emotionaler Verletzungen ausgesucht haben. Die Geschichten ihrer vergangenen Leben und ihre vorgeburtlichen Entscheidungen weisen deutliche Parallelen auf.

Tim führte mehrere Leben, in denen er sich seines Wertes nicht bewusst war und eine große Leere im Innern verspürte. Daher entschied er sich für eine dominierende Mutter, die ihn schlecht behandelte, ihm seine eigenen Gefühle der Wertlosigkeit widerspiegelte und von klein auf einredete, er wäre schlecht. Wahrscheinlich mangelte es Tims Mutter auch an Selbstwertgefühl und sie fühlte sich energetisch ebenso zu Tim hingezogen wie er zu ihr. Und wie Kathryns Geistführerin während der vorgeburtlichen Planungssitzung erwähnte, hatte Tim schon seit Langem die Tendenz, die Ursachen seiner Probleme, aber auch die Antworten auf seine Fragen nicht in sich selbst zu suchen. Daher wählte er für dieses

Leben Eltern aus, die ihm, wie Kathryn berichtete, beibrachten, dass immer andere Schuld an seinen Problemen haben. Tims vorgeburtliche Entscheidungen sind ein praktisches Beispiel für das Konzept der Schwingungsresonanz.

Auch Kathryn hatte mehrere Leben hinter sich, in denen es ihr an Selbstwertgefühl mangelte und sie anderen gestattete, über ihr Leben zu bestimmen. Da sie entschlossen war, die Lektionen des Selbstwerts und der Freiheit zu meistern, suchte sie sich einen dominierenden Vater aus, der ihr das Gefühl der Wertlosigkeit widerspiegelte. Wie Tims Mutter kannte auch Kathryns Vater seinen eigenen Wert nicht und fühlte sich deshalb energetisch zu Kathryn auf dieselbe Weise hingezogen wie sie zu ihm.

In ihrem ausgezeichneten Buch *How People Heal* zitiert Diane Goldner die begabte Heilerin Rosalyn Bruyere: »(Deine Eltern) sind auf exakt dieselbe Weise eingeschränkt, wie du es in deiner letzten Inkarnation warst. Unsere Chakras sind bei der Geburt bereits geprägt und spiegeln all das wider, was du in früheren Leben erreicht hast. Dorthin zu gelangen, wo du bereits warst, ist relativ einfach. Aber darüber hinauszugehen, erfordert lebenslange Arbeit.«[14]

Dass sich Tim und Kathryn für diese Eltern entschieden haben, weist darauf hin, wo sie im letzten Leben aufgehört haben. Das ist ihr Ausgangspunkt. Dass sie sich füreinander als Liebespartner entschieden haben, spiegelt ihren Wunsch wider, sich weiterzuentwickeln und die Heilung beim jeweils anderen und bei sich selbst zu fördern.

Wie die Gefühle der Wertlosigkeit Tim zu seiner Mutter und Kathryn zu ihrem Vater hingezogen haben, so zogen

[14] Diane Goldner: *How People Heal: Exploring the Scientific Basis of Subtle Energy Healing.* Hampton Roads, Newburyport 2003

diese Gefühle sie auch in der vorgeburtlichen Planungsphase zueinander. Kathryns Worte, die sie an Tim richtete – »In dir werde ich mich selbst sehen. Und ich hoffe, dass du dich in mir sehen wirst.« –, waren ein Hinweis, dass sie auf eine Zukunft hoffte, in der beide ihren wahren Wert als göttliche Wesen erkannt haben und auch im anderen sehen würden.

Aber dass sie sich einander als Partner ausgesucht haben, bedeutet auch, sie hatten sich bereits vor ihrer Geburt im anderen gesehen: Kathryn sah das Gefühl ihrer eigenen Wertlosigkeit in Tim widergespiegelt und Tim sah das Gefühl seiner eigenen Wertlosigkeit in Kathryn. Tatsächlich lässt ja Kathryns Aussage – »… dass ich bereit bin, diese Herausforderung um jeden Preis anzunehmen« – erkennen, dass sie sich zumindest zum Teil wegen ihres mangelnden Selbstwertgefühls für Tim entschieden hat, denn eine Seele, die sich ihrer eigenen Großartigkeit bewusst ist, würde eine solche Erfahrung wohl nicht einplanen.

Dennoch basierte der gemeinsame Lebensplan auf einer tiefen gegenseitigen Liebe und auf der Absicht zu heilen. Kathryn wollte Tim seine Sanftmut und sein Mitgefühl zeigen und ihm helfen, diese Seeleneigenschaften zu stärken. Sie wollte ihm seine eigene Schönheit zeigen, eine Schönheit, die sie schon lange erkannt hatte, die ihm aber bisher verborgen geblieben war. Tim wollte Kathryn helfen, ihren eigenen Wert zu erkennen und »dir so sehr helfen, wie du mir helfen wirst«.

Dass ihnen in ihrer Beziehung das Angestrebte nicht gelungen ist, darf nicht als Misserfolg gewertet werden. Dass Kathryn eine Inkarnation mit Tim gegen den Rat ihrer Geistführerin geplant hatte, war kein Fehler. Vom Standpunkt der Seele aus gesehen gibt es weder Fehler noch Misserfolge, sondern nur Erfahrungen. Unsere Seelen urteilen nicht über uns, stattdessen freuen sie sich über die Weisheit, die Gefühle, das Wachstum und die Selbsterkenntnis, die allen Erfahrungen innewohnen.

Wenn eine Seele eine bestimmte Stufe ihrer Entwicklung erreicht hat, basieren alle Entscheidungen über zukünftige Inkarnationen größtenteils auf Mitgefühl. Kathryns Mitgefühl mit Tim war so groß, dass sie bereit war, die Risiken eines weiteren Lebens mit ihm auf sich zu nehmen. Ein derartiges Mitgefühl sollte gefeiert und nicht bedauert werden. Das Ausmaß von Kathryns Mitgefühl, das sie in ihrer vorgeburtlichen Lebensplanung zeigte, wurde im Verlauf von Hunderten, ja manchmal Tausenden Leben entwickelt. Aber jenseits dieser Stufe der Entwicklung existiert eine weitere, auf der das Mitgefühl bleibt, Weisheit und Selbstliebe jedoch zu anderen vorgeburtlichen Entscheidungen führen. Auf dieser Stufe sagt man: »Ich habe großes Mitgefühl mit dir, werde aber nicht zulassen, dass du mich schlecht behandelst.«

Kathryn hat nun diesen Punkt ihrer Entwicklung erreicht. Indem sie sich von Tim getrennt hat, erfüllte sie den Wunsch ihrer Geistführerin: lernen, sich selbst zu lieben. Ihre Liebe zu sich selbst ist nun so stark, dass es – wie uns ihre Geistführer sagten – sehr unwahrscheinlich ist, sie würde einem ähnlichen Lebensplan noch einmal zustimmen.

Auf der Schwingungsebene wird sie sich nicht mehr zu einem potenziell aggressiven Partner hingezogen fühlen, und sollte eine solche Seele doch einmal im Rahmen ihrer Lebensplanung auf sie zukommen, wird sie sich wohl nicht als inkarnierte Partnerin, sondern eher als Geistführerin anbieten. Allen, die diese Stufe der Entwicklung anstreben, die sich in einer ähnlichen Beziehung befinden oder befunden haben und eine solche Erfahrung niemals mehr wiederholen möchten, sage ich: Solange Sie inkarniert sind, besteht Ihre Hauptaufgabe darin, die emotionalen Verletzungen zu heilen, deretwegen Sie die Möglichkeit des Missbrauchs vor Ihrer Geburt eingeplant haben.

Wie alle Menschen in sogenannten gescheiterten Beziehungen hat sich auch Kathryn manchmal schuldig gefühlt. Sie hat sich gefragt, ob sie mehr hätte tun können, ob sie sich wirklich bemüht, sie wirklich genug geliebt hat. Freunde und Familienangehörige haben ihr wahrscheinlich ähnliche Fragen gestellt und sie möglicherweise als einen Menschen betrachtet, der einige sehr dumme Entscheidungen getroffen hat. Sie haben sich vermutlich gefragt, warum sie überhaupt eine Beziehung mit Tim eingegangen ist, seine Misshandlungen ertragen hat und nicht früher gegangen ist. Das alles sind vollkommen natürliche, jedoch aus Sicht der Persönlichkeit gestellte Fragen.

In seiner Weisheit wusste Stacis Geistführer, dass derartige Fragen gestellt werden würden. Von all den Themen, über die er hätte sprechen können, entschied er sich für das Thema Urteilen. Wenn wir begreifen, dass andere Menschen vor der Geburt verabreden, sich auf potenziell problematische Beziehungen einzulassen, um sich selbst zu heilen oder einem lieben Menschen bei seiner Heilung zu helfen, dann können wir ihr Leben vielleicht mit etwas mehr Mitgefühl und Verständnis betrachten. Wenn jene Menschen, die Missbrauch erlitten haben, zu derselben Erkenntnis gelangen, dann akzeptieren sie sich voller Mitgefühl und im Geiste der Vergebung vielleicht selbst. Über andere oder sich selbst zu urteilen hat keinen Wert und beschwert nur die Seele, es blockiert das Licht, erzeugt Trennung und dämmt den Fluss der Liebe in der Welt ein.

Das Leiden, das wir in intimen Beziehungen erleben, lässt uns häufig bedauern, der anderen Person überhaupt unsere

Liebe geschenkt zu haben. Blicken wir aber auf unser Leben zurück, wenn wir wieder in der geistigen Welt sind, dann bedauern wir eher die Zeiten, wo wir uns selbst und anderen keine Liebe geschenkt haben. In der Lebensrückschau sehen und fühlen wir holografisch und in allen Einzelheiten, was geschehen wäre, wenn wir liebevollere Entscheidungen getroffen hätten. Aber da wir von der bedingungslosen Liebe unserer Geistführer und dem Gefühl der Einheit, welches wir in unserer geistigen Heimat spüren, unterstützt werden, urteilen wir nicht über uns selbst.

Mit großer Wahrscheinlichkeit wird Kathryn ihre Lebensrückschau mit einem tiefen Gefühl der Befriedigung über ein wohlgelebtes Leben abschließen. Zuerst gab sie Tim ihre Liebe, später lag ihr Schwerpunkt auf der Liebe zu sich selbst. Hätte sie Tim schnell verlassen, würde keiner von beiden je erfahren, ob er seinen inneren Wert irgendwann erkennen könnte. Hätte sie ihn nicht verlassen, müsste sie ihr römisches Leben wiederholen. All diese Ausdrucksformen der Liebe und Selbstliebe sind Gelegenheiten, die sie ergriffen und nicht verpasst hat, und daher Grund zur Freude.

Kathryns häufige Verwendung des Wortes »Herz« in ihrer vorgeburtlichen Planungssitzung war ein Hinweis für ihre Absicht, Tim in diesem Leben zu lieben – und das tat sie ja auch. Sie sagte ihrer Geistführerin: »Ich spüre in meinem Herzen, dass ich ihm Liebe geben kann, wo sich andere von ihm abwenden. Ich spüre in meinem Herzen, dass er diese Art der Stärke braucht.« Sie sagte auch: »In meinem Herzen wird dies das Versprechen erfüllen, das ich ihm gegeben habe.«

Viele spirituelle Richtungen sehen das Herz als den Sitz der Seele im Körper an, als den Kanal, durch den wir die göttliche Liebe empfangen und in der Welt zum Ausdruck bringen. Die Begriffe »hartherzig« oder »sein Herz verschließen« sind ja mehr als zufällig gewählte Worte, sie bezeichnen eine tatsächliche Stagnation der Energie, die sich einstellt, wenn ein Mensch sich dagegen wehrt, zu lieben oder geliebt zu werden. Das Herz offen zu halten bedeutet, seine Liebe so frei und bedingungslos zu verschenken, wie es Kathryn und Tim in ihrer vorgeburtlichen Planungssitzung getan haben und wie es jeder von uns in seiner vorgeburtlichen Planungssitzung tut.

Damit kommen wir nun zur Essenz von Kathryns Leben und eines jeden Lebens auf Erden. Wir sind hier, um uns an die Liebe zu erinnern und sie dann auf der physischen Ebene auszudrücken und zu konkretisieren. Es ist diese Erfahrung, die die Seele anstrebt. Wenn Sie sich in einer Beziehung befunden haben oder befinden, die von Missbrauch geprägt ist, bittet Sie Ihre Seele darum, den großen Mut und das tiefe Mitgefühl anzuerkennen, die für das Planen einer solchen Erfahrung nötig waren, damit sie sich selbst und andere heilen können.

Wenn Sie Ihren Mut und Ihr Mitgefühl anerkennen und wenn Sie sich daran erinnern, dass Sie sich für Ihren Lebensplan trotz allen äußeren Anscheins in und aus Liebe entschieden haben, dann wird Selbstverurteilung durch Selbstvergebung ersetzt und die Gefühle der Wertlosigkeit werden zugunsten eines dauerhaften Selbstrespekts und einer beständigen Selbstliebe aufgegeben. Und darin liegt die Heilung, die Sie vor Ihrer Geburt angestrebt haben.

Ihre Heilung ist für Ihre Seele das ultimative Erfolgserlebnis auf physischer Ebene. Sie ist Ihr Lebenswerk.

Kapitel 6

Psychische Erkrankungen

An irgendeinem Punkt seines Lebens wird einer von drei Menschen die Kriterien einer psychischen Erkrankung erfüllen. (Ich finde den Begriff *psychische Erkrankung* irreführend, da er die jedem Menschen innewohnende Vollkommenheit nicht berücksichtigt, dennoch benutzte ich ihn hier, weil er allgemein verwendet und verstanden wird. Und ich benutze ihn nur mit größtem Respekt, denn jeder, der sich einer solchen Herausforderung stellt, ist wahrlich eine mutige Seele.) In den Vereinigten Staaten liegt die Zahl sogar bei 46 Prozent. Möglicherweise sind diese Angaben aufgrund falscher Diagnosen oder falscher Selbsteinschätzung viel zu niedrig gegriffen.

Wir befinden uns jetzt in einer Zeit, in der immer mehr Menschen ein Einheitsbewusstsein entwickeln und ein liebevolleres, am Herzen ausgerichtetes Leben anstreben. Gleichzeitig bewerten wir als Gesellschaft psychische Erkrankungen und das damit verbundene Leiden als etwas Schlechtes. Diese Bewertung erzeugt jedoch Angst. Wenn wir einen Menschen als *psychisch krank* bezeichnen, haben wir möglicherweise Angst vor ihm, selbst wenn wir uns das nicht eingestehen wollen. Wenn andere uns so bezeichnen, haben sie möglicherweise Angst vor uns. Und wenn wir uns selbst dieses Etikett anhängen, dann fürchten wir uns wahrscheinlich vor unserer inneren Finsternis. Angesichts der weiten Verbreitung psychischer Erkrankungen erzeugt die durch Etikettierung hervorgerufene Angst eine Barriere, die uns daran hindert, unsere Liebe zum Ausdruck zu bringen und zum Einheitsbewusstsein zurückzukehren.

Weckt man Verständnis dafür, was eine Seele mithilfe einer psychischen Erkrankung zu erreichen sucht, dann wird eine liebevollere Welt und größere Einheit möglich. Auf meiner Suche nach solch einem Verständnis sprach ich mit Mikǽla Christi. Sie wurde Anfang der 1950er-Jahre im schweizerischen Genf geboren, besuchte dort die Universität und erwarb schließlich ihren Magister in Englisch und Pädagogik an der University of Illinois. Mikǽla hat als Autorin und Redakteurin für verschiedene internationale Institutionen gearbeitet, unter anderem für das Internationale Komitee des Roten Kreuzes, außerdem für mehrere Zeitschriften und Nichtregierungsorganisationen, die mit den Vereinten Nationen im Bereich der Menschenrechte zusammenarbeiten.

Ich war von Mikǽlas Geschichte auf zweifache Weise fasziniert: Denn sie hat selbst mehrere Formen psychischer Erkrankung durchlitten (Psychosen, manisch-depressive Erkrankungen, Angstzustände, Bulimie und Zwangsneurosen) und sie ist ein Medium, das Zugang zu Informationen über seinen vorgeburtlichen Plan hat. Und weil sie – was vielleicht am wichtigsten ist – eine Frau ist, die sich mutig und auf brillante Art selbst geheilt und große Freude in ihrem Leben gefunden hat.[15]

[15] Weitere mediale Durchsagen von Mikǽla können im Internet unter http://www.reconnections.net/meta_arc_index.htm nachgelesen werden.

Warum planen wir vor unserer Geburt, die Erfahrung einer psychischen Erkrankung zu machen? Wie dient eine solche Erfahrung unserer Entwicklung? Wenn wir uns in einem Körper befinden und uns mit einer psychischen Erkrankung konfrontiert sehen, wie können wir dann Heilung finden? Ich hoffte, Mikǽla würde mir Antworten auf meine Fragen geben können.

Mikǽla

»Ich hatte mir eine wunderbare Familie – stabil, liebevoll, sicher – und eine glückliche, florierende Zeit ausgesucht, um geboren zu werden«, erzählte mir Mikǽla. »Ich hatte die bestmöglichen Rahmenbedingungen, um viele mentale, emotionale und körperliche Probleme aufzuarbeiten. Ich glaube, ich entschied mich für diese Lebensumstände, um mich ungestört meiner Heilung widmen zu können.«

Mikǽlas Worte bestätigten, was ich selbst erkannt hatte: nämlich, dass wir uns die Umstände aussuchen, unter denen wir geboren werden. Häufig werde ich gefragt, wie man die Bestimmung seines Lebens erkennen könne. Wenn Sie nach einer solchen Erkenntnis streben, schauen Sie sich die Familie, das Land, die Zeit und andere Umstände Ihrer Geburt genau an. In ihnen liegen wichtige Hinweise verborgen.

»Mentale und emotionale Unausgeglichenheit gilt als Erkrankung, solange sie nicht als bewusste Entscheidung auf der Seelenebene erkannt wird«, fuhr Mikǽla fort. »Jetzt kann ich das sehen, aber 30 Jahre lang habe ich gedacht, mit mir würde etwas nicht stimmen, und versucht, es in Ordnung zu bringen. Alles nur, weil ich die Ansichten anderer Menschen übernommen hatte.«

»Wie hat deine Familie auf die psychischen Erkrankungen reagiert?«, fragte ich.

»Mit meinem Vater konnte ich nicht viel darüber sprechen. Er war einer der stabilsten, angepasstesten Menschen, die ich jemals kennengelernt habe, und solchen Themen gegenüber alles andere als aufgeschlossen. Hingegen ist meine Mutter ein unglaublich liebevoller, empathischer und mitfühlender Mensch und eine wirklich gute Zuhörerin. Sie betont immer die positive Seite von allem, damit ich es nicht in etwas Schreckliches verkehre. Das ist mir von großem Nutzen gewesen, gerade weil es so schwierig ist.

Im Laufe der Jahre litt ich unter vielen verschiedenen Symptomen, die insgesamt keine klare Diagnose ermöglichten, obwohl wir alles taten, um der Sache auf den Grund zu kommen. Der Himmel weiß, dass wir keine eigentliche Ursache finden konnten – zumindest nicht eine, die sich in diesem Leben finden ließe.«

Die Episoden ihrer psychischen Erkrankung begannen im Alter von vier Jahren mit Albträumen, die sie in Angst und Schrecken versetzten und anhielten, bis sie 45 wurde.

»Ich sah riesige Würmer, Spinnen, Haie und Monster«, erinnerte sich Mikǽla. »Manchmal waren sie nicht deutlich zu erkennen, eher als würde etwas auf mich zustürzen und ich müsste gleich sterben.

Es gab Zeiten, in denen ich aufwachte und wusste, dass es nur ein Albtraum gewesen war. Aber es gab auch andere Phasen, in denen ich aufwachte und alles, was ich in meinen Albträumen gesehen hatte, befand sich immer noch in meinem Zimmer. Ich krabbelte übers Bett, klammerte mich an das Laken und fiel auf den Boden. Ich wusste, ich war wach, aber dieser riesige, leuchtend grüne Wurm kroch weiter hinter mir her. Meine Angst war unbeschreiblich!

Ich erinnere mich an einen Albtraum, den ich hatte, während ich mit meinem Mann im Bett lag und schlief. Als ich aufwachte, kroch etwas die Wand hoch. Dann wurde dieses Ding zur Wand und die gesamte Wand begann sich zu bewegen. Es sah wie ein riesiges, gruseliges und krabbelndes Insekt aus. Es kam auf mich zu und aus ihm wurde ich. Ich schrie und klammerte mich an meinen Mann. Seine Reaktion war ganz erstaunlich. Er wachte auf, sah mich an und sagte ganz ruhig: ›Oh, wieder ein Albtraum.‹«

»Das Ding war das Schreckliste, was man sich überhaupt ausdenken kann«, fügte sie hinzu, »besonders wenn es die Gestalt einer Spinne annahm. Man kann sich so etwas nicht vorstellen. Ich fühlte mich vollkommen hilflos – und das machte mir am meisten zu schaffen. Deshalb begab ich mich in die Obhut von Therapeuten. Von ihnen hörte ich den Begriff *psychotischer Schub* zum ersten Mal. Sie gaben mir Beruhigungspillen. Ansonsten konnten sie mir nicht helfen, und ich ging deshalb nicht mehr hin.«

In Mikælas Kindheit entstanden die schrecklichen Bilder nur im Schlaf, aber mit der Pubertät tauchten sie auch spontan am helllichten Tag auf, jedoch nie außerhalb des Hauses.

»Die Bilder waren nur selten klar definiert«, erklärte sie mir, »sondern glichen eher einem chaotischen, herumwirbelnden Etwas, das völlig außer Kontrolle auf mich zugerast kam. Es war sehr schwer, nicht in Panik zu geraten.

In ihrer Jugend begann Mikæla auch unter einer bipolaren Störung zu leiden, in der sich Phasen extremer Euphorie mit Phasen schwerer Depression abwechseln.

»Ich liebte die euphorischen Phasen«, sagte sie, »weil ich dadurch der Realität und jeglicher Verantwortung entfliehen konnte. Ich fühlte mich wie die Größte und war unbesiegbar; als könne ich vom Dach springen und fliegen. Natürlich machte ich eine Menge Dummheiten. Ich überzog meine Kreditkarte, tanzte die ganze Nacht durch und ging in teure Restaurants und Bars. Ich hatte das Glück, nie einen größeren Unfall zu haben.

Die Depression war das genaue Gegenteil. Die ganze Welt wurde plötzlich grau. Nichts konnte mir Freude bereiten.«

Mikæla nahm im Verlauf von 15 Jahren immer wieder Antidepressiva ein. Ein Therapeut verschrieb ihr Lithium, aber sie stellte fest, dass es die Hochs weitaus mehr unterdrückte als die Tiefs.

»Einmal war ich krankgeschrieben und blieb die ganze Zeit über im Bett. Ich dachte an Selbstmord. Mein Verstand war völlig benebelt und alles erschien mir hoffnungslos.«

»Mikæla, wie konntest du als Kind mit all dem zur Schule gehen und Freundschaften schließen?«

»Ich hatte keine Freunde«, erwiderte sie mit trauriger Stimme. »Nach der Schule ging ich immer direkt nach Hause. Ich hatte Probleme, mit anderen Kindern zusammen zu sein, weil ich mich nicht wie ein Kind fühlte. Einmal bekam ich ein Attest, damit ich nicht auf eine Klassenfahrt mitmusste. Ich konnte einfach nirgends hin, wo ich mit anderen Kindern in einem Raum schlafen müsste, denn falls ich aus einem Albtraum aufwachen sollte, was würde dann geschehen?«

»Was haben deine Eltern über deine Situation gedacht?«

»Niemand hat darin etwas Böses gesehen. Es war einfach etwas sehr Merkwürdiges, das sie nicht verstehen konnten.«

Trotz der Qualen, die sie in ihrer Kindheit und Jugend erleiden musste, schaffte Mikæla es auf die Universität. Dort begegnete sie dem Mann, den sie später heiraten sollte.

»Wir hatte diese unausgesprochene Abmachung«, erklärte sie mir. »Ich konnte sein, wer ich war, und das tun, was ich wollte, ohne mir deshalb Sorgen machen zu müssen.«

Ich fragte mich, ob Mikæla sich diesen Mann vielleicht aus demselben Grund ausgesucht hatte wie ihre Eltern, nämlich, um sich eine Atmosphäre der Sicherheit und Geborgenheit zu schaffen, in der Heilung möglich sein würde.

Mikæla und ihr Mann waren zehn Jahre glücklich verheiratet, trennten sich dann aber, als er Kinder haben wollte.

»Ich war mehr an meinem Innenleben interessiert und wollte unbedingt herausfinden, was es mit mir, den Therapeuten und den Medikamenten auf sich hat«, erzählte sie. »Mich zusätzlich noch um kleine Menschen zu kümmern, erschien mir unmöglich. Ich hatte ja nicht einmal mein eigenes Leben im Griff.«

»Mikæla, welche anderen psychischen Erkrankungen hast du durchgemacht?«

»Wenn ich deprimiert war, bekam ich Wahnvorstellungen und neigte zu zwanghaftem Verhalten. So konnte ich das Haus nicht verlassen, ohne noch einmal zurückzugehen und nachzuschauen, ob wirklich alles ausgeschaltet war. Wenn ich die Tür abschloss, tat ich dies zweimal. Es war so stark! Ich konnte es einfach nicht lassen. Und manchmal überfielen mich wiederkehrende Wahnvorstellungen.«

»Kannst du uns ein paar schildern?«

»Bei einer war ich in Italien, in der Zeit der Renaissance. Von außen betrachtet (in meinem gegenwärtigen Leben) ging ich die Straße entlang, aber im Innern (in meinem Geist) versteckte ich mich gerade unter einem Tisch, weil ich in Gefahr war. Feinde umgaben mich. Ich trug Gift bei mir. Beide Dinge geschahen gleichzeitig. Später realisierte ich, dass es kurze Szenen aus anderen Leben gewesen sind, aber damals war es einfach etwas, das plötzlich über mich kam.«

Mikæla begann das Medikament Prozac einzunehmen.

Damit gelang es ihr zwar, ihre Arbeitsstelle zu behalten, führte aber auch dazu, dass sie emotional wie tot war.

»Ich spürte die Angst nicht mehr«, erzählte sie über ihre Zeit mit dem Medikament. »Ich fühlte überhaupt nichts mehr. Ich bemerkte nur die zwanghaften Gedanken, die endlos in meinem Kopf kreisten.

Außerdem litt ich seit meinem 18. Lebensjahr unter Essstörungen. Ich hatte tatsächlich Essstörungen im Plural, vor allem Bulimie. Ich stopfte jahrelang alles in mich hinein, nur um es dann wieder zu erbrechen.«

»Ich hatte das Gefühl, irgendetwas tief in meinem Innern wollte heraus«, sagte sie über diese Erfahrungen. »Aber allmählich spürte ich in mir einen Impuls, eine Art inneren Drang, nach anderen Wegen zu suchen, um mit diesen Dingen umzugehen. Sobald ich mich einmal dafür geöffnet hatte, fielen mir Synchronizitäten einfach so in den Schoß – eine nach der anderen.«

Heilung

»Mikæla«, fragte ich, »welche Heilmethoden haben dir letztendlich geholfen?«

»Zunächst Focusing«, antwortete sie.[16] »Diese Methode wurde von Eugene Gendlin entwickelt, einem Therapeuten, der mit der traditionellen Psychotherapie nicht mehr zufrieden war. Er fand heraus, dass bloße Gespräche über Probleme, bei denen man sich im Grunde geistig im Kreis dreht, den meisten Menschen nicht wirklich helfen. Man muss seine Gefühle dabei spüren. Wenn man versucht herauszufinden,

[16] Weitere Informationen finden Sie unter www.focusing.org oder www.focusingtherapy.org.

wo im Körper man die Gefühle spürt, dann gelingt einem das relativ einfach. Man konzentriert sich auf den betreffenden Körperteil und es erwacht etwas. Es tauchen Bilder auf, aber auch Ahnungen, Gefühle, Situationen oder Ereignisse. Dies alles ist auf der Zellebene gespeichert und nun verbindet man sich damit. Ziel ist es, einfach zu fühlen, was es zu fühlen gibt. Wenn die Gefühle an die Oberfläche kommen, fängt der Körper an, sich spontan zu bewegen.«

In einer ihrer ersten Focusing-Sitzungen sah Mikæla vor ihrem geistigen Auge das Bild eines riesigen Schlachtschiffes. Und ganz plötzlich bekam sie in der Mitte ihres Kopfes furchtbare Schmerzen. Sie begriff intuitiv, dass sie sich im Zentrum des Schlachtschiffes befand und dass dieses Schlachtschiff – ihr Kopf – sie auf irgendeine Weise beschützte. Als sie sich auf den Schmerz konzentrierte, bog sich ihr Körper nach hinten. Und während er sich verbog, verschwand der Schmerz.

»Sobald ich (dem Therapeuten) von dem Schmerz erzählte und diesen fühlte, war er geheilt«, sagte Mikæla. »Das war das Schlüsselerlebnis. Nachdem ich ein paar Sitzungen hinter mir hatte, wusste ich, dass dies der Weg zur Heilung ist.«

Unsere Körper sind sehr weise, und wenn wir sie an unserer Heilung beteiligen, können Wunder geschehen. Die Körperlichkeit von Mikælas Erfahrung war ein wichtiger Aspekt ihrer Heilung. Gefühle sind fließende Energie und müssen frei fließen dürfen. Werden sie daran gehindert, etwa unterdrückt oder verdrängt, kristallisiert sich die Energie in unseren Zellen und Chakras. Indem sich Mikæla auf ihre eingefrorenen Gefühle konzentrierte, hatte sie sie gelöst. Und als sich ihr Körper verbog, brachen die emotionalen Kristalle auf und begannen sich zu bewegen. Die geistige Absicht und Aufmerksamkeit und die Weisheit ihres Körpers hatten zu einer genialen Partnerschaft geführt und die Heilung gebracht.

Nach jahrelanger Arbeit mit der Focusing-Methode wandte sich Mikǽla der Biodynamik zu, einem ähnlichen Heilverfahren und entwickelt von der norwegischen Therapeutin Gerda Boyesen.[17]

»In der biodynamischen Psychologie arbeitet der Therapeut mit elektromagnetischer Energie, ähnlich wie beim Reiki«, erzählte mir Mikǽla. »Man legt sich hin und schließt die Augen. Fast im gleichen Augenblick wie man selbst fühlt der Therapeut, wo sich das Symptom im Körper befindet. Er legt seine Hände auf oder über die betreffende Stelle. Beide konzentrieren sich darauf. Dann bekommt man das Gefühl, irgendwo anders zu sein, oder sieht ein Bild.«

»Kannst du mir ein Beispiel aus einer deiner Sitzungen geben?«

»Ich wurde tatsächlich zu einer anderen«, antwortete sie. »Ich war mir immer noch bewusst, dass ich im Zimmer war, und gleichzeitig befand ich mich in einer Folterkammer. Sie versuchten, Informationen aus mir herauszupressen, aber ich sagte nichts. Das Gefühl in meinem Körper stand damit im Zusammenhang.

Als ich mich darauf konzentrierte und es zuließ, traten sehr starke Gefühle an die Oberfläche. (Anfangs gelang mir das nicht immer und ich fiel häufig wieder aus dieser Erfahrung heraus.) Dann begann sich mein Körper zu strecken und ich atmete tiefer. Ich ließ die Gefühle durch mich hindurchfließen, statt durch die Person in der Folterkammer, die dies nicht konnte. Und das bewirkte etwas. Das ist Heilung. Es

[17] Weitere Informationen finden Sie unter http://de.wikipedia.org/wiki/Gerda_Boyesen oder unter http://www.biodynamik.de/

funktioniert wirklich. Ob es sich nun tatsächlich um ein anderes Leben oder eine symbolische Geschichte handelt, die ich mir ausdenke, spielt keine Rolle.«

Mikǽla arbeitet noch heute mit der biodynamischen Methode, wenn auch nicht so häufig. Sie hat es zudem mit der Reinkarnationstherapie versucht – wobei sie mithilfe geführter Visualisierungen auf schwere Traumata aus früheren Leben stieß – und mit Meditation und eigenen Visualisierungen. Mit jeder dieser Methoden gelang es ihr, Situationen aus anderen Leben wieder zu durchleben, in denen sie intensive Gefühle verdrängt hatte. Normalerweise kamen diese Leben in Form von kurzen Einsichten zu ihr. Im Laufe mehrerer Jahre erspürte sie unzählige eingefrorene Gefühle wieder und konnte sie so auflösen.

Eines Tages begann sie plötzlich, mediale Durchsagen zu empfangen.

»Ich war mit zwei Freunden zusammen«, erzählte mir Mikǽla. »Wir saßen im Wohnzimmer, und als einer eine Frage stellte, fiel ich plötzlich in Trance und empfing eine Botschaft. Hinterher sagte man mir, ich hätte nicht mit meiner eigenen Stimme gesprochen, als ich die Frage beantwortete. Ich war irgendwo anders. Ich konnte mich nicht einmal erinnern, was ich gesagt hatte.

Das Channeling stellte für mich den Höhepunkt meiner Suche nach Erkenntnis dar. Es veränderte alles. Ich erinnerte mich, wer ich wirklich war, an individuelle und kollektive Dinge, die weit über meine gegenwärtige Persönlichkeit hinausgingen. Ich begriff auf irgendeine Weise, dass sich in mir ein Gleichgewicht eingestellt hatte und dass unsere Seelen vom Ungleichgewicht fasziniert sind. Wir fühlen uns zu Unausgewogenheit hingezogen, weil das Bewusstsein immer einen Weg findet, das Gleichgewicht wiederherzustellen, und weil dies eine wunderbare Herausforderung ist.

Ich fing an zu begreifen, dass ich nicht nur mein Körper und mein Verstand bin«, fügte sie hinzu, »sondern auch alle diese anderen Leben gehabt habe und eine Seele bin, die all diese Erfahrungen erschafft. Ich öffnete mich Einsichten, die ich nicht hätte haben können, wenn ich mich weiter vollständig damit identifiziert hätte, ein Mensch mit nur einem Leben zu sein. Ich verstand, warum ich mir als Seele die psychischen Erkrankungen ausgesucht hatte, und dass ich als Seele anders als ein Mensch fühle.«

Vorgeburtliche Planung

»Mikæla, was glaubst du, wie sieht dein vorgeburtlicher Plan aus?«, fragte ich. »Waren alle diese psychischen Erkrankungen vor deiner Geburt geplant?«

»Ich glaube, das Potenzial dafür war bereits vor der Geburt angelegt«, antwortete sie. »Es mag auch noch weitere gegeben haben, die jedoch nicht zum Ausdruck gekommen sind.

Die Offenheit gegenüber dem Chaos in einer festgelegten Ordnung wurde ausgesucht, weil die Schweiz ein sehr strukturiertes, ordentliches Land ist. Ich wollte, dass das Chaos in einer sehr geordneten Umgebung ausbricht, um nicht in Tausend Stücke zu zerbrechen. Wie wir alle entschied ich mich für diese Epoche, weil sie das Potenzial für die schnelle, umfassende Entwicklung unserer Glaubenssysteme in Bezug auf Normalität bietet. Als ich in den 1950er-Jahren geboren wurde, definierte man Normalität sehr eng. Die Menschen wussten einfach, was normal war. Zum Glück hatte ich Eltern – und vor allem eine Mutter –, die in mir nichts Abnormales sahen.«

Durch Mikǽlas Bemerkungen erinnerte ich mich an Pat, von dem ich auch in *Mutige Seelen* berichte, der Jahrzehnte des Alkoholismus und der Entfremdung von Gott geplant hatte, bevor er spirituell erwachte und eine tiefe Verbindung zu Gott spürte. Als Seelen lernen wir aufgrund von Gegensätzlichkeiten, und das Lernen ist dann besonders intensiv, wenn sich diese Gegensätze in einem einzigen Leben ereignen.

Wie Pat hatte auch Mikǽla geplant, beide Seiten einer Medaille zu erfahren. Als sie beschloss, Anfang der 1950er-Jahre in der Schweiz geboren zu werden, hatte sie sich entschieden, sehr rigide, klar definierte Glaubensmuster und strenge Urteile in Bezug auf Normalität kennenzulernen. Da sie sich gleichzeitig entschieden hatte, in einer Zeit schnellen spirituellen Wachstums geboren zu werden, war sie in der Lage, diese falschen Überzeugungen und Urteile zu heilen. Ihr Lebensplan ist ein klassisches Beispiel für Lernen durch Gegensätze.

»Mikǽla, warum glaubst du, ist das Potenzial für die verschiedenen Formen psychischer Erkrankung in deinen vorgeburtlichen Plan eingebaut gewesen?«

»Ich hatte mir diesen Plan ausgesucht, um Unerledigtes aus vielen anderen Leben zu heilen und um mich zu erinnern. Meine Seele wollte die blockierten Gefühle heilen, denn blockierte Gefühle ziehen immer und immer wieder dieselben Muster an, die sich endlos wiederholen. Man kann sich einfach nicht weiterentwickeln.«

»In Bezug auf die Gefühle, die in anderen Inkarnationen deiner Seele blockiert waren, sagst du also, dass die verschiedenen Formen psychischer Erkrankung, die du durchgemacht hast, dieselben Gefühle in dir hervorrufen sollten, um sie fühlen und auflösen zu können?«

»Ja.«

»Und als du diese Gefühle geheilt hast, hast du damit auch die anderen Inkarnationen deiner Seele geheilt?«

»Aus der Sicht meines Höheren Selbst geht es hier um einen umfassenderen Prozess«, erklärte sie mir. »All dies geschieht gleichzeitig. Meine Seele ist tief in die Erforschung von Aggression und Gewalt eingetaucht und sucht nach den Beweggründen, die zur Gewalttätigkeit führen. Ist es überhaupt möglich, dies zu verstehen? Ist es möglich, Gewalttätigkeit als Entscheidung zu sehen, die eine Seele in diesen Leben trifft? In den meisten dieser Leben gab es kein solches Bewusstsein, aber in dieser Epoche haben wir die Fähigkeit erlangt, uns an unser Höheres Selbst zu erinnern und uns gefühlsmäßig mit ihm zu verbinden, wenn auch nicht unbedingt verbal.

Wenn ich keinen Widerstand mehr verkörpere und in mir keine Kämpfe mehr austrage«, fuhr Mikæla fort, »dann stellt sich – wenn ich es zulasse – eine wunderbare Leichtigkeit und Gnade ein, sodass ich mir all dies anschauen und die Vollkommenheit der Schöpfung erkennen kann. Dann ist die Geschichte geheilt. Sie ist nicht länger blockiert, und es gibt keine Aspekte mehr, die ich ablehne.

Mit ›zulassen‹ meine ich, nichts mehr als falsch, schlecht oder kaputt zu bewerten. Wenn ich fühle, etwas beruht auf einer von mir getroffenen Entscheidung, dann bekommt alles einen Sinn und ich kann es sein lassen, wie es ist. Das eröffnet die Möglichkeit eines Überganges. Wir tun dies für unser Höheres Selbst.

Ich kann dir auch sagen, wie dieser Übergang aussieht. Er ist für mich noch ziemlich neu. Im letzten Jahr hat sich nach und nach so etwas wie eine Neugeburt ereignet. Ich will nichts mehr ins Gleichgewicht bringen oder nach irgendetwas suchen. Es gibt keine Ziele mehr. Das war sehr schwer für mich, denn dieses Spiel hat ja viel Spaß gemacht. Ich habe mich tatsächlich daran erinnert und es integriert, dass ich dieses Höhere Selbst bin, dass ich es bin, die alles in meinem jetzigen und den anderen Leben erschaffen hat. Sie alle fließen in diesem Tanz aus Licht, Farbe und Klang ineinander. Es ist einfach wunderbar!«

Ich fragte Mikæla, ob sie jetzt Fähigkeiten besitze, die sie vor ihrer Heilung nicht gehabt hätte.

»Ich kann die Herausforderungen des Lebens einfach zulassen. Ich kann mir Freiheit, Freude, Begeisterung und alle Gefühle, die ich möchte, erschaffen, indem ich mich einfach entscheide, dies zu meiner Art der Lebenserfahrung zu machen – und zwar unabhängig davon, was gerade geschieht.

Ich stehe vor denselben Herausforderungen wie alle anderen Menschen auch. Meine Mutter ist schwerkrank und wird wohl bald sterben. In meinem Büro herrscht derselbe Wahnsinn wie bei jedem anderen auch. Aber jetzt kann ich aus dem Nichts heraus jedes Gefühl erschaffen. Ich muss in der äußeren Welt nichts verändern, ich rufe einfach das Gefühl hervor. Ich bringe mich selbst in Einklang. Es gibt eine Möglichkeit, mitten im Trubel des Alltags in die stille Mitte seines Wesens zu gelangen – also an denselben Ort, an den man in der Meditation geht. Man braucht nur eine halbe Sekunde dafür.«

»Und wie machst du das?«

»Ich konzentriere mich auf eine Stelle oberhalb des physischen Herzens, die ich das hohe Herz nenne. In der Biodynamik spüre ich dort mein stilles Zentrum, das sich wie eine spiegelglatte Wasseroberfläche anfühlt. Von dort aus kann man einfach alles erschaffen. Ich kann im Krankenhaus bei meiner Mutter sein, und wenn sie Schmerzen hat, fühle ich mich furchtbar hilflos, aber gleichzeitig kann ich in mir Freude erschaffen. Ich bin nicht mehr an ein bestimmtes Gefühl gebunden. Ich kann mehrere gleichzeitig haben. Der Prozess, den ich durchgemacht habe, hat mir das ermöglicht.«

»Mikæla«, sagte ich, »wenn Menschen begreifen, dass sie ihr Leben vor ihrer Geburt geplant haben, werden einige sehr wütend auf sich selbst, auf ihre Seele oder auf Gott, solches Leid zugelassen zu haben.«

»Wenn du sagst: ›Meine Seele hat dies geplant und ich bin wütend‹, dann tust du so, als wären das zwei verschiedene Dinge«, antwortete sie. »Du als menschliche Ausdrucksform besitzt eine gewisse Unabhängigkeit, die Seele ist jedoch nicht von dir getrennt. Du bist die Seele und du bist gleichzeitig du selbst. Ich verstehe, dass es zu Frustration oder Zorn kommen kann. Auch ich hatte einmal so einen Punkt. Ich dachte: ›Wie zum Teufel konnte ich mir so etwas aussuchen?‹ Aber der ganze Prozess hat mich zu der Erkenntnis geführt, dass hinter allem stets ein Sinn steckt.

Ich kenne jemanden, der gesagt hat: ›Ich hätte mir doch niemals ausgesucht, von meinem Vater missbraucht zu werden.‹ Nun, das ist eine emotionale Reaktion. Wenn du mitten in diesem Gefühl drinsteckst, ist es sehr schwierig, innerlich einen Schritt zurückzutreten. Vor Jahren war ich auch nicht in der Lage, mich geistig von etwas zu distanzieren, worin ich festsaß, aber heute kann ich es.

Das Ganze ist ein Prozess und dieser Prozess hat verschiedene Stufen. Du musst nur offen sein gegenüber der Möglichkeit, dass du auch als Seele immer noch du bist und dass du sehr gute Gründe hattest, dir eine bestimmte Erfahrung auszusuchen. Entscheidend bleibt, du musst dich daran erinnern, wer du bist. Das zieht alles andere nach sich. So war es zumindest bei mir. Wenn wir uns erinnern, wer wir sind, können wir die schrecklichsten Situationen bewältigen, ohne uns als Opfer zu fühlen. Wir sind keine Opfer, gewiss nicht.«

»Mikǽla, was kannst du denen sagen, die eine psychische Krankheit haben und sich abmühen, den tieferen Sinn darin zu sehen?«

»Niemand von euch möchte sich auf Dauer darin verlieren«, antwortete sie. »Irgendeine Form der Heilung ist dort draußen und wird von euch angezogen. Eure Seele sucht nach dem, was euch helfen wird, um das Gleichgewicht wiederzufinden. Dieses Urvertrauen erlaubt es euch, auf dem Weg der Heilung schneller voranzukommen. In euch – in jedem von uns – läuft ein vollkommen natürlicher Entwicklungsprozess ab. Vertraut darauf.«

»Bist du den Herausforderungen, die du durchgemacht hast, dankbar?«, fragte ich.

»Ich würde sie um nichts in der Welt missen wollen. Um hierher zu gelangen, wo ich heute bin, war es das alles wert.«

Mikǽlas Channeling

Mikǽla hatte mir wichtige Einsichten über den Sinn und Zweck psychischer Störungen vermittelt. Nun wollte ich der geistigen Welt einige Fragen stellen und hören, wie dieses Thema dort gesehen wird. Wie hoch war der Anteil an Mikǽlas psychischen Störungen, der bereits vor der Geburt geplant worden war? Welche zusätzlichen Einblicke kann uns die geistige Welt geben, damit wir besser verstehen, warum dieser sehr schwierige Plan überhaupt gemacht wurde? Welche weisen Worte kann die geistige Welt jenen übermitteln, die unter psychischen Störungen leiden, und jenen, die sie lieben und für sie sorgen?

Bevor ich Mikǽla gebeten hatte, uns ihre Geschichte zu erzählen, las ich einige ihrer Channelings. Ich fand große Weisheit in ihnen und war mir sicher, dass ebenso hilfreiche und heilende Worte in unseren gemeinsamen Sitzungen durchkommen würden. Ich hoffte, dass Mikǽla ihr Höheres Selbst empfangen würde. Umso überraschter war ich, als sich ein vollkommen anderes Bewusstsein durch sie meldete, mit dem ich überhaupt nicht gerechnet hatte.

Vor der Channeling-Sitzung versenkte Mikǽla sich in einen tiefen meditativen Zustand, in dem ihr Bewusstsein beiseitetrat, damit sich ein anderes Bewusstsein ihres Körpers bedienen konnte.

»Bitte sag mir deinen Namen, wenn du einen benutzt«, bat ich, als die Sitzung begann. »Und bitte sag mir auch, wo du bist.«

Ich wusste, dass viele körperlose Wesen einander nicht am Namen erkennen, sondern an einer energetischen Signatur aus Farbe und Klang, dachte aber, ein Name könnte vielleicht hilfreich sein. Ich wusste auch, dass Raum eine Illusion ist, wollte aber wissen, ob das empfangene Bewusstsein auf meine Frage nach einem Ort reagieren würde.

»Die Gruppenenergie, die heute zu euch spricht, hat sich zusammengefunden, um deine Fragen zu beantworten«, ließ sich vernehmen. Wie es manchmal geschieht, hatte sich Mikǽlas Sprechweise verlangsamt, ihre Stimme jedoch klang noch wie ihre eigene.

»Wir verstehen deine Erwartung, dass unser Kanal ihre Seele empfängt, aber nach unserer Sicht ist der Mensch, der diese Worte spricht, ihre Seele. Das ist immer der Fall gewesen, obwohl sie dies, wie die meisten Menschen, fast ihr ganzes Leben lang vergessen hat. Nun, da sie sich wieder daran erinnert, ist es sinnlos zu sagen, sie empfängt ihre Seele, wenn sie es beständig tut.«

»Wir sind eure zukünftigen Identitäten«, fuhren sie fort.

Ich war verblüfft und angesichts dieser Offenbarung sehr

aufgeregt. Anscheinend hatten die Fragen, die ich stellen wollte, ein Kollektiv der zukünftigen Identitäten vieler Seelen herbeigerufen, die sich jetzt noch in einem Körper auf der Erde befinden. Es war somit wohl eine äußerst seltene Gelegenheit, Weisheiten aus der weiterentwickelten Zukunft der Menschheit zu empfangen.

»Aber diese Identitäten bestehen aus Milliarden Potenzialen und Erfahrungen, unter denen ihr wählen könnt. Du hast ebenso wie jeder deiner Leser bestimmte Fragen. Zu diesem Zweck können wir euch keinen Namen sagen, da Namensgebung etwas abgrenzt. Ein Name führt dazu, dass ihr zu wissen glaubt, weil ihr das, was in euch lebt, benannt und nach außen projiziert habt. Wenn du oder deine Leser einen Namen gebrauchen möchtet, geht in euch und erlaubt einem Namen zu entstehen. Der Name, den du uns gibst, wird nicht derselbe sein, der in einem anderen auftaucht, da jeder Mensch ein einzigartiges Individuum ist. Auch die Energie, die als Reaktion zu euch kommt und euch Rat gibt und die jeder von euch hervorruft, ist daher individuell verschieden.

Um deine Frage nach einem Ort zu beantworten … Ihr habt in eurer Raum-Zeit ein Paradigma, demzufolge sich der Raum ausdehnt und die Zeit umfasst. Mit anderen Worten: Ihr nehmt einen Raum ein, aber ihr habt keinen Zugang zu der Zeit. Wir befinden uns in dem Gegenstück dazu. Wir sind dort, wo sich die Zeit ausdehnt und den Raum umfasst, und wir haben Zugang zu dem gesamten Potenzial der Zeit, könnten dieses im Raum aber nur dann manifestieren, wenn wir uns dorthin begeben würden, wo ihr seid.«

Hier auf der Erde halten wir uns an einem Ort auf, wo sich der Raum in drei Dimensionen ausgedehnt zu haben scheint. Weil für uns die Zeit linear abläuft, konzentriert sie sich in dem einen Zeitpunkt, den wir in jedem Augenblick wahrnehmen. Der Begriff für diese Art der Erfahrung durch Wahrnehmung lautet Raum-Zeit. Im Gegensatz dazu erfährt das von Mikæla empfangene Bewusstsein multiple Zeitlinien (anscheinend Milliarden) von dem einen Punkt im Raum aus, den es einnimmt. Der Begriff für diese entgegengesetzte Form der Erfahrung durch Wahrnehmung lautet Zeit-Raum.

»Ich würde gern über Mikælas vorgeburtlichen Plan in Bezug auf das sprechen, was wir als psychische Erkrankung bezeichnen«, sagte ich.

»Bitte vergib uns, wenn wir zuerst etwas definieren«, erwiderten unsere zukünftigen Identitäten. »Für uns entspricht ein vorgeburtlicher Plan einem resonanten Augenblick, in dem eine Seelengruppe eine vorläufige Konfigurierung ausgewählter Potenziale vornimmt, die in ein Leben einfließen sollen. Es gibt weit mehr Potenziale, als sich jemals in der physischen Welt manifestieren könnten. Tatsächlich gibt es zahlreiche Alternativen, um die Entwicklung der Seele sicherzustellen. Das menschliche Leben ist ein Prozess, der aus Entscheidungen, Veränderungen und Entwicklungen besteht.

Nun, es gab in der Tat viele potenziell nützliche Wege – die gibt es immer –, aber wenn du von jenen Elementen dieses Lebens sprichst, die mit einem geistigen Ungleichgewicht zu tun haben, so war es ihr letztendliches Ziel, Mikælas Verständnis und Erfahrung dessen, was sie in ihrer Totalität ausmacht, zu erweitern und zu vertiefen, indem sie in diesem einen Leben mit einem ganzen Netz aus vergangenen, gegenwärtigen und zukünftigen Leben verbunden war. Dieser Prozess verdeutlicht und bestätigt die Art und Weise, wie verschiedene Leben miteinander verknüpft sind und sich interaktiv in Raum und Zeit entwickeln.

Für Mikæla, für den Menschen, bedeutet das, sich wieder an das ganze Selbst zu erinnern. Es wäre gut, wenn ihr vor *erinnern* immer *wieder* einfügen würdet. Wiedererinnern war das ultimative Ziel und Wiedererinnern heißt, all das wieder zusammenzufügen, was sie als Mensch ist. Dieses Ziel wurde von vielen Symptomen unterstützt. Das Ziel ist entscheidend, weil es gegenwärtig sowohl unseren Kanal (Mikæla) als auch viele andere Menschen zu dem bringt, was ihr *Aufstieg* nennt, und wiederum zur Meisterschaft führt – zur Meisterschaft über den schöpferischen Prozess, zur Meisterschaft, um Welten zu erschaffen, andere Erden, neue Erden, und das Leben über das hinauszuentwickeln, was es bisher gewesen ist.«

Kurz gesagt, Mikælas Einsicht war richtig. Ihr Ziel in diesem Leben, das sie auf so wunderbare Weise erreicht hat, war es, sich wieder zu erinnern, eine Seele zu sein.

»Könnt ihr noch etwas mehr über das Wiedererinnern sagen?«, bat ich.

»Es gibt viele Möglichkeiten, das zu erreichen«, antwortete das Kollektiv unserer zukünftigen Identitäten, »von denen einige nicht vorhersehbar sind. Der Prozess läuft nicht für alle Gruppen gleich ab, besonders nicht für unterschiedliche Menschen, deshalb können wir nur darüber sprechen, wie er sich uns darstellt.

Für uns existieren in der Menschheit verschiedene Themen und Reihen miteinander verbundener Leben. Von unserem Standpunkt außerhalb des Raumes, aber innerhalb der Korridore der Zeit aus, entwickeln und erweitern sich die miteinander verbundenen Leben alle gleichzeitig. Dieses Konzept ist für Menschen sehr schwer zu verstehen. Alle Leben haben Wendepunkte, die in Raum und Zeit miteinander verknüpft sind. An diesen Punkten ist ein Mensch fähig, sich im klassischen Sinn des Wortes zu erinnern, also Visionen, Geistesblitze, unerklärliche Erfahrungen, Gesichte oder Ahnungen zu haben. Der Mensch weiß dann, dass verschiedene Leben gleichzeitig stattfinden. Das eröffnet ihm die Möglichkeit zu erkennen, weit mehr zu sein als nur dieser Mensch, dieser eine Körper-Geist. Ihr seid auch eure Seele und eure Seele ist Teil einer Seelengruppe und diese Seelengruppe ist Teil einer Seelenfamilie und diese Seelenfamilie ist Teil einer Seelengemeinschaft. Schlussendlich ist der Mensch in der Lage, sich selbst auf vollkommen andere Weise wahrzunehmen.

Wir entschuldigen uns, wenn das etwas unverständlich klingt, aber es ist sehr schwierig, in menschlichen Begriffen über diese Dinge zu sprechen.«

»Das verstehe ich«, sagte ich. »Ich glaube, die Menschheit befindet sich an einem Punkt ihrer Entwicklung, an dem sich viele Menschen als makelbehaftet, begrenzt, wertlos und ohnmächtig betrachten. Für mich bedeutet Wiedererinnern, sich in Erinnerung zu rufen, dass wir unendlich machtvoll und wertvoll sind.«

»Das ist tatsächlich wahr«, antworteten sie. »Es gibt nichts, was fehlerhaft ist und repariert werden müsste. Das gibt es nicht und das gab es niemals. Es ist nur scheinbar so, weil ihr euch bestimmten Bewertungen unterwerft, die im Zusammenhang mit dem menschlichen Kollektiv stehen. Als Individuen seht ihr euch ständig konfrontiert mit Wertesystemen, mit Glaubenssystemen und Urteilen, die nicht eure eigenen sind. Daher denkt ihr, mit euch stimme etwas nicht oder ihr seiet schlecht. Ein Teil des Wiedererinnerungsprozesses besteht darin, die volle Verantwortung für die Erschaffung des eigenen Lebens zu übernehmen und damit aufzuhören, über sich selbst auf diese Weise zu urteilen.«

Unsere zukünftigen Identitäten hatten von miteinander verbundenen Leben gesprochen. So wie ich es verstand, meinten sie damit andere Ausdrucksformen unserer Seelen, die sowohl physisch (zum Beispiel menschlich) als auch nicht physisch sein können. Dieses Phänomen wird auch als paralleles Leben bezeichnet. Vom menschlichen Standpunkt aus, der an die lineare Zeit gebunden ist, befinden sich einige dieser parallelen Leben in der Vergangenheit, andere in der Zukunft und einige in der Gegenwart. Die meisten von uns nehmen nur ein Leben war, nämlich dasjenige, was wir gegenwärtig leben, unsere Seelen jedoch nehmen alle Leben gleichzeitig wahr.

Ich fragte unsere zukünftigen Identitäten, ob eine Metapher zutrifft, die ich gebrauche, um den Unterschied zwischen der Wahrnehmung der Seele und jener der Persönlichkeit zu veranschaulichen. Wenn sich auf einer CD sieben Musikstücke befinden und jedes Stück für ein Leben steht, dann hören wir Menschen nur ein einziges an: unser eigenes. Unsere Seelen hingegen hören alle sieben gleichzeitig.

»Ja«, antworteten sie, »nur würde es ein Vergleich mit 144 unterschiedlichen, interaktiven, dreidimensionalen Computerspielen besser treffen, weil die Spiele gleichzeitig interaktiv gespielt werden könnten. Ihr habt Zugang zu ihnen allen. Die Menschen müssen mehr über die Komplexität dieses Prozesses lernen und danach streben, ihn zu meistern.«

»Also«, hakte ich nach, »wie viele andere Leben hatte ihre Seele im Verlauf von Mikælas Leben und wie viele hat sie jetzt?«

»Von ihrer Geburt bis heute gab es Tausende. Zu jedem beliebigen Zeitpunkt hat sie mindestens 20 und höchstens um die 144. Aus diesem Grund haben wir diese Zahl ja auch gewählt.«

»Wie werden diese parallelen Leben denn erschaffen? Als Mikæla an einen wichtigen Wendepunkt in ihrem Leben kam und sich für Option A entschied, spaltete sich da eine parallele Dimension mit einer parallelen Erde ab, in der sich eine parallele Mikæla für Option B entschied?«

»Wir würden es nicht ›abspalten‹ nennen«, stellten sie klar. »Wir würden sagen, dass diese Potenziale bereits existierten und sie sich für eines davon entschieden hat. Potenziale, die nicht gewählt werden, existieren nicht physisch.«

Die Erwähnung dieser Potenziale ist ein Hinweis auf die Zeitlinien, die Flussdiagramme, die das Medium Staci Wells in den vorgeburtlichen Planungssitzungen sieht. Jede Linie auf dem Diagramm repräsentiert ein präexistentes Potenzial, einen Weg, für den wir uns entscheiden können. Lernen wir zum Beispiel zu lieben und uns lieben zu lassen, entscheiden wir uns für einen Weg oder eine Zeitlinie mit einer relativ hohen Schwingung und dürfen uns dann an einem Leben voller Liebe erfreuen. Wenn wir aber unser Herz verschließen und uns weigern, zu lieben und uns lieben zu lassen, entscheiden wir uns für einen Weg oder eine Zeitlinie mit einer relativ niedrigen Schwingung und werden dann ein Leben führen, in dem es keine Liebe gibt. Beide Potenziale (und viele weitere) haben bereits existiert. Wir haben uns einfach für eines entschieden.

Zu meiner Überraschung hatten unsere zukünftigen Identitäten gesagt, dass nicht gewählte Potenziale in Welten existieren, die nicht physischer Natur sind. »Könnt ihr erklären, was nicht physisch bedeutet?«, fragte ich daher.

»Ein heutiger Durchschnittsmensch würde diese Welten wahrscheinlich als Einbildungen und Träume bezeichnen und behaupten, sie seien nicht real. Für uns ist das anders, für uns sind sie Realitäten.«

Damit hatten unsere zukünftigen Identitäten einen Gedanken bestätigt, der mir bereits in meinen persönlichen Channeling-Sitzungen mitgeteilt worden war: Imagination ist real. Das heißt, dasjenige, was wir uns vorstellen, geschieht tatsächlich. So machtvoll ist unser Geist. Anfangs geschieht das Vorgestellte in einer nicht physischen Dimension. Stellen wir uns dasselbe aber wiederholt vor und besonders, wenn wir starke Gefühle mit diesem Bild verbinden, können wir es in unser physisches Erleben hineinziehen. Wie das große Medium Edgar Cayce einmal sagte: »Der Geist ist der Erbauer.«

Ich fragte, ob noch andere physische und nicht physische Mikælas existieren.

»Es wäre nicht korrekt, würden wir sagen, es gebe andere physische Mikælas«, erwiderten sie. »Es gibt keine andere physische Mikæla. Aber es gibt viele nicht physische Mikælas.«

»Mikæla ist also das einzige physische Leben ihrer Seele?«

»Nein, sie ist die Einzige, die als Mikæla bezeichnet werden kann, weil sie die Einzige mit dieser unverwechselbaren energetischen Signatur ist. Die DNA eines jeden Individuums ist einzigartig und in sich komplett, daher ist jede andere Persönlichkeit, durch die sich Mikælas Seele ausdrückt, nicht Mikæla, gleich ob sie im 15. oder im 27. Jahrhundert lebt. Sie ist eine andere, die mit Mikæla auf interaktive Weise verbunden ist und jene anderen Leben erschafft, und die ihr in vielerlei Hinsicht ähnelt, aber nicht in jeder.«

Während ich zuhörte, dachte ich an die Vision, in der Mikæla während der Renaissance sich unter einem Tisch versteckt hatte. Unseren künftigen Identitäten zufolge war diese Person nicht im wörtlichen Sinn Mikæla, sondern eine weitere Inkarnation ihrer Seele, die viel mit ihr gemein hat. Mikæla selbst ist ein einzigartiges Wesen, das nur in diesem Leben existiert.

»Wenn ihr in der Lage wärt, euch ein nicht physisches paralleles Leben vorzustellen«, fuhren unsere künftigen Identitäten fort, »würdet ihr den Eindruck gewinnen, eine nicht physische Variante Mikǽlas vor euch zu haben, die ihr genau zu gleichen scheint. Aber die physische Mikǽla ist diejenige, die viele der wichtigen Probleme löst und die meisten der wichtigen Fragen beantwortet. All das geschieht durch die physische Mikǽla.«

Damit war uns eine entscheidende Information gegeben worden. Die meisten von uns erleben Augenblicke, in denen sie sich klein oder unwichtig vorkommen, in denen sie den Sinn ihres Lebens infrage stellen und zweifeln, ob das, was sie tun, überhaupt real ist oder irgendeine Bedeutung hat. Unsere zukünftigen Identitäten haben gerade all jene von Ihnen direkt angesprochen, die sich jemals so gefühlt haben. Sie sind wichtig! Sie sind ganz außergewöhnlich wichtig! Durch Sie, durch Ihr physisches Selbst, entwickelt sich Ihre Seele und damit auch das ganze Universum.

Ich fragte weiter, ob es Mikǽlas vorgeburtlicher Wunsch gewesen sei, die erwarteten psychischen Erkrankungen zu heilen und auf diese Weise auch die der anderen Leben ihrer Seele.

»Tatsächlich hatte sie die Absicht, diese Aspekte zu heilen. Aber heilen bedeutet aus unserer Sicht, etwas wieder ganz zu machen, also etwas wieder als Ganzes zu betrachten, was vorher voneinander getrennt schien. Heilung führt zu innerem Gleichmut und dieser ermöglicht die absolute Akzeptanz. Akzeptanz ist eine Vorstufe der Meisterschaft. Man kann den schöpferischen Prozess nicht meistern, wenn man nicht akzeptiert, was während dieses schöpferischen Prozesses geschieht. Daher ist es ebenso wichtig, ein Gefühl mit niedriger Schwingung zuzulassen, wie eines mit hoher Schwingung.

Einer der Gründe, weshalb sie sich für eine manisch-depressive Erkrankung entschieden hat, war der, dass sie somit eine Welle aus sehr niedrigen und sehr hohen Emotionen reiten konnte. Das Ziel war nicht, diese Emotionen sich irgendwo in der Mitte einpendeln zu lassen – anscheinend das Ziel jener Menschen, die Medikamente einnehmen. Ihr Ziel war es, an einen Punkt zu gelangen, an dem sie selbst ein Gefühl mit niedriger Schwingung freudig akzeptieren konnte. Sie wollte Höhen und Tiefen erleben und sich dann von beiden lösen, sodass sie sich mit allem wohlfühlen konnte, was geschehen würde. Das führte dazu, dass sie Auf- und Abschwünge nicht mehr auf diese Weise erleben muss – wie wir ja am Beispiel ihres Lebens gesehen haben.«

»Ich vermute, Menschen mit einer bipolaren Störung, die manisch-depressiv sind, werden entgegnen: ›Wie kann ich denn angesichts meines Leidens Freude empfinden?‹«

»Wir wollen uns den Heilungsprozess ausgedrückt in Prozentzahlen anschauen. Erst als Mikæla etwa 85 Prozent des Prozesses abgeschlossen hatte, war sie in der Lage, Höhen und Tiefen zuzulassen, ohne die Höhen anzustreben. Vorher stieg sie höher, wenn sie sich darum bemühte, aber wenn sie danach fiel, dann noch tiefer.

Bis zur Hälfte des Prozesses ist es praktisch unmöglich, ihm nichts hinzufügen zu wollen. So zeichnet sich ein Tief ja nicht nur durch die Depression selbst aus, sondern auch durch Verzweiflung angesichts der Depression und Angst vor der Depression. Also werden Reaktionen hinzugefügt, und weil man sich darauf konzentriert, wird die Depression weiter ›einzementiert‹. Im Laufe des Heilungsprozesses konzentriert man sich immer weniger darauf. Jeder, der dies liest, wird irgendwann in der Lage sein, in etwas drinzustecken, ohne sich völlig darauf zu konzentrieren und sich vollständig damit zu identifizieren. Aufgrund von Wiedererinnern und Ganzwerden entsteht eine leichte Distanz zu jeder Erfahrung, wodurch diese neutralisiert wird und man zwar immer noch deprimiert ist, seine Konzentration aber nicht mehr darauf richtet.

Anfangs findet man etwas Äußerliches, worauf man sich stattdessen konzentrieren kann. Menschen tun dies, damit sie sich ein bisschen besser fühlen. Aber allmählich lernt man, sich auf sich selbst und nach innen zu konzentrieren. Dieser letzte Schritt, der in Mikǽlas Fall tatsächlich stattfand, ereignet sich nur in den letzten fünf bis zehn Prozent des gesamten Prozesses. Diese letzten fünf bis zehn Prozent sind aber der Teil, der dir die Freiheit zurückgibt. Nur in diesen letzten fünf bis zehn Prozent hast du genug verstanden und genug gesehen, sodass du die Situation selbst nicht mehr erschaffen musst, um an diesen Punkt zu gelangen.«

»Könnt ihr noch etwas über die anderen Formen von Mikǽlas psychischen Erkrankungen sagen und welcher Sinn ihnen zugrunde lag?«

»Die wichtigste von allen war vermutlich am schwersten zu akzeptieren und zu verstehen: ihre Albträume, die bis ins Wachbewusstsein drangen. Obwohl Psychotherapeuten diese als eine Form der Leugnung der Konsensrealität betrachten würden, öffnete doch jede Erfahrung eine Tür zu einer anderen Realität. Nach und nach entstand in Mikǽla die Bereitschaft, sie zuzulassen. Diese Fähigkeit und diese Öffnung erlaubten es all den anderen Leben – physische wie nicht physische –, zu ihr durchzudringen, und ließ sie schließlich zu dem werden, was manche Menschen als hellhörig, hellsichtig und hellfühlend bezeichnen würden. Infolge dieses Prozesses öffnete Mikǽla sich dem Rest ihres Wesens. Die Konfiguration aus Eltern, Zeitepoche und selbst Therapeuten wurde sorgfältig gewählt, um eine voreilige Diagnose zu vermeiden, denn ihr wären dann Medikamente verschrieben worden, um die Albträume zu unterdrücken. Es war extrem wichtig, dem Prozess zu erlauben, sich zu vollenden.«

»Warum ist es notwendig oder wünschenswert«, fragte ich, »dass die verkörperte Persönlichkeit im Interesse des Wachstums der Seele so sehr leidet?«

»Die Seele ist nicht vom Menschen getrennt, es hat nur den Anschein. Die Seele ist tatsächlich jederzeit im Menschen vollständig gegenwärtig. Woher kommen eure tiefsten Wünsche und eure größten Bestrebungen, wenn nicht aus eurer Seele? Ihr glaubt, ihr entscheidet euch durch geistige und emotionale Prozesse, aber dem ist nicht so. Die Seele führt euch, indem sie euch etwas fühlen lässt. Achtet darauf, wie ihr euch fühlt, wenn ihr euch für die eine oder die andere Alternative entscheidet. Die Seele in euch erzeugt diese Gefühle, um euch den Weg zu weisen.

Es stimmt nicht, dass der Mensch leidet und die Seele ihn führt. Eine Arbeit wie die deine dient dem Zweck, euer Verständnis bis zu dem Punkt zu entwickeln, wo ihr erkennt, dass Leiden tatsächlich meistens auf Widerstand beruht. Wenn du dir in deiner vorgeburtlichen Planungsphase das Potenzial für bestimme Erfahrungen ausgesucht hast, die außerhalb dessen liegen, was die jeweilige Epoche als normal empfindet, wird es für dich weitaus schwieriger sein, dich dieser Gesellschaft anzupassen.

Eine psychische Erkrankung ist der Beweis dafür. Sie wird von anderen auf eine Weise definiert, weshalb du dich ihr widersetzt und deshalb leidest. Du wirst versuchen, vor ihr davonzulaufen, und daher leiden. Du wirst sie unakzeptabel finden und daher leiden. In der Zukunft ist es vielleicht möglich, Kinder ganz anders großzuziehen und eine größere Vielfalt von Erfahrungen zuzulassen, die dann einfach als unterschiedliche Formen der Erfahrung betrachtet werden. Das war bei Mikæla und ihrer Mutter bereits der Fall. Wäre ihr Vater öfter zu Hause gewesen, hätte er ihr seine an die gesellschaftlichen Normen angepasste Sichtweise aufgezwungen, und es wäre nicht besonders hilfreich gewesen.

Wir spüren gerade die mögliche Reaktion deiner Leser. Wir verstehen, dass ein Mensch, der tief in seinem Leiden gefangen ist, nur einen Schritt nach dem anderen machen kann. Es gibt zurzeit in eurer Gesellschaft viele Heilmethoden, die sich allmählich entwickeln. Wir haben gerade über das Ende des Prozesses gesprochen. Jene, die am meisten leiden, können jetzt vielleicht nicht einmal an so etwas denken, weil sie in vielen Fällen nicht bereit sind, die volle Verantwortung für alle ihre Entscheidungen – bis hin zur letzten kleinen Erfahrung – zu übernehmen, oder zu erkennen, dass es schlichtweg unmöglich ist, alle Erwartungen und Forderungen zu erfüllen, die sie an sich selbst stellen.«

»Ihr habt von Heilmethoden gesprochen«, sagte ich. »Wenn wir uns durch die Erfahrung einer psychischen Erkrankung weiterentwickeln, sollten wir dann trotzdem versuchen, sie zu lindern?«

»Es gibt keinen Linderungsversuch«, erklärten unsere zukünftigen Identitäten, »es gibt nur einen natürlichen Entwicklungsprozess. Es geht darum, nicht in der psychischen Erkrankung stecken zu bleiben, sondern sich durch sie weiterzuentwickeln. Es ist für ein Wesen, das sich nicht als Mensch inkarniert hat, sehr, sehr schwierig zu verstehen, warum ein Mensch sich bestimmten Erfahrungen widersetzen will. Von einem nicht physischen Standpunkt aus gesehen ist Zulassen immer die bessere Wahl. Lass diese Erfahrungen zu und kehre dann immer wieder in die Stille im Zentrum deines Wesens zurück.«

Dann bat ich unsere zukünftigen Identitäten, etwas über

die anderen Herausforderungen zu sagen, denen Mikǽla sich gegenübersah.

»Die Essstörung hat sich aus zwei Gründen entwickelt«, antworteten sie. »Der Erste lag in ihrem Bestreben, einem gewissen, von der Gesellschaft favorisierten Körpertypus zu entsprechen, der jedoch nie als der ihre gedacht war. Daraufhin begann sie, alle möglichen Diäten auszuprobieren. Außerdem suchte sie – symbolisch wie auch tatsächlich – nach Süßem. Seit frühester Kindheit war sie in einer Familie aufgewachsen, die Süßes über alles schätzte. Angesichts ihres Seelenzieles, sich nicht anzupassen, stellte die Essstörung den Versuch dar, dies auszugleichen. Nachdem sich Mikǽla ihre Essstörung genau angesehen hatte, verschwand diese allmählich ganz von selbst. Deshalb können Heilmethoden *bei bestimmten Gelegenheiten* nützlich sein. Hätte Mikǽla mit 20 oder 30 eine Form der Verhaltenstherapie ausprobiert, um ihre Essstörungen in den Griff zu bekommen, wäre diese für sie ungeeignet gewesen. Aber mit 40 war sie in der Lage, diese Methode zu nutzen, woraufhin die Essstörung verschwand.

Ein Leben, in dem die Wiedererinnerung an das ganze Selbst gewählt wurde, erfordert etwas, das ihr als Innenschau bezeichnen würdet. Für uns ist innen und außen dasselbe, sie sind lediglich verschiedene Erscheinungsformen derselben Realität. Für euch Menschen gibt es aber eine innere und eine äußere Welt. Den Blick nach innen zu richten gilt in eurer Kultur als nicht besonders erstrebenswert, und vielen, die es tun, verschreibt man ein Medikament gegen diese Krankheit.

Selbst das, was euer großer Autor und Therapeut Carl Gustav Jung als Introversion bezeichnete, ist nichts weiter als eine Entscheidung. Da die introvertierte Person sich entschieden hat, die gefühlte Energiequelle nach innen statt nach außen zu verlegen, braucht sie eine Situation – die von der Seele erschaffen wurde –, in der sie sich zur inneren Welt hingezogen fühlt, um wieder energetisiert zu werden. Ohne das besäße sie keine Energie mehr, weil es für die Ziele des ganzen Wesens wichtig ist, dass sich die Person nach innen wendet.«

»Was sind aus eurer Sicht heute die effektivsten Heilmethoden für psychische Erkrankungen?«, fragte ich.

»Aus unserer Sicht ist die Standardbehandlung nur in der Anfangsphase nützlich, oder falls die Situation so außer Kontrolle gerät, dass der Betroffene sich nicht von dem Ungleichgewicht distanzieren kann. Wir haben nichts gegen Lösungsansätze, die die Dinge einfach beruhigen, weil das oft nötig ist, um sie anders betrachten zu können. Wir meinen aber nicht, dass Medikamente mehr als eine vorübergehende Hilfe sein sollten. Letzten Endes werden sie es dem Betroffenen nicht ermöglichen, seine Situation auf andere Weise zu betrachten – aber genau das ist notwendig.«

»Es gibt viele, von unserem Kanal so bezeichnete Überbrückungsmodalitäten«, fuhren unsere zukünftigen Identitäten fort. »Sie sprach ja schon von einer Methode namens Focusing. Das war eine temporäre Maßnahme, durch die der physische Körper miteinbezogen werden konnte. Viele Dinge, die auf der geistigen oder emotionalen Ebene nicht zu klären sind, werden schließlich eine körperliche Entsprechung finden, aber schon bevor sie das tun, sind sie im Körper präsent und können durch die Zellen angesprochen werden. Das Buch *Krankheit als Weg* von Dethlefsen und Dahlke setzt sich mit dem symbolischen Aspekt physischer Erkrankungen auseinander.[18]

[18] Thorwald Dethlefsen / Ruediger Dahlke: *Krankheit als Weg. Deutung und Be-Deutung der Krankheitsbilder.* Goldmann, München 1990

Wenn du dich einer neuen Sichtweise öffnest, dann wird sich dir eine zeigen. Das geschieht immer, weil dein Wunsch sie in dein Leben ruft. Eine größere geistige Offenheit erlaubt es dir, gewisse Methoden in Betracht zu ziehen, die heute als alternativ gelten. Es ist nicht unsere Absicht, hier irgendetwas zu empfehlen. Es wäre auch gar nicht gut, dies zu tun, weil unterschiedliche Menschen verschiedene Dinge brauchen. Das Gefühl der Begeisterung oder freudiger Erregung, also das Gefühl der Resonanz, wird die Menschen zu der für sie geeigneten Methode führen.

Mikæla erreichte irgendwann einen Punkt, an dem sie sich danach sehnte, einen unabhängigen und autonomen Weg zum Wohlbefinden zu entdecken. Andere Menschen finden irgendwann ihre Verbindung zu ihrer inneren Führung. Ihr entwickelt euch ständig weiter, und wenn ihr etwas gelöst habt, dann geht ihr zum nächsten Thema auf der nächsten Stufe weiter. Mikæla arbeitet zurzeit mit einer Heilmeditation, die ausgesprochen gut für sie ist. Sie wurde von Esther und Jerry Hicks entwickelt, die gute Freunde von uns empfangen. Wir kennen diese Energie, die ihr Abraham nennt. Sie hilft Mikæla, die erreichte Stufe aufrechtzuerhalten.«

»Ich möchte noch einmal auf den Gedanken des Widerstands zurückkommen«, sagte ich. »Menschen, die unter einer psychischen Erkrankung leiden, werden vielleicht sagen: ›Sich nicht gegen die psychische Erkrankung zu wehren, mag ja möglicherweise nützlich sein, aber wie soll ich mich nicht gegen etwas wehren, was mir so viel Leiden verursacht?‹«

»Mach die psychische Erkrankung nicht länger zum Fokus deiner Realität. Richte deine Aufmerksamkeit stattdessen auf das Gute in deinem Leben. Das tun die meisten Menschen dann, wenn sie an ihren eigenen Tod denken. Da ihnen der

Gedanke nicht besonders behagt, vergessen sie ihn schnell und konzentrieren sich lieber aufs Leben.«

»Aus welchen anderen Gründen kann eine psychische Erkrankung vor der Geburt geplant werden?«, fragte ich unsere zukünftigen Identitäten.

»Es gibt so viele Gründe, wie es Seelengruppen gibt – und es gibt sehr, sehr, sehr viele Seelengruppen. Ein Großteil dessen, mit dem ihr euch in eurer Körperlichkeit auseinandersetzt, besteht aus jenen Dingen, die am schwierigsten zu verstehen sind und sich daher am stärksten nach Entwicklung sehnen. Sie gibt es bereits am längsten. Und eben weil es sie schon so lange gibt, haben sie nach einem körperlichen Ausdruck gesucht. Was zugelassen und einfach wieder losgelassen werden kann, wird sich niemals eine physische Form suchen. Viele eurer Probleme haben mit der Tatsache zu tun, dass ihr alle so unglaublich verschieden voneinander seid. Auf diese Weise entwickelt sich das Universum: indem es einen Kessel der Vielfalt zusammenbraut. Unterschiedliche Sichtweisen tragen zur Entwicklung der Menschheit und damit des ganzen Universums bei.«

»Wir haben ja schon darüber gesprochen, wie die psychische Erkrankung den anderen Ausdrucksformen von Mikælas Seele geholfen hat zu heilen. Was könnt ihr den Lesern sagen, die sich nicht für vergangene, gegenwärtige und zukünftige parallele Leben interessieren, sondern einfach glücklich sein möchten?«

»Noch einmal«, antworteten unsere zukünftigen Identitäten, »es ist nach unserer Auffassung sehr schwierig, eine psychische Erkrankung als Entscheidung zu begreifen, wenn man seine Sichtweise nur auf ein einziges Leben beschränkt. Aber jeder Mensch glaubt dennoch, dass es einen Weg gibt, auf dem man voranschreiten kann. Vertraut darauf, dass er existiert und dass ihr ihn finden werdet. Das Göttliche in euch wird euch den Weg weisen. Vertraut euren Gefühlen. Der richtige Weg ist für jeden von euch anders, weil jeder von euch ein ganz besonderes Individuum ist, das von der Gesamtheit eures Wesens hoch geschätzt wird. Konzentriert euch darauf und bringt eure Aufmerksamkeit immer wieder darauf zurück. In dem, was ihr als Chaos eures Lebens bezeichnen mögt, finden sich doch auch Teile, die gut funktionieren. Konzentriert euch auf diese. Betrachtet euch selbst als jemanden, der etwas unglaublich Besonderes ist und der eine eigene Art hat, Dinge zu tun, dann werdet ihr den nächsten Schritt finden.«

»Viele Leser werden vermutlich Angehörige haben, die irgendeine Form der psychischen Erkrankung haben, und sich fragen, wie sie ihnen am besten helfen können.«

»Das Beste, was ihr tun könnt, ist sicherzustellen, dass euer eigener Prozess aufrechterhalten bleibt und gefördert wird, denn das beste Geschenk, das ihr ihnen machen könnt, ist euer eigenes Wohlbefinden. Hört ihnen dann aufmerksam zu und seid offen für jede Inspiration, die in euch auftauchen mag. Seid still und urteilt so wenig wie möglich. Glaubt nicht, dass ihr wisst, was sie brauchen. Niemand kann wissen, was ein anderer braucht. Lasst zu, dass ihr eigener Prozess das in ihnen hervorbringt, was für sie am besten ist.

Stellt euch die Frage: ›Wie kann ich ihre Aufmerksamkeit auf das lenken, was in ihrem Leben gut ist und funktioniert? Wie kann ich für sie dasselbe tun, was ich für mich getan habe?‹ Betrachtet sie als fähige, starke und geschickte Menschen. Vertraut darauf, dass sie in der Lage sind, auf ihrem eigenen Weg voranzuschreiten. Helft ihnen, ihre eigenen Stärken und Fähigkeiten zu erkennen. Helft ihnen zu erkennen, dass sie eine Wahl haben.«

»Möchtet ihr sonst noch etwas zum Thema psychische Erkrankung sagen?«

»Der Begriff ›Erkrankung‹ ist nur in der Vorbereitungsphase von Nutzen«, antworteten unsere zukünftigen Identitäten. »Es ist weitaus besser, die Dinge im Lichte dessen zu betrachten, was zu einem bestimmten Zeitpunkt von Nutzen ist. Wenn sich also jemand in der Anfangsphase befindet, in der es nützlich ist, eine bestimmte Erfahrung als Krankheit zu definieren und zu behandeln, dann tut das unbedingt. Aber es wird eine Zeit kommen – es kommt nämlich immer eine Zeit und es muss immer eine Zeit kommen –, wo es wichtig wird, sie nicht länger als Krankheit zu betrachten. Ab einem gewissen Punkt müsst ihr euren Frieden damit machen. Dann könnt ihr sagen: ›Ich habe sie mir ausgesucht, aber warum? Was kann ich daraus lernen? Was hat sie mir ermöglicht oder was hat sie in mein Leben gebracht? Welchen Fokus hat sie erschaffen?‹ Denn das ist es, was eine Krankheit sehr häufig tut: Sie erschafft einen anderen Fokus.

Ihr habt sie erschaffen, um euch zu entwickeln. Wenn ihr sie auf diese Weise betrachten könnt, dann übernehmt ihr Verantwortung dafür. Und wenn ihr Verantwortung dafür übernehmt, dann erkennt ihr auch, dass nicht ihr, der Mensch, sie erschaffen hat, sondern ein anderer Aspekt eures Selbst.

Dann erinnert ihr euch wieder.«

Mikæłas Sitzung mit Pamela und Jeschua

Pamelas Channeling hatte mir die Augen geöffnet. Nie hätte ich damit gerechnet, mit einem Kollektiv unserer zukünftigen Identitäten sprechen zu können. Mikæla hatte mir einen äußerst seltenen und sehr wertvollen Einblick in die Sichtweise gegeben, die wir in Zukunft haben werden. Ich spürte mit neuer Kraft und tiefer als je zuvor, wie wichtig und heilend ein physisches Leben für die Seele ist. In wie vielen anderen Leben – physischen wie nicht physischen – sich meine Seele wohl gerade ausdrückt, fragte ich mich. Falls ich jemals wieder Zweifel an meiner eigenen Bedeutung haben sollte, musste ich mich nur daran erinnern, dass ich meiner Seele über viele Leben und Dimensionen hinweg Heilung brachte. Und so wie ich können sich alle Menschen, die jetzt in einem Körper sind, heilen und dadurch ihrer Seele Heilung bringen.

Ich wandte mich nun an Pamela und Jeschua, um ihre Sichtweise kennenzulernen. Welche Erkenntnisse würden sie mir in Bezug auf die Gründe der Seele, eine psychische Erkrankung einzuplanen, bringen können? Welche Bedeutung besaß ihrer Meinung nach die spezifischen Formen psychischer Erkrankung, die Mikǽla durchgemacht hatte? Wie hatte Jeschua den psychisch Kranken geholfen, heil zu werden, als er noch in einem Körper war, und auf welche Weise können wir diese Weisheit heute nutzen?

Zu Beginn unsere Sitzung gab Mikǽla Pamela einen allgemeinen Überblick über ihr Leben. Ich wusste, dass Pamela sich dabei auf sie einstimmte und übersinnliche Wahrnehmungen empfing.

»Ich sehe bestimmte Bilder und ich spüre deine Energie«, begann Pamela. »Das Erste, was ich sehe, ist die Farbe Rosa in deinem Energiefeld und am Anfang deines Lebens. Du warst als Kind sehr offen, sehr sensibel und verletzlich. Die Grenzen zwischen dir und deinen Identitäten aus früheren Leben waren sehr durchlässig und diese alten, traumatischen Energien waren noch Teil deiner Seele. Es scheint mir, als wärst du bei der Geburt nicht vollständig in deinen Körper eingetreten und als wärst du nicht wirklich geerdet gewesen. Daher konnten diese Energien aus früheren Leben leicht in dein Bewusstsein eindringen.

Ich spüre aber auch eine große Macht in dir. Ich nehme die Farben Blau und Violett wahr, Hinweise, dass du große innere Stärke besitzt und in der Lage bist, mit all dem umzugehen. In dem Prozess, all diese schwierigen Energien zu verstehen, hast du erkannt, wer du bist. Sagt dir das alles etwas?«

»Ja, absolut«, antwortete Mikæla.

»Ich kann auch die bipolare Störung fühlen«, fuhr Pamela fort. »Ich spüre, dass die Depressionen sehr tief und sehr finster waren. Die Bilder, die ich jetzt sehe, haben mit der Depression zu tun. Ich erhalte Bilder, da wurdest du verfolgt oder gewaltsam abgewiesen.«

Interessanterweise hatte Mikæla Pamela zu Beginn der Sitzung keine spezifischen Informationen über ihre früheren Leben gegeben.

»Ich spüre, dass du Angst hattest, als du in dieses Leben eingetreten bist, aber auch ein tiefes Wissen, dass du es so wolltest. Du kamst zurück auf die Erde, um mit dem Schmerz und den Traumata umzugehen, die hier in dieser Dimension ihren Ursprung haben. Das war ein sehr mutiger Schritt.«

»Dies war *das* Leben«, bestätigte Mikæla. »Dies war *die* Gelegenheit, ganz gleich, wie schwierig es auch sein würde.«

»Pamela«, warf ich ein, »kannst du eines oder mehrere von Mikælas Leben sehen und uns sagen, in welcher Beziehung sie zu ihrem jetzigen stehen?«

»Ich sehe mehrere Leben, aber ich konzentriere mich auf das, was sich in den Vordergrund schiebt«, sagte Pamela. »Ich sehe, dass du in dem früheren Leben ein Mann warst, Mikæla. Zu einem gewissen Zeitpunkt musstest du flüchten. Du bist allein in der Natur und du wirst gejagt.

Ich werde nun versuchen zu sehen, was geschehen ist,

indem ich in die Zeit zurückgehe, als du damals ein kleines Kind warst. Es ist in einem warmen Land. Die Menschen leben in Zelten, der Boden ist ausgetrocknet und staubig. Ich sehe, dass dein Bewusstsein verschieden ist von anderen. Du bist irgendwie mit der Sonne verbunden und du spürst, im Leben gibt es so viel mehr als das, was die Menschen in ihrem Alltag normalerweise wahrnehmen. Ich sehe deine Mutter. Auch sie hat dieses Gespür für das Mystische und ihr redet im Geheimen darüber.

Ich sehe dich jetzt als jungen Mann von etwa 19 Jahren. Du hast das Gefühl, du müsstest dein Heim verlassen, weil es dir zu eng erscheint. Du beginnst zu reisen und stößt auf eine Gruppe, zu deren Mitgliedern du eine Herzensverbindung spürst. Es ist das erste Mal in deinem Leben, dass du eine spirituelle Verbindung zu anderen fühlst. Sie sind anders, sie haben eine Vision.

Irgendwann beschließt du, zu diesen Leuten zu gehen und ihnen die Energie und die Botschaft Jesu zu bringen, aber du triffst auf großen Widerstand. Ich sehe dich auf einem Pferd sitzen. Du wirst heruntergerissen, weggeschleppt und eingekerkert. Du kauerst in einer kalten Kerkerzelle und fühlst dich vollkommen isoliert und verzweifelt. In dieser dunklen Zelle zu sein und die Feindseligkeit dieser Menschen zu spüren, ist unerträglich. Du hast das Gefühl, verrückt zu werden. Am Ende wirst du umgebracht. Ein großer Teil von dir versteht diese Gewalttätigkeit nicht, und als du stirbst, hinterlassen diese Ereignisse ein tiefes Trauma in deiner Seele.

In deinem jetzigen Leben hast du einen Teil der Angst, Einsamkeit und Verzweiflung dieses Mannes gespürt. Als du dich mit diesen schwer zu ertragenden Stimmungen und dieser Finsternis verbunden hast, bist du in das damalige Leben und ebenso in andere eingetreten. Diese aber wollen geheilt werden. Wenn ich in dieses frühere Leben hineingehe, spüre ich, dass dieser Mann aufgrund dessen, was du in deinem jetzigen Leben getan hast, zum Teil geheilt ist. Er möchte Kontakt mir dir aufnehmen. Er repräsentiert deine männliche Energie. Er möchte dich wissen lassen, dass du immer noch geerdeter werden und klarer ausdrücken kannst, wer du bist, und dass du deine Grenzen klarer bestimmen kannst, was in jenem früheren Leben so schwer war. Es findet eindeutig ein Austausch statt.«

Das schien mir ein besonders wichtiger Punkt zu sein. Während Mikǽlas Channeling-Sitzung hatten unsere zukünftigen Identitäten gesagt, dass zwischen den verschiedenen Leben einer Seele ein Austausch besteht, aber kein spezifisches Beispiel dafür genannt. Ich fragte Pamela, ob sie weitere Einzelheiten nennen könnte, auf welche Weise Mikǽla dem Mann aus dem früheren Leben Heilung gebracht hatte.

Pamela erklärte: »Eine seiner größten Verletzungen besteht darin, dass er sich mit seiner besonderen Art der Eingebung auf Erden nicht willkommen glaubte. Er hatte das Gefühl, es sei nicht sicher, er selbst zu sein. Mikǽla ist in diesem Leben in Kontakt mit ihrer Seele getreten. Sie hat sich von den äußeren Schichten ab- und ihrer spirituellen Essenz zugewandt. Und sie hat für sich selbst in ihrer inneren Welt Sicherheit erschaffen. Alles, was sie tut, um dem Leben mehr zu vertrauen und um sich geerdeter zu fühlen, hat direkte Auswirkungen auf ihn und auf andere Leben, die immer noch da sind, die immer noch leben.«

Mikǽla erzählte uns daraufhin, dass sie vor Jahren kurze Blicke auf ein ähnliches vergangenes Leben geworfen hatte, das mit diesem in Verbindung zu stehen scheint. In jenem Leben war sie verhört, gefoltert und von den Angehörigen der Kirche verbrannt worden, weil sie den Menschen spirituelles Wissen vermitteln wollte.

»Im Augenblick des Todes«, erinnerte sie sich, »herrschte völliges Unverständnis, wie es möglich sein kann, dass Menschen andere Menschen auf diese Weise behandeln. Aus diesem Grund ließ meine Geburt in diesem Leben auch auf sich warten, weil ich mir nicht sicher war, wirklich geboren werden zu wollen. Aus diesem Grund habe ich in diesem Leben auch Angst vor Menschen gehabt, obwohl mir in der äußeren Welt nichts Böses widerfahren war. Die Angst kam von innen.«

»Pamela«, sagte ich, »Mikæla hat mir erzählt, dass sowohl ihre Mutter als auch ihr Mann sehr unvoreingenommen waren. Hat sie ihr gegenwärtiges Leben deshalb mit dieser Mutter und diesem Mann geplant, weil sie ihr die Sicherheit geben konnten, die der Mann in dem früheren Leben niemals gekannt hat?«

»Ich sehe ein Bild von dir, bevor du geboren wurdest, Mikæla«, antwortete Pamela. »Ich sehe, wie du sagst: ›Ich brauche Hilfe.‹ Das hat mit deiner Mutter zu tun, aber auch generell mit der Umgebung, in die du hineingeboren wurdest. Es war für dich notwendig, diesen sanften Energien auf Erden zu begegnen, sonst hättest du sterben und die Erde verlassen wollen. Du wolltest eine sanfte Landung und sie wurde dir gewährt. Außerdem kennst du deinen Mann schon aus anderen Leben.«

»Ja«, bestätigte Mikæla, »vom ersten Augenblick an herrschten zwischen uns eine Vertrautheit und eine Atmosphäre des Vertrauens. Sowohl mein Vater als auch mein Mann sind hundertprozentig vertrauenswürdig. Ich glaube, das war für mich sehr wichtig.«

Im Rahmen meiner Erforschung der vorgeburtlichen Lebensplanung hatte ich herausgefunden, dass wir als Seelen durch Gegensätze lernen. In Bezug auf ihre Familie fiel Mikælas Entscheidung aber gegen das Lernen durch Gegensätze aus. Ich fragte mich, warum manche Seelen sich entscheiden, in eine sichere, unterstützende Umgebung hineingeboren zu werden, während andere sich Familien aussuchen, die weit weniger liebevoll sind. Ich stellte Jeschua diese Frage.

»Eine Seele sucht sich immer die richtigen Umstände aus, das Umfeld, in dem die zentralen Ziele eines Lebens am besten erreicht werden können«, antwortete Jeschua durch Pamela. »Wenn sich eine Seele vornimmt, tiefe innere Themen anzugehen, ist es manchmal notwendig, dass die äußere Umgebung ruhig und friedlich ist. Das ermöglicht es der Seele, sich mit anderen Realitäten und Dimensionen zu befassen, die sie nicht wahrnehmen könnte, wenn sie eine problematische Kindheit erleben würde.«

Dann wandte sich Jeschua direkt an Mikǽla: »Du bist sehr tapfer und ich liebe dich.«

Ich konnte spüren, wie seine Liebe zu ihr hinströmte.

»Das Feuer in deinem Herzen, das du in dem früheren Leben und in vielen anderen gespürt hast, ist die Flamme der Inspiration, die Einheit aller lebenden Wesen zu erkennen. Du bist jetzt in der Lage, aus dem Herzen heraus zu leben. Vertraue noch mehr und wage, zu sein, wer du bist.«

Dass Mikǽla heute aus dem Herzen heraus leben kann, ist sicherlich eines der besten Dinge, die aus ihrem Leiden entstanden ist, dachte ich. Die Herausforderungen des Lebens brechen unser Herz auf, nicht um uns zu verletzen oder uns Schmerzen zuzufügen, sondern damit die Liebe, die wir auf der Seelenebene sind, ungehindert und stärker durch unser Herz zu strömen vermag.

»Ich weiß, wer du bist«, fügte Jeschua hinzu. Diese Bemerkung sollte später noch eine größere Bedeutung bekommen, als zur Sprache kam, wie Jeschua selbst während seines Lebens auf Erden die psychisch Kranken geheilt hat.

»Du hast anderen, die sich auf demselben Weg befinden, so viel zu geben; du hast eine spezielle Art, Menschen zuzuhören und sie zu verstehen. Erkenne deine eigene Schönheit. Das ist es, was ein intaktes Selbstwertgefühl ausmacht: Wahrhaft deine Unschuld, deine Integrität und deinen Mut zu erkennen und alle dunklen wie hellen Teile von dir anzunehmen. Das wird dich noch mehr erden und du wirst auf Erden noch präsenter sein.«

»Jeschua«, bat ich, »sag etwas über Mikælas vorgeburtlichen Plan bezüglich ihrer psychischen Erkrankungen in diesem Leben.«

»Mikæla wollte Frieden mit dem alten Schmerz in ihrer Seele schließen, mit den inneren Stimmen, die vor Schmerz schrien und nichts verstanden haben. Sehr tief in ihrem Inneren hatte sie zu all den Dingen, die geschehen waren, Ja gesagt; Ja zu den Höhen und Tiefen, den Visionen und der Überschneidung der Dimensionen. Das half ihr, die eigene wahre Stärke zu entdecken. Weil sie dies alles nun durchleben musste, hat sie ein sehr großes Verständnis für das menschliche Leben und die Gefühle erlangt, und sie hat erkannt, wie weit sich die Seele vom Licht entfernen kann. Das ist eine sehr machtvolle Erkenntnis.«

»Was genau ist überhaupt eine psychische Erkrankung?«, fragte ich ihn.

»Allgemein gesagt, ist der Betreffende völlig überfordert, wenn er eine psychische Erkrankung hat«, erklärte Jeschua. »Körper und Geist müssen geerdet und im gegenwärtigen Moment präsent sein. Auf dieser Grundlage kann man dann verschiedene Emotionen, Gefühle und Gedanken integrieren. Bei einer psychischen Erkrankung fehlt diese grundlegende Erdung und die Seele treibt ohne irdischen Anker und haltlos dahin. Während einer Halluzination oder Depression existiert kein stiller innerer Raum mehr und die Seele fühlt sich verloren.

Hat man mit psychisch kranken Menschen zu tun, ist es am besten, auf irgendeine Weise mit ihrer Essenz in Kontakt zu bleiben, das Licht der Seele in ihnen zu spüren, selbst wenn sie sich merkwürdig benehmen oder man gar nicht mit ihnen kommunizieren kann. Es stellt eine ganz besondere Fähigkeit dar, mit der Gegenwart der Seele in Kontakt zu bleiben. Und das ist manchmal dienlich, um einer Person helfen zu können, wieder im Körper präsent und kommunikationsbereit zu sein.

Im Fall von Halluzinationen oder Psychosen befindet sich die Person in gewisser Weise außerhalb ihres Körpers und hält sich in anderen Dimensionen auf. Sie kann nicht integrieren, was sie dort sieht. Daher ist die Verbindung zum Körper und zur Erde von großer Bedeutung, damit die Visionen und Informationen sinnvoll eingefügt werden können. Es steckt ein Sinn in dem, was ein psychisch kranker Mensch erlebt, aber dieser Sinn ist für den Menschen selbst und für die Menschen seiner Umgebung nur schwer zu erkennen.«

Jeschuas Antwort erinnerte mich an Eckhart Tolles Beschreibung seiner therapeutischen Arbeit in dem Buch *Eine neue Erde.*[19] In der Hauptsache besteht seine Methode einfach darin, mit der anderen Person gegenwärtig zu sein. Indem er sich mit seiner Seele identifiziert, die zeitlos und formlos ist, fällt es ihm leicht, auch andere als Seele zu erkennen. Und wenn er sie als Seele sieht, spüren auch sie sich wieder als Seele.

[19] Eckhart Tolle: *Eine neue Erde. Bewusstseinssprung anstelle von Selbstzerstörung.* Goldmann Arkana, München 2005

»Jeschua, wie können wir Menschen helfen, das Licht der Seele in sich zu spüren?«

»Das ist die wahre Gabe der Heiler. Sie können auf irgendeine Weise die Essenz des anderen Menschen spüren – mehr ist es häufig nicht. Aber um auf eine solche Weise präsent zu sein, sich mit der Seele zu verbinden und das Licht in den Augen des anderen zu sehen, muss man fest davon überzeugt sein, dass der andere die Macht besitzt, sich selbst zu heilen. Man muss auch Geduld haben und dem anderen erlauben, die Erfahrung zu durchleben, die man nicht immer aufhalten kann.

Das alles stimmt natürlich nicht mit den Aussagen der Schulmedizin überein. Es ist eine spirituelle Betrachtungsweise psychischer Erkrankungen. Wichtig ist, dass man von innen heraus versteht, was die andere Person durchmacht, und nicht versucht, sie von außen zu ›reparieren‹. Es ist wichtig, Kontakt zur Seele herzustellen, aber auch dem Körper Aufmerksamkeit zu schenken, da der Körper der Anker ist und die Seele mit ihm verbunden sein muss. Deshalb ist es oft wichtig, sich um körperliche Dinge wie ausreichend Schlaf oder gute Ernährung zu kümmern – wahre Heilung aber entspringt immer der Seele.«

Ich fragte, wie er psychisch Kranke geheilt hatte, als er auf Erden inkarniert war.

»Menschen, die unter dieser Art von Erkrankung leiden, sind immer äußerst sensibel«, erklärte er zunächst. »Es handelt sich ja nicht nur um eine Störung, sondern auch um eine Gabe. Wenn ich solchen Menschen begegnet bin, blieb ich in einem Raum der Stille bei ihnen, der zugleich ein Raum des Verstehens ist. Ich ließ sie sein, wer sie waren. Ich versuchte nicht, etwas an ihnen zu ändern. Es schien, als wäre ich mit jeder Seele verbunden, und ich wusste, dass jede

Seele zur Selbstheilung fähig ist. Es glich mehr einer Energieübertragung, als der Anwendung bestimmter Worte oder einer bestimmten Heilmethode. Ich kommunizierte mit ihrer Essenz.

Manchmal sahen sie mir in die Augen und erkannten es ebenfalls. Plötzlich spürten sie: ›Das ist die Wahrheit dessen, der ich bin. Ich bin ein Wesen des Lichts.‹ Einige Menschen erwachten plötzlich zu dieser Erkenntnis. Andere brauchten mehr Zeit, denn niemand – nicht einmal ich – kann einem anderen die Heilung aufzwingen. Die Seele muss selbst die Entscheidung treffen. Aber es gibt nichts Machtvolleres, als den Kern eines Menschen zu erkennen, die Schönheit, die Unschuld und das Licht in ihm. Das ist es, was wahre Heilung ausmacht.«

»Jeschua, ich bin der Meinung, dass es so etwas wie eine psychische Erkrankung eigentlich gar nicht gibt«, warf ich ein. »Das, was wir als psychische Erkrankung bezeichnen, ist einfach nur Mangel an Liebe.«

»Das ist richtig«, stimmte mir Jeschua zu. »Der Begriff ›psychische Erkrankung‹ ist irreführend. Im Grunde geht es doch darum, dass man den Kontakt zu seiner eigenen Essenz verloren hat, die Liebe, Freude, Frieden und Kreativität ist. Manchmal dauert es lange, bis die Menschen diese Wahrheit erkennen, denn es hat im Verlauf der Menschheitsgeschichte in religiösen Traditionen immer viele Werturteile – und daher auch viele Urteile über sich selbst – gegeben, die einen großen Einfluss ausgeübt haben und heute noch ausüben. Spirituelle Traditionen sollen die Menschen zu ihrer inneren Göttlichkeit zurückführen, die Religionen haben ihnen stattdessen eingeredet, sie wären sündig oder schlecht, und es gäbe einen Gott außerhalb ihrer selbst, der über ihnen thronte und über sie urteilte. Von diesen Ideen und Bildern wurden die

Menschen so sehr beeinflusst, was es ihnen schwer macht, einfach voller Liebe die eigene wahre Essenz zu spüren.«

»Mir gefällt der Begriff ›psychische Erkrankung‹ nicht. Gibt es eine bessere Bezeichnung?«

»Es gibt keine klare Trennungslinie zwischen normal und wahnsinnig«, sagte er. »Die Begriffe *psychische Erkrankung* oder *psychische Störung* suggerieren, dass jemand nicht normal sei, obwohl der Übergang in Wirklichkeit doch sehr fließend ist. Ich würde die Begriffe verwenden, die du selbst vorgeschlagen hast: mangelnde Liebe, mangelnder Kontakt zur eigenen Seele. Ihr solltet euch auch bewusst sein, dass jene, die das Etikett ›psychisch krank‹ tragen, oft sehr weit entwickelte Seelen sind, die sehr vieles fühlen können. Eben weil sie so viel fühlen, können sie sich in extremen Geisteszuständen verlieren. Auch aus diesem Grund kann man das nicht einfach als Krankheit oder Störung bezeichnen.«

Dann fragte ich Jeschua, ob Mikǽla sich noch aus anderen Gründen für eine psychische Erkrankung entschieden hatte.

»Sie hatte einen persönlichen Grund, aber es steckt immer noch mehr dahinter. Indem sie diese Form von Krankheit durchgemacht und ihr Gleichgewicht wiedergefunden hat, hat sie in einem weiteren Sinne auch etwas für ihre Seelenfamilie getan. Ihre Seelenfamilie besteht aus Seelen, die in diesem oder früheren Leben ähnliche Traumata und ähnlichen Schmerz erlitten haben. Mikǽla legte eine energetische Spur, der andere folgen können, denn als sie heilte, entstand daraus ein Energiemuster. Auf diese Weise hilft sie anderen Seelen aus ihrer Seelenfamilie, selbst wenn sie diese gar nicht kennt. Indem sie diese Energie in ihre Ursprungsfamilie hineinbrachte, motivierte sie die Menschen in ihrer Umgebung, sich ein umfassenderes Verständnis der Gefühle, der Psychologie und des menschlichen Lebens überhaupt anzueignen. Sie hat Einfluss auf ihr Bewusstsein genommen.«

Um den Menschen, die dieses Buch lesen, so viel Heilung und Verständnis wie möglich zu bringen, fragte ich Jeschua nach den Formen psychischer Erkrankung, die Mikǽla durchleiden musste. Ich begann mit den Albträumen.

»Jeschua, wenn Mikǽla aufwachte, gingen ihre Albträume als Visionen weiter. Was war damals geschehen und welche spirituelle Bedeutung hatten diese Ereignisse?«

»Reale Energien aus anderen Dimensionen und anderen Leben drangen in ihre Realität ein. Ihre Aura war offen, um diese Art von Informationen zu empfangen. Das sollte geschehen, um sie auf den inneren Weg zu bringen, wo sie diese Bilder ergründen und später verstehen würde. Wenn derartige Bilder ins Wachbewusstsein von Menschen dringen, liegt der Fokus ihres Bewusstseins nicht ausschließlich auf der materiellen Umgebung. Sie befinden sich dann in einer Art Trance. Psychologisch betrachtet ist das emotionale Gewicht dieser Energien so schwer, dass sie aus anderen Leben durchdringen, um im jetzigen Leben geheilt zu werden. Sie treten stärker in den Vordergrund als die unmittelbare materielle Umgebung.«

»Und was ist mit Mikǽlas bipolarer Störung?«

»Sowohl im depressiven als auch im manischen Zustand ist man nicht vollständig geerdet«, informierte Jeschua uns. »Manchmal waren die Depressionen zu viel für Mikǽla, dann zog sich ein anderer Teil von ihr einfach in einen vollkommen anderen Bewusstseinszustand zurück, in dem sie sich vollkommen frei fühlte. Sie war in einem gewissen Sinn nicht mehr in ihrem Körper. Sie war zwar noch in ihrem Körper, aber ihr Geist hatte sich von den Begrenzungen der materiellen Welt befreit. Der menschliche Verstand und der menschliche Geist sind in der Lage, extreme Erfahrungen zu machen. Man kann diese Dinge zum Teil durch chemische Vorgänge im Gehirn erklären, aber sie haben immer auch eine spirituelle Bedeutung. Für Mikæla waren die sehr hohen, leichten Energien von größter Bedeutung, um sich daran zu erinnern, wer sie wirklich ist. Alles waren nur Versuche, das Gleichgewicht wiederzufinden.«

»Ich möchte auch etwas zu den Zwangsneurosen fragen. So musste Mikæla zum Beispiel immer wieder überprüfen, ob ihre Tür wirklich verschlossen war. Was kannst du uns darüber sagen, Jeschua?«

»Der Verstand sucht durch bestimmte Verhaltensweisen oder Rituale nach Möglichkeiten, um seine Ängste und andere Emotionen unter Kontrolle zu halten. Und dort bleibt der Verstand stecken, denn es gelingt ihm nicht, was äußerst schmerzhaft ist. Weil du vor der Angst davonläufst, entwickelst du ein zwanghaftes Verhaltensmuster. Im Grunde besteht die Lösung für diese Art der Störung darin, sich der Angst zu stellen, wofür man manchmal die Hilfe anderer Menschen benötigt. Indem du Ja zur Angst sagst und sie annimmst, verstehst du sie besser und sie wird schließlich verschwinden.«

»Außerdem hörte Mikæla Stimmen.«

»Sie ist extrem sensibel und mit sensibel meine ich auch hellsichtig und hellhörig. Daher gab es für sie keine Barrieren. Sie wurde absichtlich mit diesem Nervensystem und diesem Gehirn geboren, denn so wurde es ihr möglich, weit und tief nach innen zu reisen.«

»Stimmen können aus früheren Leben stammen«, fügte Jeschua hinzu, »aber auch von Verstorbenen, die sich auf der Astralebene befinden. Die Lösung besteht darin, vollkommen im eigenen Körper zu sein. Dann schließt sich normalerweise das Energiefeld und bietet einen natürlichen Schutz. Menschen, die unter Angstzuständen oder unangenehmen Erinnerungen aus früheren Leben leiden, haben das Problem, sich nur widerstrebend inkarniert zu haben und nicht wirklich mit ihrem Körper verschmolzen zu sein. Diese Form der psychischen Störung ist daher nur schwer zu heilen.«

»Jeschua, was ist die Ursache für Mikǽlas Bulimie und auf welche Weise konnte ihre Seele davon profitieren?«

»Mikǽla hatte ein früheres Leben, in dem sie unter Hunger und Entbehrung litt und infolgedessen eine ambivalente Beziehung zu Nahrung entwickelte. Allgemein gesagt ist die Nahrungsaufnahme eine symbolhafte Bejahung des Lebens. Mikǽla wollte leben und das Leben erfahren, aber sie sträubte sich auch dagegen und wollte sich wieder zurückziehen. Die Bulimie brachte ihre inneren Zweifel zum Ausdruck, ob sie wirklich unter den Menschen auf der Erde leben wollte.

Bei Bulimie und Magersucht wie bei allen Essstörungen geht es nicht allein ums Essen. Es gibt tiefer sitzende Probleme im Umgang mit sich selbst. Traust du anderen Menschen genug, um etwas von ihnen anzunehmen? Oder brauchst du Nahrung, um mehr als nur physisch genährt und gefüttert zu werden? Kannst du das Leben wirklich annehmen? Kannst du wirklich du selbst sein? All diese Themen fließen in eine Essstörung ein. Diese Störungen sind Versuche, die Angst unter Kontrolle zu halten, und können sehr hartnäckig sein.«

Dann stellte ich Pamela einige Fragen.

»Pamela, als Mikǽla ihr Leben plante und sich an ihre zukünftige Mutter, ihren zukünftigen Vater und ihren Ehemann wandte, was hat sie ihnen da in Bezug auf psychische Erkrankungen gesagt und wie haben sie darauf reagiert?«

»Mikǽla bewies großes Verantwortungsbewusstsein«, antwortete Pamela, während sie ihre hellsichtigen und hellfühlenden Gaben einsetzte, um Mikǽlas vorgeburtliche Planungssitzung wiederzugeben. »Sie fragte sie, ob sie einverstanden wären, und alle sagten Ja. Sie wollten helfen, denn es war Teil ihrer Mission. Außerdem würde sie ihnen nicht nur Probleme bereiten, sie würde ihnen ja auch etwas Besonderes geben. Sie erkannten, dass ihnen Mikælas innere Weisheit – ihr Licht – viel bedeuten würde. Alle hatten bereits Verbindungen aus früheren Leben. Sie wollten sie für ihr Anderssein ehren. Mikæla ist jemand, der immer den Kern der Dinge erfassen will und herauszufinden versucht, was hinter der Fassade steckt. Sie wollten dies unbedingt ehren, denn sie hatten es in anderen Leben nicht getan. Sie wollten es ausgleichen und gleichzeitig etwas daraus lernen.«

»Was haben sie beispielsweise gelernt?«

»Mikælas Vater lernte seine eigenen Ängste besser kennen – Ängste, von denen er nicht einmal wusste, dass er sie besaß. Das zwang ihn, nach innen zu schauen und sich zu überlegen, wann er etwas akzeptieren und loslassen musste. Auf der Seelenebene bewundert er Mikælas Licht sehr und ist ihr dankbar, Teil ihres Lebens sein zu dürfen. Mikælas Mann wollte sie nicht leiden sehen, aber nach einiger Zeit gelangte er zu einem tieferen Verständnis der Situation. Es schmerzte ihn zwar, ihr Leid miterleben zu müssen, aber dadurch wurde er gezwungen, sich seine eigenen Gefühle näher anzuschauen und mehr zu fühlen, wirklich in sich zu gehen und nicht nur an der Oberfläche zu bleiben. Er trug einige sehr starke Ängste in sich, und Mikælas Erfahrungen halfen ihm, diese näher zu betrachten. Mikælas Mutter wollte sie retten, musste aber natürlich akzeptieren, dass dies ein Prozess ist, der nicht so leicht bereinigt werden konnte. Es half Mikælas Mutter, ihre eigene Intuition, ihr Selbstvertrauen und ihre innere Weisheit zu entwickeln. Auf diese Weise ist sie viel stärker geworden.«

Ich wandte mich an Jeschua, um den Meister wieder an unserer Unterhaltung zu beteiligen. »Als du in einem Körper warst, hast du da Depressionen, Angstzustände oder irgendetwas, das wir als psychische Erkrankung bezeichnen würden, durchgemacht?«

»Ich musste mich häufig von der Welt zurückziehen, um mein Gleichgewicht wiederzufinden und um meinem Herzen und meiner Mission treu bleiben zu können, weil auch ich sehr sensibel war«, antwortete Jeschua. »Die Energien anderer Menschen haben mich so sehr beeinflusst, dass ich viel Zeit in der Natur verbringen musste, um zu mir selbst zurückzufinden und mich wieder zu erden, denn wenn man eine starke Verbindung zum Geist oder zu seiner Seele hat, dann braucht man auch eine gleich starke Verbindung zur Erde. Außerdem muss man sich klar abgrenzen. Ist das Herz erwacht, wird man viel sensibler und stimmt sich viel leichter auf die Gefühle anderer Menschen ein, in denen man sich dann rasch verlieren kann. Ich war nicht psychisch krank, aber ich kann problemlos nachvollziehen, wie eine solche Erkrankung entsteht.«

»Jeschua, in unserer Welt sind Depressionen und Angstzustände weit verbreitet. Wie sollen die Menschen deiner Ansicht nach mit ihnen umgehen?«

»Wenn ihr Depressionen, Ängste und andere negative Gefühle einfach als einen Teil von euch betrachten könntet, der verwirrt ist, dann gäbe es ja einen anderen Teil, der diesen emotionalen Teil mitfühlend betrachten kann, sodass der sich wiederum getröstet fühlt. Aber die Menschen identifizieren sich völlig mit ihrer Depression oder ihren Ängsten und haben das Gefühl, aus dem Gleichgewicht geraten zu sein. Dann können sie ihren Kern, ihr wahres Selbst, nicht mehr finden. Das Erste, was ihr realisieren müsst, ist, dass ihr nicht eure

Angst seid. Ihr könnt die Angst beispielsweise wie ein Kind betrachten, das zu euch kommt, weil es Hilfe braucht. Wenn ihr die Angst auf diese Weise anseht, werdet ihr spüren, dass ihr viel größer seid als sie. Ihr könnt Kontakt zu dem Kind aufnehmen, mit ihm reden und es verstehen lernen. Manchmal kann ein Therapeut die Rolle dieses Führers oder Elternteils übernehmen. Der Schlüssel ist immer, einen Ort in eurem Bewusstsein zu finden, von dem aus ihr euch die Angst anschauen und erkennen könnt, ihr seid nicht die Angst.«

»Jeschua«, sagte ich, »du hast vorhin erzählt, wie du psychisch Kranken geholfen hast und sie in deine Augen gesehen und sich so mit der Essenz ihrer Seele verbunden haben. Ich mache mir Sorgen, dass die Menschen, die dies lesen, nun glauben, du hättest über übermenschliche Heilkräfte verfügt, die sie nicht haben. Sie möchten ihren kranken Angehörigen helfen, aber haben vielleicht das Gefühl, nicht imstande zu sein, das zu tun, was du getan hast.«

»Zunächst müssen sie sich ihre eigenen Gefühle anschauen«, antwortete Jeschua. »Alle möglichen Gefühle kommen vielleicht hoch. Sie werden das Gefühl haben, nicht zu wissen, was los ist. Sie mögen sich von den Kranken zurückgewiesen fühlen. Sie mögen sich ihren Angehörigen entfremdet fühlen. Sie mögen frustriert sein. Oft kommen sie an einen Punkt, an dem sie ihre Grenzen erkennen müssen, und dann ist großer Mut nötig, um das zu tun, was ich beschrieben habe: einfach bei ihnen zu sein, mit ihnen in Kontakt zu treten, ihren Seelen zu vertrauen und diesen zu gestatten, einen Weg zu finden, sich selbst zu heilen.

Das aber ist praktisch unmöglich, wenn man sich emotional zu tief auf einen anderen einlässt. Du möchtest das Problem des geliebten Menschen lösen, aber das Leben zwingt dich, loszulassen und einen Schritt zurückzutreten. Das ist ein sehr schwieriger Prozess, und es kann durchaus sein, dass du der anderen Person eine Zeit lang gar nicht helfen kannst. Vielleicht braucht sie eine andere Form der Hilfe, und dann besteht deine Aufgabe darin, Vertrauen zu der Person zu haben, selbst wenn du nicht zu ihr durchzudringen vermagst. Dadurch kommst du dem anderen Menschen oftmals viel näher. Es ist ein Teil deines eigenen Lebensweges, mit den Gefühlen der Unzulänglichkeit und des Verlassenwerdens umzugehen.«

Er fuhr fort: »Häufig braucht man jemanden, der selbst eine psychische Erkrankung durchgemacht oder große Erfahrung mit psychisch kranken Menschen hat, um eine gute Behandlung gewährleisten zu können, weil der Therapeut den anderen Menschen von innen heraus verstehen muss, da dieser nicht ohne Weiteres auf ihn zugehen und mit ihm kommunizieren kann. Deshalb müssen die Menschen, die psychisch Kranken nahestehen, intuitiv spüren, was sie tun können und was nicht und wann sie loslassen und eine andere Form der Hilfe suchen müssen.«

Jeschua hatte gerade den vorgeburtlichen Standpunkt erläutert, warum gewisse Seelen sich für eine psychische Erkrankung entscheiden: damit sie schließlich anderen bei ihrer Heilung helfen können. Jeder von uns stellt sich eine Aufgabe, bevor er sich inkarniert, und ein Teil dieser Aufgabe besteht immer aus dem Dienst an anderen Wesen und daher an der Welt. Ein Heiler, der mitfühlen kann, was im anderen vorgeht, ist ein sehr machtvoller Heiler. Diese Empathie stammt stets aus persönlicher Erfahrung.

»Was hältst du von der konventionellen Psychotherapie?«, fragte ich.

»Sie kann manchmal nützlich sein, aber entscheidend ist, sich die Sichtweise der Seele vor Augen zu führen. Und ebendies fehlt der traditionellen Psychotherapie. Die traditionelle Psychiatrie und Psychologie schauen sich die Problematik nur innerhalb des Bezugsrahmens der gegenwärtigen Persönlichkeit an, aber häufig sind jedoch Energien aus früheren Leben daran beteiligt. Die Sichtweise der Seele hilft den Menschen zu erkennen, dass sie viel mehr als ihre gegenwärtige Persönlichkeit sind.

Wenn sie in Kontakt mit ihrer eigenen Seele gebracht werden, können sie ihre Selbstheilungskräfte aktivieren und zudem die Störung besser verstehen. Gewisse Psychiater und Psychologen verfügen über ein unbewusstes Verständnis dieser umfassenderen Sichtweise, selbst wenn sie bewusst nur innerhalb des Rahmens traditioneller Konzepte arbeiten. Heilung hängt zum großen Teil von der Energie des Therapeuten ab, denn es ist die Energie, nicht die Ideen, die Menschen dazu bringen, sich zu öffnen und zu heilen.«

»Wie würde eine erleuchtete Gesellschaft mit dem umgehen, was wir als psychische Erkrankung bezeichnen?«

»Es gäbe weitaus weniger Fälle psychischer Erkrankungen, weil die Menschen lernen würden, auf ihre innere Stimme, ihre Intuition und ihr Herz zu vertrauen. Es gäbe nicht so viele Ängste und eine weitaus geringere Entfremdung als gegenwärtig. Jetzt trichtert man den Menschen Glaubenssätze ein, die zu Ängsten führen, und sie ihren eigenen Intuitionen nicht trauen lassen. Es gäbe mehr Akzeptanz und weniger Etikettierung dieses Phänomens, und man wüsste, dass die Seele sich manchmal sehr weit von zu Hause entfernen muss, um zu verstehen, worum es eigentlich geht. Es gäbe auch viel mehr Respekt für psychisch kranke Menschen.«

»Was sagst du jenen, die jetzt gerade unter den Schmerzen irgendeiner psychischen Erkrankung leiden?«

»Ihr werdet immer geliebt«, antwortete Jeschua. »Menschen, die einen solch großen Schmerz erleiden, verurteilen sich zumeist selbst sehr stark. Sie können sich selbst nicht ausstehen. Oft hassen sie sich sogar. Sie haben das Gefühl versagt zu haben, und das ist für sie äußerst schmerzhaft.

Ihr sollt wissen, dass ihr wunderbare Wesen seid und dass ihr dem Leben vertrauen könnt. Ihr mögt das Gefühl haben, in einer aussichtslosen Lage zu sein, aber es gibt eine Energie – die ihr Geist oder Gott nennen könnt –, die niemals über euch urteilt und stets versucht, euch neue Chancen zu verschaffen, um aus dieser Lage herauszufinden. Das Leben endet nicht, und den Tod gibt es nicht, daher ist es wichtig, dem Leben zu vertrauen. Es möchte euch helfen.

In der heutigen Zeit gibt es weitaus mehr psychische Erkrankungen als früher, weil die Menschen erwachen und versuchen, aus dem Herzen heraus zu leben. Die Sensibilität der Menschen nimmt zu. Ganz gleich, wie schwierig die Situation auch sein mag, versucht den Ort der Stille in euch zu finden und versucht zu spüren, dass das Leben aus mehr als nur eurem Denken und Fühlen besteht. Es gibt eine wohlwollende Energie, die euch immer umhüllt und euch immer helfen will. Hilfe anzunehmen ist ein wichtiger Schritt für Menschen, die völlig in ihren Ängsten und Selbstverurteilungen feststecken. Manchmal muss man sich dazu zwingen, aber wenn ihr euch dem Leben öffnet, wird es auf euren Ruf antworten.

Die wirksamste Medizin sind Selbstliebe und Selbstakzeptanz und damit könnt ihr sofort beginnen. Wann immer ihr negative Gefühle oder Bewertungen über euch selbst hochkommen spürt, betrachtet euch selbst mit den Augen liebevoller Eltern. Dann könnt ihr in jeder Minute eures Lebens einen Raum der Liebe zu euch selbst erschaffen. Das wird euch nach Hause bringen, und zwar unabhängig davon, ob ihr es mit einem kleinen emotionalen Problem oder einer schweren Störung zu tun habt. Die Macht der Liebe ist unendlich. Sie ist eine so sanfte und zarte Macht. Die Menschheit muss diese Macht wieder entdecken und genau das geschieht heute.«

Mikæla hatte still zugehört und versucht, das Gesagte zu verarbeiten. Ich fragte sie, ob sie uns an ihren Gedanken teilhaben lassen wolle.

»Ich bin sehr dankbar für das Gesagte und es klingt für mich absolut richtig«, antwortete sie. »Man kann sehr, sehr weit auf dem Weg der Erkenntnis sein und sich selbst verstehen, für andere Durchsagen empfangen und dem eigenen Wissen vertrauen, und doch manchmal Momente des Zweifelns erleben. Da ist es dann hilfreich, durch einen anderen Menschen eine Verbindung herzustellen. Wenn Pamela dient, indem sie zu diesem Buch beiträgt, oder wenn ich dies für einen anderen tue, dann entsteht immer eine gewisse Dynamik, von der beide Seiten profitieren. Ich kann das tatsächlich fühlen. Die Energie wird dadurch verstärkt. Ich spüre in aller Demut, dass wir hier sind, um einem weitaus größeren Zweck zu dienen.«

»Ich bin froh, dass du die Energie spüren kannst«, sagte Pamela zu ihr. »Ich habe sie sehr stark gespürt, aber manchmal fällt es mir schwer, dies in Worte zu fassen.«

Ich wandte mich wieder an Jeschua: »Jeschua, möchtest du abschließend noch etwas sagen?«

»Das Leben kann manchmal wie ein sehr einsamer Weg erscheinen, aber selbst wenn euch physisch keine Hilfe zur Verfügung steht, so gibt es doch immer geistige Energien, die für euch da sind. Die Energien eurer Heimat umgeben euch beständig. Ihr seid nur vorübergehend zu Besuch auf der Erde. Ihr könnt es euch leichter machen, indem ihr versucht, die Liebe eurer Heimat jeden Augenblick eures Lebens zu spüren. Öffnet euch dieser Liebe. Sie ist bereits da, ihr müsst sie nicht erst erzeugen. Sie ist der natürliche Fluss des Lebens.

Und das ist meine Botschaft: Euch steht immer Hilfe zur Verfügung und ihr seid niemals allein.«

~

»Wenn ich es zulasse, überkommen mich diese wunderbare Leichtigkeit und diese Gnade, und ich verstehe die Vollkommenheit der Schöpfung. Dann ist die Geschichte geheilt.«

Diese weisen Worte von Mikæla werfen Licht auf die Grundlage ihrer Heilung, die in Wahrheit unser aller Heilung ist. Was sie einst als schlecht beurteilte, sieht sie nun als vollkommen. Was sie einst zu ändern versuchte, lässt sie nun zu. Was sie einst als zerbrochen ansah, hat sie nun als ganz erkannt. Das ist das wahre Ausmaß ihrer Heilung. Innerhalb eines Lebens hat Mikæla die Qualen der unzähligen Leben ihrer Seele zugelassen und bis ins Innerste ihres Wesen gespürt. Dadurch hat sie den Schmerz dieser anderen Leben umgewandelt. Als sie dem Schmerz, gleich welcher Form, gestattete, durch sie hindurchzuströmen, hat sie gleichsam die Fensterläden eines lange leer stehenden Hauses geöffnet, strahlendes Sonnenlicht hineingelassen und eine frische Brise durchwehen lassen, die neues Leben mit sich brachte.

Das tat sie, um ihrer Seele zu dienen, und für Sie und für mich, da wir alle eins sind. Nur die Mutigsten unter uns dienen ihren Seelen und verkörpern sich auf Erden, und nur die Mutigsten unter diesen Mutigen sind bereit, das auf sich zu nehmen, was wir als psychische Erkrankung bezeichnen. Wie

Jeschua uns gesagt hat, sind viele von denen, die sich auf diese Herausforderung einlassen, sehr alte und hochsensible Seelen. So zart und empfindsam und doch gleichzeitig in einem Körper auf Erden zu sein, ist selbst unter den besten Umständen nicht leicht. Aber so zart und empfindsam zu sein und sich einverstanden zu erklären, lebende Albträume zu erfahren, wie Mikæla es getan hat, ist ein Akt großer Liebe und äußersten Mutes. Jeder, der diese Wahrheit versteht, muss zur Selbstliebe heranreifen. Jeder, der diese Wahrheit spürt, muss seine Größe erkennen.

Wenn Sie jemals unter einer psychischen Erkrankung gelitten und sich selbst als schlecht oder gebrochen bewertet haben, sollten Sie wissen, dass die gesamte geistige Welt bewundernd auf Ihre transzendente Schönheit blickt. Wenn Sie sich jemals als schwach verurteilt haben, sollten Sie jetzt erkennen, dass Ihnen Ihre Geistführer und die Engel ob Ihrer unglaublichen Stärke Beifall zollen. Wenn Sie sich jemals unwichtig gefühlt haben, sollten Sie in diesem Augenblick die grenzenlose Dankbarkeit Ihrer Seele und all ihrer Ausdrucksformen in anderen Leben spüren, denen Sie bei ihrer Heilung helfen. Sie sind unendlich wertvoll und von unermesslichem Wert und Ihre Heilung strahlt bis in die entlegensten Winkel des Universums aus. Alles andere ist Fantasie. Alles andere ist angesichts Ihrer Großartigkeit eine Lüge.

Mögen wir auch den Wert und die Bedeutung anderer Menschen erkennen, die eine psychische Erkrankung durchmachen. Falls wir sie je bemitleidet und sie so ihrer Kraft beraubt haben sollten, wollen wir sie jetzt als die majestätischen Seelen sehen, die sie in Wahrheit sind. Wenn wir gedacht haben, dass sie uns zur Last fallen, dann wollen wir jetzt erkennen, dass sie unsere Lehrer sind, so wie Mikæla die Lehrerin ihrer Mutter, ihres Vaters und Ehemannes war. Wenn wir gedacht haben, sie müssten geheilt werden, so wollen wir nun anerkennen, dass ihre psychische Erkrankung die Heilung ist, die von ihren Seelen gewünscht und herbeigesehnt wird. Tatsächlich ist auf Erden nur wenig so, wie wir glauben.

Seit Tausenden von Jahren hat die Menschheit jene ihrer Mitglieder mit einer psychischen Erkrankung gefürchtet, verachtet, bemitleidet und missverstanden. Heute können wir dies klarer sehen. Durch Mikælas Erfahrung haben wir entdeckt, dass Psychosen eindringende Energien aus anderen Leben und Dimensionen sein können. Mikæla hatte nicht den Kontakt zur Realität verloren, sie hatte einfach Kontakt zu anderen Realitäten und sie nahm Energien wahr, die nach Heilung strebten, weil sie Heilung brauchten.

Ihre Erfahrungen lehren uns auch, dass Depressionen und Manien entstehen, wenn man nicht ausreichend in der irdischen Realität geerdet ist, und dass sie häufig auftreten, wenn eine Seele vor dem Eintritt in einen Körper Zweifel hat oder unsicher ist. Und doch waren es ja gerade die hohen, leichten Energien des manischen Zustandes, die Mikælas Wiedererinnerung an sich selbst als Seele hervorbrachten. Ihre Manie, die viele als Funktionsstörung ohne Wert bewerten, war in Wahrheit das Medium, durch das sie die Weisheit, die Freude und das Mitgefühl ihrer Seele in ihren Körper brachte, um sie mit uns zu teilen. Ihre mutige Bereitschaft vor und nach der Geburt, die Tiefen der Depression auszuloten und sich den Konsequenzen manischen Verhaltens zu stellen, haben sie in vielerlei Hinsicht zu der Lehrerin gemacht, die sie heute ist.

Absichtlich hat sie sich vor ihrer Geburt entschieden, ein sehr empfindsames Nervensystem und Gehirn zu haben, um die ausgedehnten Landschaften ihrer inneren Welt erforschen zu können. Obwohl sie wusste, dass sie aufgrund dieser Entscheidung von Stimmen gequält werden würde, akzeptierte sie diesen kühnen Plan, um ihrer Seele und unserer Welt einen Dienst zu erweisen. Ihre Zwangsneurosen waren der Versuch ihres Verstandes, mit der Angst umzugehen, die durch die Albträume und die Stimmen ausgelöst worden war, und die Bulimie zeigte ihr auf, welche Vorbehalte sie gegen den Aufenthalt in der materiellen Welt hatte.

Auch wenn die Welt Mikæłas Erfahrungen als sinnloses Leiden in einem dem Zufall unterworfenen, kalten Universum sehen mag, so sind wir alle doch in Wahrheit mit einem tiefen Sinn und einer Bestimmung gesegnet, die in den letzten Stadien der Heilung klarer werden. Während dieser letzten Stadien erinnert man sich wieder daran, dass man eine Seele ist, so wie es Mikæla getan hat.

Wie Jeschua es so treffend formuliert hat, ist dies die Grundlage jeder wahren Heilung psychischer Erkrankungen und aller Lebenserfahrungen. Wenn Jeschua psychisch Kranke ansah, dann sah er nicht Krankheit, sondern Göttlichkeit, er sah keinen Makel, sondern Vollkommenheit. Und als die Menschen dies in seinen Augen widergespiegelt sahen, erkannten sie sich selbst als Wesen des Lichts, als heilige, ewige Seele, die vorübergehend in einen menschlichen Körper gekleidet war. Zum ersten Mal sahen sie durch den Spiegel seiner Augen durch und hinter die Fassade des Körpers und entdeckten die liebende Essenz, die ihn belebt.

Aus diesem Grund bezeichnen unsere zukünftigen Identitäten und viele andere körperlose Wesen Heilung als Wiedererinnern. Wenn Sie sich selbst, einen psychisch kranken Angehörigen oder die Welt heilen möchten, lassen Sie zu, dass Sie sich selbst als Seele fühlen und wahrnehmen. Mit diesem Gefühl kommt auch die Fähigkeit, alles zuzulassen, den Schmerz und die Schönheit, die Qual und die Freude – wie es Mikǽla sagte. Als Sie hierherkamen, sah Ihr Plan vor, dass Sie sich rückhaltlos, mit ganzem Herzen und leidenschaftlich auf die Heiligkeit der menschlichen Erfahrung einlassen würden.

Und alles davon ist über alle Maßen heilig.

Epilog

Ganz gleich, ob Ihr Weg steinig oder eben war, Ihr Leben ruhig oder traumatisch verlief, Sie können sich in einem sicher sein: Sie gehören zu den mutigsten Seelen im ganzen Universum. Wäre das nicht wahr, dann wären Sie jetzt nicht hier. Ihr Entschluss, sich zu inkarnieren, Ihr bereitwilliges Einverständnis, sich auf die Reise einzulassen, die Ihre Seele geplant hat, stellt einen Akt allergrößter Tapferkeit dar. Ihre Suche nach einer tieferen Bedeutung dieser Reise ist ein weiterer Akt großen Mutes. Und Ihr Entschluss zu heilen, kommt noch hinzu. Im gesamten Universum werden Sie geehrt und verehrt.

Und Sie können sich außerdem sicher sein: Sie sind dabei zu heilen. Sie heilen, weil in Ihnen die Überzeugung wächst, dass alle Ihre Erfahrungen einen Sinn haben. Und wenn Sie einen Sinn sehen, befreien Sie sich von der reflexartigen Neigung, sich als Opfer zu fühlen, und Sie erkennen, dass Sie selbst der machtvolle Schöpfer Ihres Lebens sind. Sie lösen sich von den erlernten Gewohnheiten des Urteilens und Bewertens und vertrauen stattdessen auf Ihr intuitives Wissen, dass alles gut ist und der göttlichen Ordnung entspricht – auch wenn Ihr Verstand empört widersprechen mag.

Sie hören auf, die Ablenkungsmanöver und Zeitvertreibe Ihres Verstandes zu ernst zu nehmen; Sie hören auf Ihr Herz und verlassen sich darauf, dass es in seiner Weisheit Ihren Weg lenken wird. Sie erkennen, dass Sie weder Ihre Gedanken noch Ihre Gefühle sind, und Sie erlauben negativen Gedanken und Gefühlen durch Ihr Bewusstseinsfeld zu ziehen, so wie Wolken über den Himmel ziehen. Sie identifizieren sich nicht mehr mit Ihren Ängsten und Sorgen, stattdessen betrachten Sie sie wie kleine Kinder, die Ihre Liebe brauchen. Und Sie lieben sie wirklich.

Jetzt geben Sie jeden Widerstand gegen das Leben auf.

Jetzt heißen Sie das Leben mit all seinen Freuden und Sorgen von ganzem Herzen willkommen.

In Ihrer ewigen Heimat wussten Sie um die dem Leben auf Erden innewohnende Schönheit, Großartigkeit und Heiligkeit und nahmen das kommende Leben an. Nun, da Sie heilen, nehmen Sie dieses Leben von Neuem an und erkennen es in derselben Schönheit, Großartigkeit und Heiligkeit wie damals.

In Ihrer ewigen Heimat wussten Sie auch, dass das Leben auf Erden nichts weiter als ein Spiegel ist, der Ihnen Ihr Selbst zeigt. Die Schönheit, Großartigkeit und Heiligkeit, die Sie jetzt im Leben erkennen, sind nur Widerspiegelungen Ihrer eigenen Schönheit, Großartigkeit und Heiligkeit. Wären diese Wahrheiten nicht in Ihnen, könnten Sie sie nicht im Außen sehen. Jetzt, da Sie heilen, nehmen Sie sich selbst in dem Wissen wieder an, dass Sie diese Schönheit sind, dass Sie diese Großartigkeit sind, dass Sie diese Heiligkeit sind.

Literaturhinweise

Brodsky, Barbara/Aaron: *Presence, Kindness and Freedom*. Deep Spring Press, Ann Arbor 2003

Brodsky, Barbara: *Cosmic Healing: A Spiritual Journey with Aaron and John of God*. North Atlantic Books, Berkeley 2011

Dethlefsen, Thorwald und Dahlke, Ruediger: *Krankheit als Weg. Deutung und Be-Deutung der Krankheitsbilder*. Goldmann, München 1990

Friedlander, John und Hemsher, Gloria: *Psychic Psychology: Energy Skills for Life and Relationships*. North Atlantic Books, Berkeley 2011

Goldner, Diane: *How People Heal: Exploring the Scientific Basis of Subtle Energy Healing*. Hampton Roads, Newburyport 2003

Hicks, Esther und Jerry: *Ein neuer Anfang: Das Handbuch zum Erschaffen Deiner Wirklichkeit*. Ansata, München 2008

Kribbe, Pamela: *The Jeshua Channelings: Christ Consciousness in a New Era*. BookLocker, 2008

Schwartz, Robert: *Mutige Seelen. Planen wir unsere Lebensaufgabe bereits vor der Geburt?* Ansata, München 2008

Shucman, Helen: *Ein Kurs in Wundern: Textbuch/Übungsbuch/Handbuch für Lehrer.* Greuthof, Freiburg i. Br. 2010

Tolle, Eckhart: *Eine neue Erde. Bewusstseinssprung anstelle von Selbstzerstörung.* Goldmann Arkana, München 2005

Walsch, Neale Donald: *Gespräche mit Gott. Vollständige Ausgabe.* Goldmann Arkana, München 2009

Anhang

Anhang A: Die Interviewten

Rebecca	mzwrite@frii.com
Bob	robtjbarrett@juno.com
Kathryn	Kathryn@journeytofreedom.ca
	www.journeytofreedom.ca/jtfsociety
	www.youtube.com/jtfsociety

Ich bitte um Verständnis, dass Ihnen eine persönliche Antwort auf Ihre E-Mail nicht garantiert werden kann.

Anhang B: Die Medien und Channel

Barbara Brodsky
www.cosmichealingmeditation.com
http://www.deepspring.org/

Pamela Kribbe
www.jeshua.net
pamela@jeshua.net

Corbie Mitleid
www.firethroughspirit.com
corbie@firethroughspirit.com

Staci Wells
www.staciwells.com
info@staciwells.com

Anhang

Anhang C: Möchten Sie Ihren Lebensplan kennenlernen?

Robert Schwartz ist Lebensberater und ausgebildeter Hypnotherapeut, der sowohl Rückführungen in vergangene Leben als auch in die Zeit zwischen den Leben anbietet.

Während einer Rückführung in ein früheres Leben werden Sie jenes Leben kennenlernen, das Ihnen am besten helfen kann, Ihr jetziges zu verstehen. Bei einer Rückführung in die Zeit zwischen den Leben können Sie Ihre vorgeburtliche Planungssitzung miterleben und so herausfinden, was Sie vor Ihrer Geburt geplant haben und warum. Diese Sitzungen sind von unschätzbarem Wert, indem sie Ihnen helfen, den tieferen Sinn Ihres Lebens zu erkennen: Was Ihre Erfahrungen bedeuten, warum sich bestimmte Muster wiederholen, warum bestimmte Menschen in Ihrem Leben sind und was Sie vor Ihrer Geburt aus diesen Beziehungen lernen wollten. Diese Sitzungen können zu einer tief greifenden physischen und emotionalen Heilung führen, zu Vergebung, innerem Frieden und Glück und zu einem tiefen Erkennen dessen, wer Sie sind und warum Sie hier sind.

Wenn Sie es vorziehen, sich nicht hypnotisieren zu lassen, bietet Robert auch allgemein gehaltene Beratungen an, in denen er sein Wissen um die vorgeburtliche Planung einfließen lässt, um Ihnen zu helfen, den tieferen Sinn Ihres Lebens zu erkennen.

Weitere Informationen finden Sie auf Roberts Website www.yoursoulsplan.com. Sie können ihm auch direkt unter rob.schwartz@yoursoulsplan.com schreiben.

Dank

Ich werde den Personen, deren Geschichten ich in diesem Buch wiedergebe, auf ewig dankbar sein. Ihr habt euch mir und der Welt mutig geöffnet. Ihr habt freiheraus gesprochen, wart ehrlich und habt dezidiert von den schwierigsten Herausforderungen berichtet, denen ihr euch je gegenübergesehen habt. Ihr habt mich inspiriert. Ihr habt mich berührt. Ihr wart für mich Lehrer. Dafür danke ich euch.

Barbara Brodsky und Aaron, Pamela Kribbe und Jeschua, Corbie Mitleid und Staci Wells und ihr Geistführer: Ich danke auch euch allen, dass ihr meine Lehrer wart. Eure Weisheit und Liebe sind in dem vorliegenden Buch enthalten. Ihr habt so viel von euch gegeben, um der Welt zu dienen. Es ist mir eine große Ehre, mit euch zusammenarbeiten zu dürfen.

Liesel, Liebe meines Lebens: Danke für deine Liebe, deine Ermutigung und deine Einsichten. Danke, dass du an mich und meine Arbeit geglaubt hast. Ich habe mir vor meiner Geburt schon die Richtige ausgesucht. Obwohl ich Schriftsteller bin, werde ich niemals in der Lage sein, meine Liebe zu dir in Worte zu fassen.

Meine Schwester Deborah, mein Schwager Jerry, meine bezaubernden Nichten Sydney und Riley: Ich danke euch für all eure Liebe und eure Unterstützung während der Arbeit an diesem Buch und während meines ganzen Lebens. Danke, dass ihr immer da seid.

Debbie Mayo und Greg Karch: Danke, dass ihr einige Kapitel gelesen und kommentiert habt. Eure Einsichten waren von unschätzbarem Wert und eure heilende Berührung wird von allen gespürt werden, die diese Seiten lesen. Danke für eure Fürsorglichkeit.

Deborah Bookin: Danke, dass du mir gestattet hast, einen Großteil dieses Buches in *The Crystal Bee* (www.crystalbee.com) zu schreiben, einem so wunderbaren Ort voller Wärme und Inspiration. Danke für die gemeinsamen Spaziergänge, die gemeinsamen Mittagessen und die wunderbaren Gespräche.

Meiner Kusine Emily Fleisher: Danke für dein scharfsichtiges Korrekturlesen und deine außergewöhnliche Güte und Großzügigkeit.

Ich danke Rita Curtis und Sylvia Hayse dafür, dass sie mir geholfen haben, meine Bücher und den Gedanken der vorgeburtlichen Lebensplanung der Welt zu präsentieren. Rita, ich wünsche dir nach deiner Pensionierung viel Freude, ich werde dich vermissen.

Dieses Buch wäre nicht möglich, ohne die Hilfe vieler anderer, die ihre Einsichten mit mir geteilt und mir ihre Unterstützung angeboten haben. Ganz besonders danke ich John Friedlander, Bob und Cynthia Dukes, Jill Caro, Serenity Meese, Omiri, Kathy Long, Joyce Fricke und Josh Mendel.

Ich sage häufig, dass ich nicht der alleinige Autor meiner Bücher bin, sondern nur ein Mitglied jener Autorengruppe, das sich zufällig in einem Körper befindet. Ich danke den vielen körperlosen Wesen, die mit mir und durch mich arbeiten. Dieses Buch stammt von euch ebenso wie von mir.

Angst seid. Ihr könnt die Angst beispielsweise wie ein Kind betrachten, das zu euch kommt, weil es Hilfe braucht. Wenn ihr die Angst auf diese Weise anseht, werdet ihr spüren, dass ihr viel größer seid als sie. Ihr könnt Kontakt zu dem Kind aufnehmen, mit ihm reden und es verstehen lernen. Manchmal kann ein Therapeut die Rolle dieses Führers oder Elternteils übernehmen. Der Schlüssel ist immer, einen Ort in eurem Bewusstsein zu finden, von dem aus ihr euch die Angst anschauen und erkennen könnt, ihr seid nicht die Angst.«

»Jeschua«, sagte ich, »du hast vorhin erzählt, wie du psychisch Kranken geholfen hast und sie in deine Augen gesehen und sich so mit der Essenz ihrer Seele verbunden haben. Ich mache mir Sorgen, dass die Menschen, die dies lesen, nun glauben, du hättest über übermenschliche Heilkräfte verfügt, die sie nicht haben. Sie möchten ihren kranken Angehörigen helfen, aber haben vielleicht das Gefühl, nicht imstande zu sein, das zu tun, was du getan hast.«

»Zunächst müssen sie sich ihre eigenen Gefühle anschauen«, antwortete Jeschua. »Alle möglichen Gefühle kommen vielleicht hoch. Sie werden das Gefühl haben, nicht zu wissen, was los ist. Sie mögen sich von den Kranken zurückgewiesen fühlen. Sie mögen sich ihren Angehörigen entfremdet fühlen. Sie mögen frustriert sein. Oft kommen sie an einen Punkt, an dem sie ihre Grenzen erkennen müssen, und dann ist großer Mut nötig, um das zu tun, was ich beschrieben habe: einfach bei ihnen zu sein, mit ihnen in Kontakt zu treten, ihren Seelen zu vertrauen und diesen zu gestatten, einen Weg zu finden, sich selbst zu heilen.

Das aber ist praktisch unmöglich, wenn man sich emotional zu tief auf einen anderen einlässt. Du möchtest das Problem des geliebten Menschen lösen, aber das Leben zwingt dich, loszulassen und einen Schritt zurückzutreten. Das ist ein sehr schwieriger Prozess, und es kann durchaus sein, dass du der anderen Person eine Zeit lang gar nicht helfen kannst. Vielleicht braucht sie eine andere Form der Hilfe, und dann besteht deine Aufgabe darin, Vertrauen zu der Person zu haben, selbst wenn du nicht zu ihr durchzudringen vermagst. Dadurch kommst du dem anderen Menschen oftmals viel näher. Es ist ein Teil deines eigenen Lebensweges, mit den Gefühlen der Unzulänglichkeit und des Verlassenwerdens umzugehen.«

Er fuhr fort: »Häufig braucht man jemanden, der selbst eine psychische Erkrankung durchgemacht oder große Erfahrung mit psychisch kranken Menschen hat, um eine gute Behandlung gewährleisten zu können, weil der Therapeut den anderen Menschen von innen heraus verstehen muss, da dieser nicht ohne Weiteres auf ihn zugehen und mit ihm kommunizieren kann. Deshalb müssen die Menschen, die psychisch Kranken nahestehen, intuitiv spüren, was sie tun können und was nicht und wann sie loslassen und eine andere Form der Hilfe suchen müssen.«

Jeschua hatte gerade den vorgeburtlichen Standpunkt erläutert, warum gewisse Seelen sich für eine psychische Erkrankung entscheiden: damit sie schließlich anderen bei ihrer Heilung helfen können. Jeder von uns stellt sich eine Aufgabe, bevor er sich inkarniert, und ein Teil dieser Aufgabe besteht immer aus dem Dienst an anderen Wesen und daher an der Welt. Ein Heiler, der mitfühlen kann, was im anderen vorgeht, ist ein sehr machtvoller Heiler. Diese Empathie stammt stets aus persönlicher Erfahrung.

»Was hältst du von der konventionellen Psychotherapie?«, fragte ich.

»Sie kann manchmal nützlich sein, aber entscheidend ist, sich die Sichtweise der Seele vor Augen zu führen. Und physische Variante Mikælas vor euch zu haben, die ihr genau zu gleichen scheint. Aber die physische Mikæla ist diejenige, die viele der wichtigen Probleme löst und die meisten der wichtigen Fragen beantwortet. All das geschieht durch die physische Mikæla.«

Damit war uns eine entscheidende Information gegeben worden. Die meisten von uns erleben Augenblicke, in denen sie sich klein oder unwichtig vorkommen, in denen sie den Sinn ihres Lebens infrage stellen und zweifeln, ob das, was sie tun, überhaupt real ist oder irgendeine Bedeutung hat. Unsere zukünftigen Identitäten haben gerade all jene von Ihnen direkt angesprochen, die sich jemals so gefühlt haben. Sie sind wichtig! Sie sind ganz außergewöhnlich wichtig! Durch Sie, durch Ihr physisches Selbst, entwickelt sich Ihre Seele und damit auch das ganze Universum.

Ich fragte weiter, ob es Mikælas vorgeburtlicher Wunsch gewesen sei, die erwarteten psychischen Erkrankungen zu heilen und auf diese Weise auch die der anderen Leben ihrer Seele.

»Tatsächlich hatte sie die Absicht, diese Aspekte zu heilen. Aber heilen bedeutet aus unserer Sicht, etwas wieder ganz zu machen, also etwas wieder als Ganzes zu betrachten, was vorher voneinander getrennt schien. Heilung führt zu innerem Gleichmut und dieser ermöglicht die absolute Akzeptanz. Akzeptanz ist eine Vorstufe der Meisterschaft. Man kann den schöpferischen Prozess nicht meistern, wenn man nicht akzeptiert, was während dieses schöpferischen Prozesses geschieht. Daher ist es ebenso wichtig, ein Gefühl mit niedriger Schwingung zuzulassen, wie eines mit hoher Schwingung.

Einer der Gründe, weshalb sie sich für eine manisch-depressive Erkrankung entschieden hat, war der, dass sie somit ist real. Das heißt, dasjenige, was wir uns vorstellen, geschieht tatsächlich. So machtvoll ist unser Geist. Anfangs geschieht das Vorgestellte in einer nicht physischen Dimension. Stellen wir uns dasselbe aber wiederholt vor und besonders, wenn wir starke Gefühle mit diesem Bild verbinden, können wir es in unser physisches Erleben hineinziehen. Wie das große Medium Edgar Cayce einmal sagte: »Der Geist ist der Erbauer.«

Ich fragte, ob noch andere physische und nicht physische Mikǽlas existieren.

»Es wäre nicht korrekt, würden wir sagen, es gebe andere physische Mikǽlas«, erwiderten sie. »Es gibt keine andere physische Mikǽla. Aber es gibt viele nicht physische Mikǽlas.«

»Mikǽla ist also das einzige physische Leben ihrer Seele?«

»Nein, sie ist die Einzige, die als Mikǽla bezeichnet werden kann, weil sie die Einzige mit dieser unverwechselbaren energetischen Signatur ist. Die DNA eines jeden Individuums ist einzigartig und in sich komplett, daher ist jede andere Persönlichkeit, durch die sich Mikǽlas Seele ausdrückt, nicht Mikǽla, gleich ob sie im 15. oder im 27. Jahrhundert lebt. Sie ist eine andere, die mit Mikǽla auf interaktive Weise verbunden ist und jene anderen Leben erschafft, und die ihr in vielerlei Hinsicht ähnelt, aber nicht in jeder.«

Während ich zuhörte, dachte ich an die Vision, in der Mikǽla während der Renaissance sich unter einem Tisch versteckt hatte. Unseren künftigen Identitäten zufolge war diese Person nicht im wörtlichen Sinn Mikǽla, sondern eine weitere Inkarnation ihrer Seele, die viel mit ihr gemein hat. Mikǽla selbst ist ein einzigartiges Wesen, das nur in diesem Leben existiert.

»Wenn ihr in der Lage wärt, euch ein nicht physisches paralleles Leben vorzustellen«, fuhren unsere künftigen Identitäten fort, »würdet ihr den Eindruck gewinnen, eine nicht parallele Dimension mit einer parallelen Erde ab, in der sich eine parallele Mikǽla für Option B entschied?«

»Wir würden es nicht ›abspalten‹ nennen«, stellten sie klar. »Wir würden sagen, dass diese Potenziale bereits existierten und sie sich für eines davon entschieden hat. Potenziale, die nicht gewählt werden, existieren nicht physisch.«

Die Erwähnung dieser Potenziale ist ein Hinweis auf die Zeitlinien, die Flussdiagramme, die das Medium Staci Wells in den vorgeburtlichen Planungssitzungen sieht. Jede Linie auf dem Diagramm repräsentiert ein präexistentes Potenzial, einen Weg, für den wir uns entscheiden können. Lernen wir zum Beispiel zu lieben und uns lieben zu lassen, entscheiden wir uns für einen Weg oder eine Zeitlinie mit einer relativ hohen Schwingung und dürfen uns dann an einem Leben voller Liebe erfreuen. Wenn wir aber unser Herz verschließen und uns weigern, zu lieben und uns lieben zu lassen, entscheiden wir uns für einen Weg oder eine Zeitlinie mit einer relativ niedrigen Schwingung und werden dann ein Leben führen, in dem es keine Liebe gibt. Beide Potenziale (und viele weitere) haben bereits existiert. Wir haben uns einfach für eines entschieden.

Zu meiner Überraschung hatten unsere zukünftigen Identitäten gesagt, dass nicht gewählte Potenziale in Welten existieren, die nicht physischer Natur sind. »Könnt ihr erklären, was nicht physisch bedeutet?«, fragte ich daher.

»Ein heutiger Durchschnittsmensch würde diese Welten wahrscheinlich als Einbildungen und Träume bezeichnen und behaupten, sie seien nicht real. Für uns ist das anders, für uns sind sie Realitäten.«

Damit hatten unsere zukünftigen Identitäten einen Gedanken bestätigt, der mir bereits in meinen persönlichen Channeling-Sitzungen mitgeteilt worden war: Imagination sowohl physisch (zum Beispiel menschlich) als auch nicht physisch sein können. Dieses Phänomen wird auch als paralleles Leben bezeichnet. Vom menschlichen Standpunkt aus, der an die lineare Zeit gebunden ist, befinden sich einige dieser parallelen Leben in der Vergangenheit, andere in der Zukunft und einige in der Gegenwart. Die meisten von uns nehmen nur ein Leben war, nämlich dasjenige, was wir gegenwärtig leben, unsere Seelen jedoch nehmen alle Leben gleichzeitig wahr.

Ich fragte unsere zukünftigen Identitäten, ob eine Metapher zutrifft, die ich gebrauche, um den Unterschied zwischen der Wahrnehmung der Seele und jener der Persönlichkeit zu veranschaulichen. Wenn sich auf einer CD sieben Musikstücke befinden und jedes Stück für ein Leben steht, dann hören wir Menschen nur ein einziges an: unser eigenes. Unsere Seelen hingegen hören alle sieben gleichzeitig.

»Ja«, antworteten sie, »nur würde es ein Vergleich mit 144 unterschiedlichen, interaktiven, dreidimensionalen Computerspielen besser treffen, weil die Spiele gleichzeitig interaktiv gespielt werden könnten. Ihr habt Zugang zu ihnen allen. Die Menschen müssen mehr über die Komplexität dieses Prozesses lernen und danach streben, ihn zu meistern.«

»Also«, hakte ich nach, »wie viele andere Leben hatte ihre Seele im Verlauf von Mikælas Leben und wie viele hat sie jetzt?«

»Von ihrer Geburt bis heute gab es Tausende. Zu jedem beliebigen Zeitpunkt hat sie mindestens 20 und höchstens um die 144. Aus diesem Grund haben wir diese Zahl ja auch gewählt.«

»Wie werden diese parallelen Leben denn erschaffen? Als Mikæla an einen wichtigen Wendepunkt in ihrem Leben kam und sich für Option A entschied, spaltete sich da eine dene Leben gleichzeitig stattfinden. Das eröffnet ihm die Möglichkeit zu erkennen, weit mehr zu sein als nur dieser Mensch, dieser eine Körper-Geist. Ihr seid auch eure Seele und eure Seele ist Teil einer Seelengruppe und diese Seelengruppe ist Teil einer Seelenfamilie und diese Seelenfamilie ist Teil einer Seelengemeinschaft. Schlussendlich ist der Mensch in der Lage, sich selbst auf vollkommen andere Weise wahrzunehmen.

Wir entschuldigen uns, wenn das etwas unverständlich klingt, aber es ist sehr schwierig, in menschlichen Begriffen über diese Dinge zu sprechen.«

»Das verstehe ich«, sagte ich. »Ich glaube, die Menschheit befindet sich an einem Punkt ihrer Entwicklung, an dem sich viele Menschen als makelbehaftet, begrenzt, wertlos und ohnmächtig betrachten. Für mich bedeutet Wiedererinnern, sich in Erinnerung zu rufen, dass wir unendlich machtvoll und wertvoll sind.«

»Das ist tatsächlich wahr«, antworteten sie. »Es gibt nichts, was fehlerhaft ist und repariert werden müsste. Das gibt es nicht und das gab es niemals. Es ist nur scheinbar so, weil ihr euch bestimmten Bewertungen unterwerft, die im Zusammenhang mit dem menschlichen Kollektiv stehen. Als Individuen seht ihr euch ständig konfrontiert mit Wertesystemen, mit Glaubenssystemen und Urteilen, die nicht eure eigenen sind. Daher denkt ihr, mit euch stimme etwas nicht oder ihr seiet schlecht. Ein Teil des Wiedererinnerungsprozesses besteht darin, die volle Verantwortung für die Erschaffung des eigenen Lebens zu übernehmen und damit aufzuhören, über sich selbst auf diese Weise zu urteilen.«

Unsere zukünftigen Identitäten hatten von miteinander verbundenen Leben gesprochen. So wie ich es verstand, meinten sie damit andere Ausdrucksformen unserer Seelen, die *erinnern* immer *wieder* einfügen würdet. Wiedererinnern war das ultimative Ziel und Wiedererinnern heißt, all das wieder zusammenzufügen, was sie als Mensch ist. Dieses Ziel wurde von vielen Symptomen unterstützt. Das Ziel ist entscheidend, weil es gegenwärtig sowohl unseren Kanal (Mikǽla) als auch viele andere Menschen zu dem bringt, was ihr *Aufstieg* nennt, und wiederum zur Meisterschaft führt – zur Meisterschaft über den schöpferischen Prozess, zur Meisterschaft, um Welten zu erschaffen, andere Erden, neue Erden, und das Leben über das hinauszuentwickeln, was es bisher gewesen ist.«

Kurz gesagt, Mikǽlas Einsicht war richtig. Ihr Ziel in diesem Leben, das sie auf so wunderbare Weise erreicht hat, war es, sich wieder zu erinnern, eine Seele zu sein.

»Könnt ihr noch etwas mehr über das Wiedererinnern sagen?«, bat ich.

»Es gibt viele Möglichkeiten, das zu erreichen«, antwortete das Kollektiv unserer zukünftigen Identitäten, »von denen einige nicht vorhersehbar sind. Der Prozess läuft nicht für alle Gruppen gleich ab, besonders nicht für unterschiedliche Menschen, deshalb können wir nur darüber sprechen, wie er sich uns darstellt.

Für uns existieren in der Menschheit verschiedene Themen und Reihen miteinander verbundener Leben. Von unserem Standpunkt außerhalb des Raumes, aber innerhalb der Korridore der Zeit aus, entwickeln und erweitern sich die miteinander verbundenen Leben alle gleichzeitig. Dieses Konzept ist für Menschen sehr schwer zu verstehen. Alle Leben haben Wendepunkte, die in Raum und Zeit miteinander verknüpft sind. An diesen Punkten ist ein Mensch fähig, sich im klassischen Sinn des Wortes zu erinnern, also Visionen, Geistesblitze, unerklärliche Erfahrungen, Gesichte oder Ahnungen zu haben. Der Mensch weiß dann, dass verschie-